KB151543

외국인을 위한

한국의 역사와 문화

Korean History and Culture

외국인을 위한
한국의 역사와 문화

1판 1쇄 발행 | 2011년 8월 20일
1판 2쇄 발행 | 2018년 2월 28일

지은이 박성준 · 이선이
발행인 김진수
편 집 유승희 · 이효정 · 허미양
발행처 한국문화사
등 록 1991년 11월 9일 제 2-1276호
주 소 서울특별시 성동구 광나루로 130 서울숲IT캐슬 1310호
전 화 02-464-7708
팩 스 02-499-0846
홈페이지 http://www.hankookmunhwasa.co.kr
이메일 hkm7708@hanmail.net

책값은 뒤표지에 있습니다.
ISBN 978-89-5726-885-8 04300
978-89-5726-850-6 (세트)

외국인을 위한

한국의 역사와 문화

Korean History and Culture

박성준 · 이선이 지음

한국문화사

일러두기

1. 외국인의 이해를 돕기 위하여 어려운 단어의 경우 괄호 안에 한자 또는 영어를 함께 표기하였다.
2. 이 교재의 맞춤법, 띄어쓰기, 문장부호, 기호 등은 한국어 맞춤법 규정에 따랐다. 다만 외국인에게 명확한 의미 전달을 위해 필요하다고 판단되는 경우, 관용적인 용어는 붙여쓰기를 하였다.
3. 이 교재에서 '남한'은 '대한민국'을, '북한'은 '조선민주주의인민공화국'을 뜻한다.

This work was supported by the Academy of Korean Studies Grant funded by the Korean Government (MEST, Basic Research Promotion Fund) (AKS-2009-LC-3003)

PHOTO DIRECTOR : 손이숙
GRAPHIC DIRECTOR : 이종현

글로벌 한국학 기초 교재 시리즈를 펴내며

세계화는 이제 더 이상 구호가 아니라 현실입니다. 오랫동안 단일한 문화와 민족 구성을 유지해 온 한국 안에서도 외국인을 만나는 일은 일상적인 풍경이 되었습니다. 이러한 세계화의 흐름은 한국의 대학 현실에도 많은 변화를 요구하고 있습니다. 이미 한국 대학에 입학한 외국인 학생 수가 6만 명을 넘어섰습니다. 이들은 대부분 한국을 배우려는 열정을 품고 한국을 찾은 젊은이들입니다. 하지만 이들의 꿈과 열정이 제대로 결실을 맺을 수 있기 위해서는 어떠한 내용을 어떻게 가르칠 것인가에 대한 한국 대학의 고민이 좀 더 깊어져야 할 때라는 반성이 앞섭니다. 한국을 배우려는 열기는 해외 대학에서도 점점 뜨거워지고 있습니다. 인접 국가인 중국과 일본을 포함하여 동남아시아와 중앙아시아 등에서 한국을 보다 깊이 있게 배우려는 한국학 학습자는 증가 추세입니다. 한국을 배우려는 국내외의 이러한 현상을 지켜보며, 우리가 보다 진지하게 이들의 관심에 부응해야 할 때가 아닌가 하는 생각이 절실해집니다.

나름대로 아쉬움은 있겠지만 이미 여러 종류의 교재를 발간한 한국어교육 분야의 교재 개발은 괄목할 만한 수준을 보여주고 있습니다. 하지만 한국어를 어느 정도 배운 학습자들이 한국을 체계적으로 공부하고자 할 때, 이들의 요구를 충족시켜 줄 수 있는 한국학의 기초 교재 개발은 아직 초보적인 수준을 벗어나지 못하고 있는 형편입니다. 이런 점에서 외국인을 위한 한국학의 기초 교재 개발은 시급한 사안이 아닐 수 없습니다. 물론 한국학의 외연이 넓고 전공주의가 견고하게 자리잡고 있는 한국적 학문 풍토에서 다학문적(多學問的) 성격을 가진 교재를 만드는 작업이 흔쾌히 발을 들여 놓을 수 있는 영토는 분명 아닙니다. 실제로 이로 인한 부담감이 만만치 않지만, 국내외의 한국학에 대한 열기를 생각한다면 지금이야말로 누군가 앞장서서 체계적이고 유기적인 교재 개발을 해야 할 때가 아닌가 합니다. 이러한 현실을 직시하며 우리 경희대학교 국제지역연구원에서는 한국학연구소 산하에 '글로벌한국학교재개발실'을 설립하고, 한국을 배우려는 외국인을 위한 한국학 교재 시리즈를 기획하게 되었습니다. 아무도 가지 않은 길을 앞서 가는 이의 두려움과 설

렘을 동시에 느끼면서 말입니다.

우리의 이러한 작업에 현실적으로 큰 격려가 된 것은 한국학중앙연구원의 '한국학진흥사업단'에서 지원한 글로벌 한국학 교육자료 개발 사업이었습니다. 기존의 한국어 열풍을 한국학에 대한 관심으로 이끌기 위해 지역 맞춤형 교육 자료를 개발하고자 하는 이 지원 사업은, 우리가 한국학 기초 교재를 개발하는 데 큰 힘이 되었습니다. 감사의 마음을 전합니다.

앞으로 경희대학교 국제지역연구원의 글로벌한국학교재개발실에서는 외국인이 한국을 체계적으로 배울 수 있도록 다양한 교재 개발을 지속해 나갈 것입니다. 우리의 이러한 노력이 진정한 글로벌 한국학을 향한 작은 밑거름이 되기를 소망해 봅니다.

경희대학교 국제지역연구원 한국학연구소 소장

이선이

| 저자의 말 |

외국인을 위한 《한국의 역사와 문화》를 펴내며

《한국의 역사와 문화》는 한국에 대해 체계적으로 배우고자 하는 외국인을 위한 한국학 기초 교재이다. 한 국가가 가진 고유한 정체성(identity)을 인식하는 데 있어서 가장 기초가 되는 것은 역사와 문화라 할 수 있다. 외국인들이 한국의 역사와 문화를 쉽고 체계적으로 배울 수 있도록 이 책은 크게 세 부분으로 구성하였다. 한국이라는 국가가 경험해 온 역사적 전개 과정, 한국인의 가치관을 형성해 온 주요 사상과 문화, 오늘날 세계인으로부터 위대한 문화유산으로 평가받고 있는 한국의 세계문화유산이 그것이다. 이를 통해 외국인들은 한국적인 것의 특징이 무엇이며 이러한 특징이 어떻게 형성되었는가를 배울 수 있을 것이다.

이 책은 한국사를 전공하는 박성준 선생과 필자가 공동으로 작업을 한 결과이다. 책의 전체 구성과 내용을 함께 논의한 후 필자가 초고를 집필하고, 이 원고를 가지고 함께 내용 검토를 반복하였다. 무엇보다 외국인이 한국의 역사와 문화를 배울 수 있는 한국어로 된 교재가 거의 없어 내용과 표현의 난이도를 결정하는 데 어려움이 컸다. 이러한 문제를 해결하기 위해 우리는 집필한 원고로 국내외 대학에서 두 학기의 수업을 진행하며 외국인들의 의견을 교재에 충실히 반영하고자 하였다. 하지만 여전히 부족한 부분이 적지 않다. 이는 앞으로의 과제로 남기고 향후 보완을 계속해 나가고자 한다.

이 책이 집필되기까지 많은 분들의 도움이 있었다. 우선 내용 검토와 조언을 아끼지 않으신 수원대학교 사학과 박환 교수님, 경희대학교 철학과 문석윤 교수님께 감사드린다. 또한 경희대학교 글로벌한국학교재개발실의 조운아 · 이명순 · 설현욱 세 분의 연구원들께도 깊은 감사의 마음을 전하는 바이다. 사진 작업을 맡아 진행해준 손이숙 선생님, 그래프 작업을 맡아준 이종현 님, 좋은 책을 만들기 위해 끝까지 애써준 한국문화사 유승희 · 이효정 두 분께도 고마운 마음 전한다.

2011년 7월
서천(書川)의 녹음을 바라보며
이선이

| 차 례 |

Ⅰ. 한국의 역사

II. 한국의 사상과 문화

KOREAN HISTORY AND CULTURE

I

한국의 역사

제 1 장

한국인의 기원과 초기 국가의 형성

1. 한국의 선사시대와 한국인의 기원
2. 고조선의 건국과 초기 국가의 형성
3. 선사시대와 초기 국가 형성기의 생활과 문화

BC 70만 년경	■ 한반도에 사람이 살기 시작 ■ 구석기문화의 시작
BC 8000년경	■ 신석기문화의 시작
BC 4000년경	■ 농경생활의 시작
BC 2333년	■ 고조선의 건국
BC 2000년 ~1500년경	■ 청동기문화의 보급
BC 500년경	■ 철기문화의 시작
BC 108년	■ 고조선의 멸망 ■ 한 군현 설치

1. 한국의 선사시대와 한국인의 기원

선사시대(先史時代)와 역사시대(歷史時代)

선사시대란 문자로 된 기록이나 문헌이 존재하지 않는 시대를 말한다. 따라서 선사시대 사람들이 생활한 모습은 유물(遺物)과 유적(遺跡)을 통해 추측해 볼 수 있다. 한국에서 선사시대는 대체로 석기시대와 청동기시대를 가리킨다. 반면, 역사시대란 문자로 기록된 역사적 자료인 문헌사료(文獻史料)를 통해 알 수 있는 시대를 말한다. 한국의 역사에서는 철기문화를 받아들인 고조선 이후부터 역사시대로 보고 있다.

한반도와 그 주변 지역에 사람이 살기 시작한 것은 약 70만 년 전부터이다. 오늘날 한반도에는 구석기시대(舊石器時代, Paleolithic Age)부터 이곳에 사람이 살고 있었음을 알려주는 유적과 유물이 많이 남아 있다. 세계의 여러 지역과 비교해 보면, 한반도에는 오랫동안 역사와 문화를 유지하며 사람들이 살아왔음을 알 수 있다.

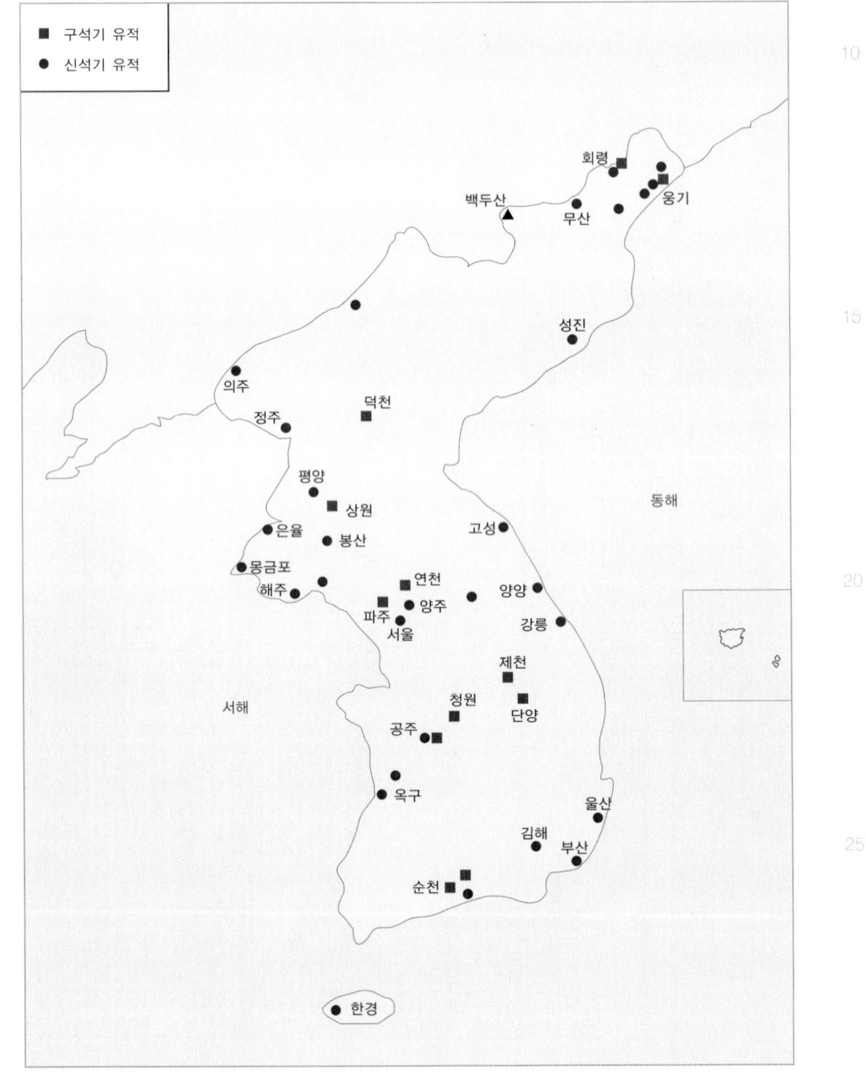

석기시대의 유적지 분포

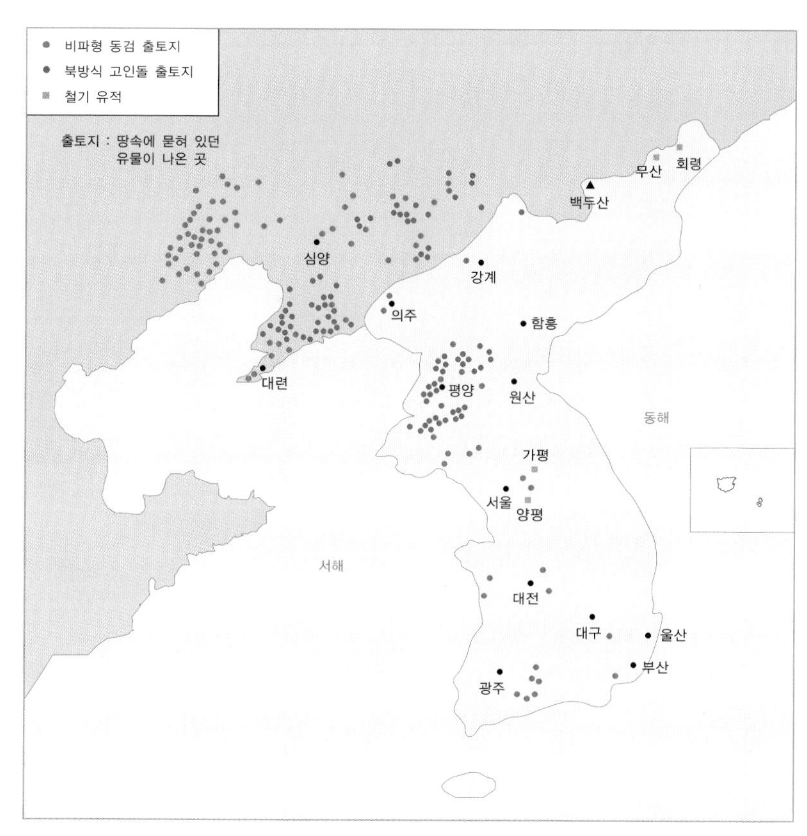

청동기 · 철기시대의 유적지 분포

오늘날 한국인들은 한반도와 만주의 일부 지역에 흩어져 살면서 자신들만의 고유한 언어와 문화를 유지해 온 종족을 한민족(韓民族)이라 부르며, 이들을 자신들의 조상으로 생각한다. 일반적으로 한민족은 황색 피부와 검은색 머리를 가진 신체적인 특징을 보이며, 인종적으로는 몽골(Mongol) 인종에, 언어적으로는 터키어, 퉁구스어, 몽골어와 함께 알타이어족(Altai 語族)에 속하는 것으로 보고 있다. 이들은 돌로 만든 도구를 사용했던 석기시대(石器時代, Stone Age)를 거쳐 청동기시대(靑銅器時代, Bronze Age)에 접어들면서 점차 자신들만의 고유한 역사적 · 문화적 특성을 형성해 나갔다.

청동기시대는 청동으로 무기와 의례용품을 만들어 사용한 시기를 말한다. 청동은 대량으로 도구를 만들 만큼 그 양이 충분하지 않았고 청동기는 만들기가 어려웠기 때문에, 주로 지배자들이 무기나 장식품으로 만들어 사용하였다. 일반적으로 이 시기의 사람들은 물건을 담을 수 있는 토기(土器)를 만들어 사용하였고, 새로운 무덤 형식인 고인돌과 돌널무덤(석관묘, 石棺墓)을 만들기도 하였다. 또한 이 시기에 접어들면서 농경과 목축이 본격적으로 진행되어 생산량이 증가하기 시작하였다. 따라서 사유재산제도와 함께 청동 무기를 사용하여 권력을 잡은 자가 등장하고, 각 마을을 대표하는 족장(族長)이 나타나 초기적인 형태의 통치체제를 만들기 시작하였다.

족장(族長)
같은 조상과 언어 등을 가진 작은 공동체인 종족이나 부족에서 지도자가 되는 사람.

청동기시대에 뒤이은 철기시대(鐵器時代, Iron Age)는 철로 도구를 만들어 사용한 시기를 말한다. 이 시기의 사람들은 철로 농기구를 만들어 사용하였고, 이에 따라 농업이 점차 발달하였다. 도구의 발달로 농업 생산량이 급격히 늘어나게 되자 인구도 크게 늘어났다.

하지만 사회의 규모가 커지면서 사람들은 서로 많은 식량을 차지하려고 다투게 되었고, 철제 무기를 전투에 사용하게 되면서 부족 간의 전쟁이 잦아졌다. 따라서 이 시기에 철을 잘 이용한 부족은 세력을 키워 점차 강한 국가로 발전해 나갈 수 있었다. 이처럼 철기시대에 접어들면서 사회의 계층화가 더욱 뚜렷해짐에 따라 한반도와 만주 지역에는 새로운 국가가 세워졌다.

2. 고조선의 건국과 초기 국가의 형성

한국인들은 한국의 역사상 최초로 성립된 국가를 고조선(古朝鮮, Gojoseon)이라고 생각하고 있다. 기원전 2333년에 고조선을 건국한 이는 단군왕검(檀君王儉)으로, 그는 한국인의 시조(始祖)로 받들어진다. 이러한 고조선의 건국과 단군왕검의 존재는 신화로 전해져 왔다. 하지만 이 시기의 유물과 유적 및 중국의 기록 등은, 고조선의 건국과 발전을 역사적 사실로 뒷받침 해준다.

고조선의 건국은 청동기문화의 발전과 함께 강력한 힘을 가진 족장의 출현과 연관된다. 힘을 가진 지배자는 주위에 있는 여러 부족을 굴복시키면서 점점 세력을 키워나갔다. 이때 가장 큰 세력을 가진 단군왕검이 많은 부족들을 통합하여 고조선을 건국하였다. 고조선은 중국의 랴오닝

(遼寧) 지방과 대동강(大同江) 유역을 중심으로 독자적인 문화를 이룩하면서 발전하였다. 이와 같은 사실은 이 지역에서 발굴된 청동으로 만든 비파 모양의 칼인 '비파형 동검'과 큰 돌을 둘러 세우고 그 위에 넓적한 돌을 얹는 무덤 양식인 '고인돌'의 분포로 확인할 수 있다.

고조선의 문화 범위

생산력의 발달로 사유재산이 늘어나면서 고조선 사회에는 빈부의 격차가 생기고, 정치와 군사를 담당하는 지배층과 생산을 담당하는 피지배층으로 사회계층이 나누어졌다. 또한 왕과 그 아래에 여러 관직이 생겨나면서 점차 통치조직이 체계화되어 갔다. 이처럼 국가의 형태가 어느 정도 갖추어지자 고조선은 점차 세력을 넓혀 광대한 영토를 차지해 나갔다. 경제력과 군사력의 성장을 기반으로 고조선은 당시 중국에서 강력한 국가를 건설한 한(漢, Han, 기원전 202년~220년)과 대립하게 되었다. 하지만 최초의 국가인 고조선은 한과 1년 동안 전쟁을 계속하면서 힘이 약해졌고, 지배층의 내분이 일어나면서 결국 기원전 108년에 이르러 멸망하였다.

고조선이 만주와 한반도 북부 지방을 중심으로 세력을 펼치다가 멸망할 무렵, 주변 지역에서는 한민족의 또 다른 집단들이 부족 단위로 세력을 키워갔다. 기원 전후의 시기에 이들 세력은 다른 부족과 연합하거나 부족 간의 전쟁을 통해 세력을 확대하여 마침내 체제를 갖춘 국가로 발전해 나갔다. 만주 지역에는 부여(扶餘)가, 압록강 일대에는 고구려(高句麗, Goguryeo)가, 한반도의 북부 동해안 지방에는 옥저(沃沮)와 동예(東濊)가 자리를 잡았다. 한편 한반도의 남부 지방에서는 마한(馬韓), 진한(辰韓), 변한(弁韓)이 있었으며 이를 삼한이라고 하였다. 이들 여러 국가는 나라마다 고유한 사회 관습과 종교 의식이 있었고 독특한 법률을 갖추고 있었다.

한반도의 북부 지방에 세워진 국가들은 중국의 한족(漢族) 세력과 교류와 대립을 반복하며 세력을 키워나갔다. 따라서 이 국가들은 용맹하

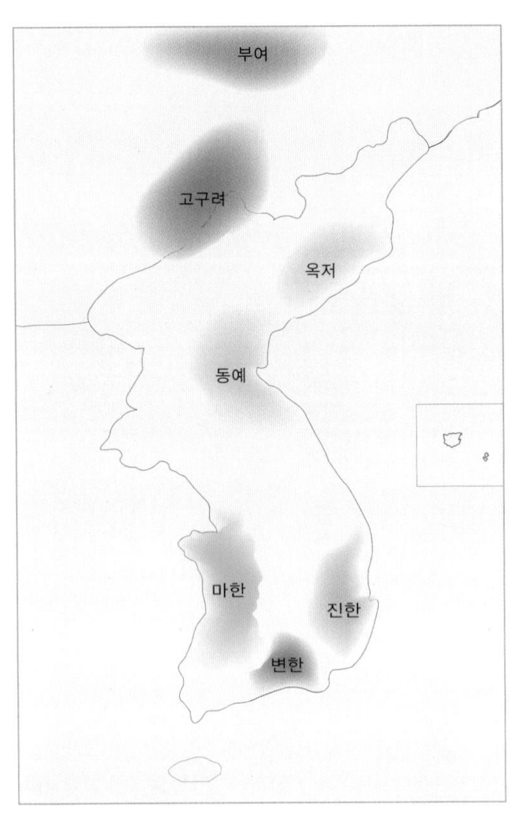

고조선 이후에 등장한 여러 나라

고 호전적인 성격을 보였다. 이 가운데 고구려는 다른 나라에 비해 세력을 크게 키우며 중국의 한(漢)을 공략하여 랴오둥(遼東) 지방으로 진출해 나갔다. 고구려는 부여에서 주몽(朱蒙, 기원전 58년~기원전 19년)이라는 인물이 내려와 세운 나라로, 주변의 부족을 정복하며 가장 강력한 국가를 만들어 나갔다. 고구려에 비해 세력이 약했던 옥저와 동예는 점차 강해지는 고구려로부터 압박을 받았기 때문에 큰 정치세력으로 성장하지는 못하였다. 부여도 결국 강력한 고구려에 흡수될 수밖에 없었다.

반면에 남부 지방에 세워진 마한, 진한, 변한은 점차 한국의 대표적인 고대국가인 백제(百濟, Baekje), 신라(新羅, Silla), 가야(伽倻, Gaya)로 발전해 나갔다. 이처럼 한국의 고대국가는 부족 단위의 여러 공동체가 청동기문화와 철기문화를 받아들이면서 서로 연합하기도 하고 싸우기도 하며 서서히 중앙집권적인 국가를 형성해 나갔다.

3. 선사시대와 초기 국가 형성기의 생활과 문화

오늘날 한반도의 전역에는 한국인의 선조가 살면서 남겨준 다양한 유물과 유적이 남아 있다. 이 가운데 한국의 선사시대를 대표하는 유물로는 뗀석기와 간석기, 빗살무늬토기, 고인돌과 비파형 동검 등을 꼽을 수 있다.

구석기시대에 살았던 한국인들은 주로 돌을 깨뜨리거나 떼내어 만든 뗀석기를 사용하였다. 기원전 8천 년경 신석기시대에 이르러, 도구를 만드는 기술이 점차 발달하면서 사람들은 돌을 다듬고 갈아서 만든 간석기를 사용하기 시작하였다. 그리고 이 시기부터 사람들은 떠돌이 생활을 그만두고 한곳에 머물러 살면서 농사를 짓고 가축을 길렀다. 이들은 움집을 지어 같은 핏줄의 씨족끼리 모여 살았으며 빗살무늬를 그려 넣은 토기를 만들어 먹을 것을 담아두었고, 옷을 지어서 입었다. 특히 신석기시대에는 농사를 짓고 정착생활을 하게 되면서 원시신앙도 생기기 시작하였다. 이때 농사에 영향을 끼치는 자연현상이나 자연물에 영혼이 있다고 믿는 애니미즘(Animism)이 생겨 풍년을 기원하는 인간의 소망을 종교적으로 표현하였다. 또한 사람은 죽어도 영혼이 남아 있다고 생각하여 영혼숭배와 조상숭배의 신앙이 나타났으며, 특정 동물을 자기 부족의 수호신으로 생각하여 이를 숭배하는 토테미즘(Totemism)도 생기게 되었다.

움집 (신석기시대의 주거지)

청동기시대에는 사회의 규모가 커지고 권력이 분화되면서 이를 상징적으로 보여주는 커다란 무덤이 만들어졌다. 이 시기의 대표적인 무덤 양식인 고인돌은 오늘날 한반도의 전역에서 발견되고 있다. 고인돌은 당시 지배층의 무덤으로, 고인돌의 크기는 이들의 세력이 매우 컸음을 보여준다. 이것은 당시에 사회적 계급이 있었다는 것을 알려주는 증거라 할 수 있다. 이러한 사회적 변화는 기원전 4세기경부터 유입된 철기문화로 인해 더욱 두드러졌으며, 족장은 강력한 지배자가 되어 국가를 만들어 나갔다.

최초의 국가인 고조선은 제정일치(祭政一致) 사회였던 것으로 보인다. 고조선의 유적지에서는 비파형 동검과 청동거울이 함께 발굴되었다. 칼은 지배자를, 거울은 제사장을 상징하는 물건이기 때문에 고조선의 지배

제정일치(祭政一致)
신을 숭배하여 제사 지내는 종교적 행위와 집단을 통치하는 정치적 행위가 하나가 된다는 사상 또는 그러한 정치형태. 원시사회나 고대사회는 종교가 정치와 생활의 중심에 있는 제정일치 사회였다. 제정일치 사회에서는 신을 받들고 제사하는 제사장(祭司長)이 정치의 최고 권력자가 된다.

구석기시대의 유물
(뗀석기 모음)

신석기시대의 유물
(농경도구와 빗살무늬 토기)

제천의식(祭天儀式)

하늘을 숭배하여 제사를 지내는 종교적 의례(儀禮, ritual)로, 대부분 농경문화권에서 행해졌다. 씨를 뿌릴 때에는 한 해의 농사가 잘 되기를 기원하는 의식을, 곡식을 거둘 때에는 하늘에 감사하는 제천의식을 치른다.

데릴사위제와 민며느리제

데릴사위제는 결혼한 남자가 아내의 집에 들어가 살면서 처가의 가족 구성원이 되는 혼인 풍속이고, 민며느리제는 장차 며느리가 될 여자 아이를 혼례를 치르기 전에 데려와 양육하는 혼인 풍속이다.

자들은 종교의식이나 제천의식(祭天儀式)을 주관하는 제사장(祭司長)을 함께 맡았을 것으로 추측해 볼 수 있다. 실제로 단군이라는 말은 제사장을 뜻하고 왕검은 지배자를 뜻하므로, 단군왕검이라는 명칭은 고조선이 제정일치 사회였음을 말해준다. 이처럼 한국인에게는 하늘을 숭배하는 오랜 전통이 자리잡고 있었다. 또한 고조선은 8조법이라는 엄격한 법률을 만들어 사회의 질서를 잡아나가며 강력한 통치체제를 정비해 나갔다.

초기 국가가 형성되던 이 시기에는 나라마다 고유한 풍속이 있었는데, 이들 풍속 가운데 결혼 풍속과 장례 풍속, 그리고 하늘에 제사를 지내는 제천의식은 오늘날까지 이어지는 한국문화의 원형으로 볼 수 있다.

이 시기의 독특한 결혼 풍속으로는, 고구려의 서옥제(壻屋制), 옥저의 민며느리제, 동예의 족외혼(族外婚) 등이 있다. 고구려의 서옥제는 결혼을 원하는 신랑이 신부집에 와서 신부의 집 뒤에 조그마한 집을 짓고 살다, 자식을 낳아 어느 정도 성장하면 아내를 데리고 자신의 집으로 돌아가는 제도이다. 옥저에는 어린 며느리를 신부로 맞이하는 민며느리제라는 결혼 풍습이 있었고, 동예에는 결혼 상대자를 반드시 씨족 밖에서 맞아들이는 족외혼이라는 결혼 풍습이 있었다. 이러한 초기 국가의 결혼 풍습은 이후 한국문화에서 데릴사위제도나 민며느리제도, 그리고 가까운 친척 간의 결혼을 금하는 근친혼(近親婚)의 금지라는 풍습으로 나타나

청동기시대의 유물

철기시대의 유물

기도 하였다.

또한 이 시기의 장례 풍속으로는 부여의 순장제(殉葬制)와 옥저의 골장제(骨葬制)가 있었다. 부여의 순장제는 왕이나 권력을 가진 사람이 죽으면 살아있는 많은 사람들을 죽은 이와 함께 매장하는 제도이다. 이는 일종의 조상숭배로 볼 수 있다. 옥저의 골장제는 가족이 죽으면 뼈를 모아 매장하는 풍습으로 가족이 죽을 때마다 같은 곳에 매장하였다. 이는 가

한국사 로그인
8조법

한국 최초의 국가인 고조선에는 엄격한 법률이 있었다. 중국의 고대 기록에 남아 있는 이 법은 8조법이라고 불리는 범금8조(犯禁八條)로, 고조선의 백성들이 지켜야 하는 여덟 가지의 법 조항이다. 오늘날에는 3개의 조항만이 전해지고 있는데, 그 내용을 보면 다음과 같다.

첫째, 사람을 죽인 자는 즉시 사형에 처한다.
둘째, 남에게 상처를 입힌 자는 곡식으로 갚아야 한다.
셋째, 남의 물건을 도둑질한 자는 그 집의 노비가 된다. 만일 용서를 받으려면 50만 전의 돈을 내야 한다.

이 법으로 볼 때, 고조선에서는 개인의 재산이 인정될 뿐만 아니라 이를 보호하였으며, 사람의 생명이 매우 소중하게 생각되었음을 알 수 있다. 또한 노비가 존재하는 신분제 사회였다는 점도 알 수 있다.

족 공동 무덤을 만드는 풍습으로, 공동체의 최소 단위인 가족을 죽은 뒤에도 함께 해야 할 운명공동체로 본 것이라 할 수 있다.

이 밖에도 이 시기에는 나라마다 고유한 제천의식이 발달해 있었다. 초기 국가에서 농업은 중요한 생산방식이어서 하늘에 제사를 지내는 제천의식은 중요한 국가 행사였다. 고구려에서는 한 해의 농사일이 끝나는 10월이면 동맹(東盟)이라는 제천행사가 열렸다. 같은 10월에 동예에서는 무천(舞天)이라는 제천행사를 열어 하늘에 제사를 지내며 춤과 노래를 즐겼다. 또한 부여에는 영고(迎鼓)라는 제천행사가 있어, 12월에 하늘에 제사를 지낸 후 춤과 노래를 즐기던 풍습이 있었다. 삼한에도 5월과 10월에 하늘에 제사를 지내는 제천행사가 있어, 5월에는 농사의 풍년을 기원하고 10월에는 풍년이 든 것에 대한 감사의 제사를 올렸다.

특히 이들은 하늘에 제사를 지내는 장소인 '소도(蘇塗)'라는 곳을 정하여 죄인이 들어가도 잡지 못할 정도로 신성하게 여겼다. 이처럼 이 시기의 국가들은 대부분 농업을 중시하였기 때문에 제천행사가 중요한 사회

한국사 로그인

소도(蘇塗)

소도는 삼한에서 하늘에 제사를 지내던 신성한 지역을 말한다. 삼한에서는 마을별로 소도라는 특별 장소를 정하고 매년 한두 차례에 걸쳐 제사를 지내 질병과 재앙이 없기를 기원하였다. 소도라는 명칭은 이곳에 세우던 기다란 장대인 솟대에서 유래하였다는 설이 일반적이다.

소도는 신성한 지역이므로 죄인이라도 이곳으로 도망가면 잡아갈 수 없었다. 이곳에 방울과 북을 단 큰 나무를 세우고 제사 지내던 당시의 주술적인 신앙은 솟대로 남아 오늘날에도 전해지고 있다. 솟대는 신성한 지역을 알리는 경계의 기능을 하거나 풍년을 기원하고 축하할 일을 알리는 기능을 한다.

한국의 농촌에는 섣달(음력 12월) 무렵에 새해의 풍년을 바라는 뜻에서 볍씨를 주머니에 넣어 솟대에 높이 달아매는 풍속이 있다. 이 솟대를 넓은 마당에 세워 두고 정월 보름날(음력 1월 15일) 마을 사람들이 농악을 벌이는데, 이렇게 하면 그 해에 풍년이 든다고 생각하였다. 또 민간신앙의 상징물인 장승 옆에 솟대를 세우고 솟대 끝에 나무로 깎아서 만든 새를 달기도 한다. 새는 지상에 사는 인간과 하늘을 연결해 주는 매개자라는 상징성을 갖는다. 따라서 솟대 끝에 새를 달아두는 것은 새가 사람들이 바라는 소망을 하늘에 전해주기를 바라는 마음을 나타낸다.

적 의식이었음을 알 수 있다. 오늘날 한국의 2대 명절 가운데 하나인 추석은 추수가 끝나고 하늘과 조상에게 감사를 드리는 전통적인 제천행사가 계승된 것으로 볼 수 있다.

단군 이야기

고조선의 건국신화는 단군신화이다. 단군신화는 한민족의 건국신화로 받아들여지면서, 한국인들이 역사적인 시련을 겪을 때마다 정신적인 힘이 되어 주었다. 오늘날 한국의 국경일 가운데 개천절(開天節, 10월 3일)은 하늘이 열린 날이라는 의미로, 단군신화에서 하늘신의 아들인 환웅이 땅으로 내려와 세상을 다스리기 시작한 날을 기념하는 날이다. 이 신화는 고려 때 씌어진《삼국유사》와《제왕운기》등에 전해지고 있다. 환웅의 아들인 단군이 고조선을 세운 이야기 속으로 들어가 보자.

옛날에 하늘의 신 환인에게 여러 아들이 있었는데, 이 중에 환웅이라는 아들은 인간들이 사는 세상에 내려가 인간 세상을 구하고자 하였다. 환웅의 마음을 알게 된 아버지 환인은, 하늘에서 세상을 두루 살펴보다가 태백산이 인간을 널리 이롭게 할 만한 곳이라고 생각하였다. 그리하여 환인은 환웅에게 하늘이 왕에게 내리는 징표인 천부인 세 개를 주어 인간세상을 다스리게 하였다.

환웅은 바람, 구름, 비를 다스리는 세 명의 신과 함께 3천 명의 무리를 이끌고 태백산 꼭대기의 신단수 밑으로 내려왔다. 환웅은 이곳을 도읍으로 삼고 신시(神市)라고 불렀다. 그리고 그는 함께 온 세 명의 신에게 사람이 살아가는 데 필요한 360여 가지의 일을 맡아보게 하며 인간을 다스리고 가르쳤다.

하루는 곰 한 마리와 호랑이 한 마리가 환웅을 찾아와 사람이 되게 해달라고 간절히 빌었다. 곰과 호랑이의 정성에 감동한 환웅은 쑥 한 다발과 마늘 스무 개를 주면서 "이것을 먹고 백일 동안 햇빛을 보지 않으면 사람이 될 것이다."라고 일러 주었다.

곰은 동굴 속에서 쑥과 마늘만을 먹고 잘 견디어 마침내 삼칠일(21일) 만에 여자가 되었다. 그러나 호랑이는 참지 못하고 동굴 밖으로 뛰쳐나가는 바람에 사람이 되지 못하였다. 여자가 된 웅녀는 결혼할 사람이 없어 날마다 신에게 아이를 갖게 해달라고 빌었다. 그러자 웅녀를 안타깝게 생각한 환웅이 잠깐 동안 사람으로 변하여 웅녀와 결혼하고 아들을 낳았다. 이렇게 태어난 아이가 바로 단군이다.

단군은 아사달에 도읍을 정하고 나라 이름을 조선이라 하였다. 그는 여기에서 1500년 동안 나라를 다스렸다. 그 후에 아사달에 숨어서 산신이 되었는데, 이때 그의 나이가 1908세였다고 한다.

제2장

삼국시대와 남북국시대

1. 삼국의 성립과 발전
2. 남북국을 이룬 통일신라와 발해
3. 삼국시대와 남북국시대의 생활과 문화

BC 57년	■ 신라의 건국
BC 37년	■ 고구려의 건국
BC 18년	■ 백제의 건국
42년	■ 가야의 건국
371년	■ 백제의 고구려 평양성 공격
433년	■ 신라와 백제의 동맹 결성
562년	■ 신라의 가야 정복
648년	■ 신라와 당의 연합
660년	■ 백제의 멸망
668년	■ 고구려의 멸망
676년	■ 신라의 삼국 통일
698년	■ 발해의 건국
900년	■ 후백제의 건국
901년	■ 후고구려의 건국

1. 삼국의 성립과 발전

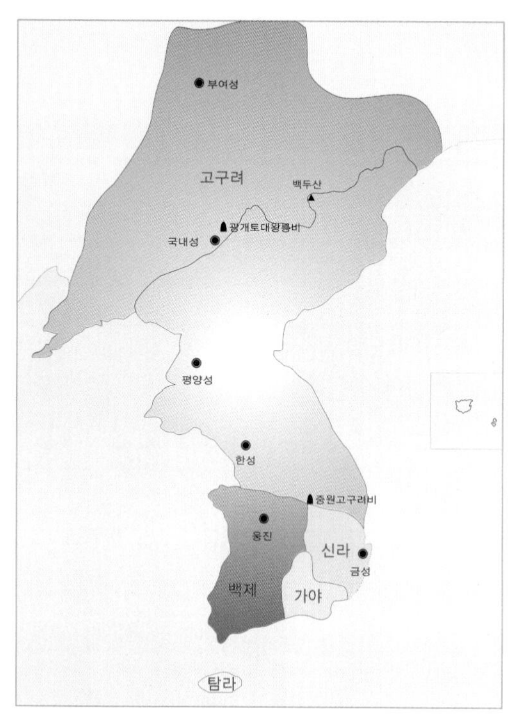

고구려 전성기의 세력 범위 (5세기)

청동기시대와 철기시대를 거치면서 강력한 국가를 만들어 나갔던 고조선(古朝鮮, Gojoseon)과 초기 국가들은 점차 고구려(高句麗, Goguryo), 백제(百濟, Baekje), 신라(新羅, Silla)의 삼국(三國)으로 재편되었다. 한국의 고대국가인 고구려, 백제, 신라는 왕을 중심으로 한 중앙집권국가로 발전한 나라들이다. 한국에서는 이 세 나라를 삼국이라 하고, 삼국이 한반도에서 맞서 있던 시기를 삼국시대(三國時代, Three Kingdoms Period)라 한다. 이 시대는 철기가 널리 보급되어 농업 생산력이 발전하였으나, 한편으로는 여러 정치 세력 간의 대립도 점차 격렬해졌다. 따라서 이들 국가의 성장 과정에서는 왕의 권력을 강화하기 위한 제도의 정비와 영토를 확장하려는 정책이 실시되었다. 삼국은 율령(律令)이라는 제도화된 법을 만들고 관리들의 등급을 나누는 관등제(官等制)를 실시하였다. 또한 백성들을 사상적으로 통합하기 위해 불교(佛敎, Buddhism)를 수용하였다. 이러한 제도의 정비와 종교의 수용을 통해 삼국은 국가의 기초를 튼튼하게 하고 강력한 중앙집권체제를 만들어 나갔다. 삼국의 성립과 발전 과정은 다음과 같다.

고구려는 기원전 37년에 시조(始祖) 고주몽(高朱蒙, 기원전 58년~기원전 19년)이 압록강 유역에 건국한 나라로, 삼국 중 가장 먼저 성장하였다. 고구려는 교육기관인 태학(太學)을 설립하여 국가에 필요한 인재를 키웠는데, 이들에게 무예(武藝)도 닦도록 하여 국력을 강하게 하였다. 고구려는 지리적으로 중국과 국경을 접하고 있었기 때문에 군사적으로 강한 힘을 갖는 일이 중요하였다. 시조 주몽의 이름이 '활 잘 쏘는 사람'이라는 뜻을 가진 것에서도 추측할 수 있듯이, 고구려는 무예를 대단히 중요하게 생각하였다.

이처럼 군사력을 키우면서 고구려의 왕들은 활발하게 영토를 확장해

백성(百姓), 서민(庶民), 민중(民衆), 국민(國民)

한 국가의 구성원에 대한 명칭은 다양하게 사용되어 왔다. 백성은 일반 국민을 예스럽게 이르는 말로, 전근대사회에서 지배층이 아닌 일반 평민을 가리키는 말로 쓰였다. 서민은 과거에는 귀족이나 상류층이 아닌 일반 백성을 의미하는 말로, 오늘날에는 중산층 이하의 저소득층을 지칭하는 말로 쓰인다. 민중은 피지배 계급을 지칭하는 말로서 일반적인 대중을 의미하고, 국민은 국가를 구성하는 자연인 또는 국적을 가진 사람으로, 근대국가 이후에 사용된 용어이다.

나갔다. 제19대 왕인 광개토대왕은 고구려의 영토를 중국의 만주와 한반도 중부 지역까지 확장시키기도 하였다. 고구려가 강한 국력을 가진 나라였다는 사실은, 중국의 수(隋, Sui, 581년~618년)와 싸워 크게 이긴 살수대첩(薩水大捷)이나 당(唐, Tang, 618년~907년)과 싸워 이긴 안시성(安市城)전투를 통해서도 알 수 있다. 그러나 잦은 전쟁과 내부의 분열로 국력이 약해지면서 고구려는 신라와 당이 손을 잡은 나당연합군의 공격에 의해 668년에 멸망하였다.

백제는 기원전 18년에 시조 온조(溫祚, 미상~28년)가 한강 유역에 건국한 나라이다. 예로부터 한강 유역은 비옥한 평야 지대로 농사짓기에 좋은 조건을 갖고 있었다. 또한 한강 유역은 바다로 이어지는 물줄기를 이용하여 이웃 나라인 중국과 교류하기에도 유리한 곳이었다. 백제는 이러한 장점이 있는 한강 유역에 자리를 잡았기 때문에, 중국의 문물을 받아들이면서 빠르게 발전하였다. 4세기 후반에 백제는 대대적인 영토 확장에 나서 북쪽으로는 지금의 황해도 지역까지 진출하고, 남쪽으로는 오늘날 전라도 지역인 마한(馬韓) 지역을 차지하였다. 이렇게 확대된 영토를 바탕으로 막강한 세력을 갖게 된 백제는 중국 및 일본과 활발하게 교류하였다. 하지만 고구려의 세력이 점차 커지자 백제는 남쪽으로 수도를 옮겨야 했고 국력도 약해졌다.

백제는 6세기 중반에 접어들어 다시 중흥을 꾀하여 국력이 점차 강해졌다. 백제는 불교를 발전시키고 중국과 활발하게 교류하였으며 자신들의 발전된 문물과 불교를 일본에 전해주었다. 그러나 660년에 이르러 백제는 고구려와 마찬가지로 나당연합군의 공격을 막아내지 못하고 결국 멸망하였다.

신라는 기원전 57년에 시조 박혁거세(朴赫居世, 기원전 69년~기원후 4년)가 경주 지역에 건국한 나라이다. 신라 초기에는 박씨(朴氏), 석씨(昔氏), 김씨(金氏)가 돌아가며 왕이 되었는데, 이는 여러

광개토대왕릉비(廣開土大王陵碑)
고구려 제19대 왕인 광개토대왕(廣開土大王, 374년~412년) 능의 비석. 이 비는 광개토대왕의 아들인 장수왕(長壽王, 394년~491년)이 광개토대왕의 업적을 기리기 위해 세운 것으로, 당시의 수도였던 중국의 길림성(吉林省)에 위치하고 있다. 광개토대왕릉비의 비문(碑文)에는 고구려 왕가(王家)의 내력과 비석을 세운 이유, 광개토대왕이 생전에 세운 업적, 광개토대왕릉을 지키는 사람에 관한 규정이 적혀 있는데, 이러한 내용은 한국 고대사 연구의 중요한 사료가 되고 있다.

광개토대왕릉비

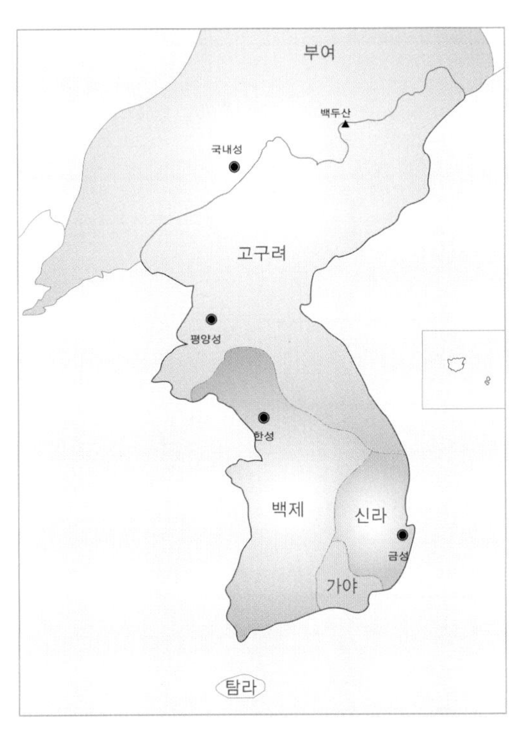

백제 전성기의 세력 범위 (4세기)

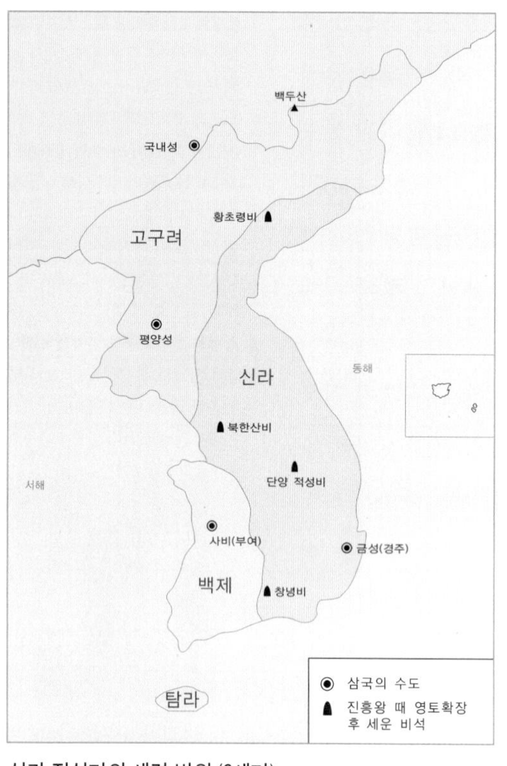

신라 전성기의 세력 범위 (6세기)

세력이 힘을 합쳐서 나라를 세웠기 때문이다. 신라는 한반도 동남쪽에 위치해 있었기 때문에 중국과 교류하기가 어려워 선진문물의 수용이 늦었고, 귀족 세력의 힘이 강해 다른 나라들보다 국가의 통합과 발전이 늦었다. 그러나 신라는 6세기 중반에 화랑도(花郎徒)를 국가적 조직으로 개편하여 인재를 키우고 영토를 확장함으로써 삼국 통일의 기반을 마련하였다. 신라의 화랑도 정신은 공적(公的)인 윤리를 강조하였는데, 이는 화랑도의 실천윤리가 된 원광법사(圓光法師, 555년~638년 무렵)의 세속오계(世俗五戒)에서 찾아볼 수 있다. 이러한 화랑도를 바탕으로 신라는 영토를 크게 확장하였다. 먼저 한반도의 중심부에 위치한 한강 유역을 차지한 뒤, 남쪽으로는 가야(伽倻

가야의 토기와 철기 유물

한국사 로그인

세속오계(世俗五戒)

세속오계는 신라 제26대 진평왕(眞平王) 때의 원광법사(圓光法師)가 세운 다섯 가지 계율이다. 화랑의 생활과 교육은 이 계율에 따라 엄격하게 이루어졌다. 또한 세속오계는 삼국이 통일을 이루는 데 원동력이 되었다.

- 충성으로 임금을 섬긴다(사군이충 事君以忠).
- 효도로써 어버이를 섬긴다(사친이효 事親以孝).
- 믿음과 의리로써 벗을 사귄다(교우이신 交友以信).
- 싸움에 나가서 물러나지 않는다(임전무퇴 臨戰無退).
- 살아 있는 것을 죽일 때는 가려서 죽인다(살생유택 殺生有擇).

/伽耶/加耶, Gaya)연맹을 정복하여 낙동강 유역을 차지하였으며 북쪽으로는 함흥평야까지 진출하였다.

신라가 정복한 가야연맹은 초기에는 금관가야가 중심이 되어 연맹을

임신서기석(壬申誓記石)

임신년(壬申年, 552년 또는 612년으로 추측됨)에 신라의 두 젊은 화랑이 유교 경전을 열심히 공부할 것과 나라에 충성할 것을 맹세한 내용을 새긴 비석.

임신서기석

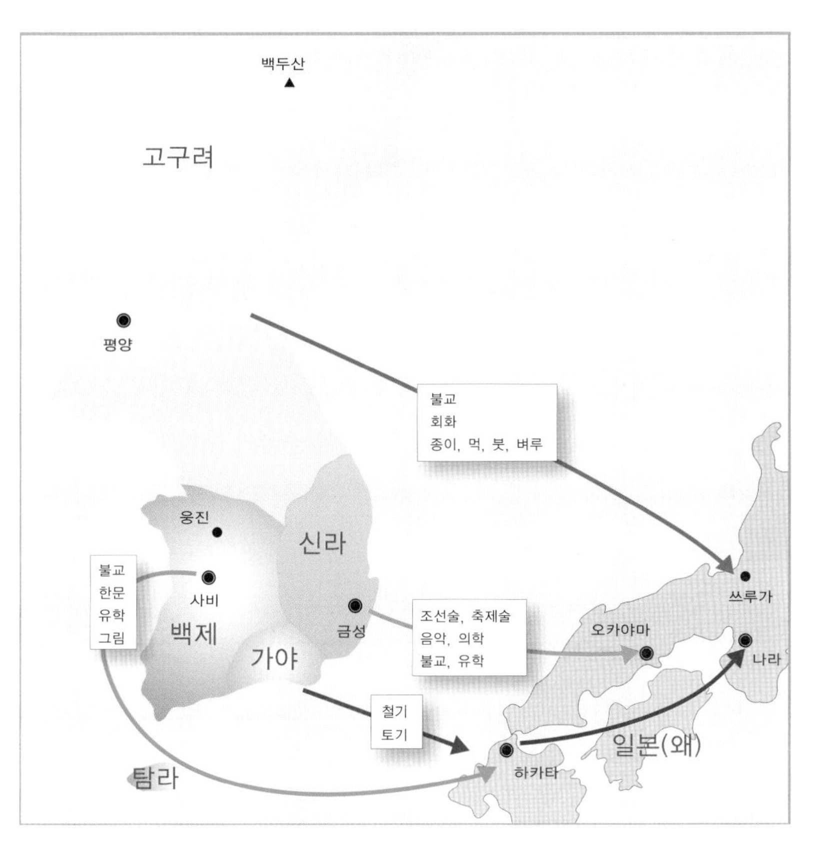

삼국문화의 일본 전파

한국사 로그인

화백회의

신라에는 화백회의라는 귀족들의 독특한 회의가 있었다. 화백회의에는 진골 귀족들이 참여했는데, 높은 관직인 상대등이 회의를 이끌었다. 이 회의에서는 왕을 뽑는 일 등 나라의 중요한 일들을 결정하였다. 한국 최초의 여왕인 선덕여왕을 왕으로 뽑은 것도 화백회의를 통해서였다. 화백회의에서 어떤 일을 결정할 때에는 회의에 참석한 모든 사람들의 의견을 일치시키는 만장일치라는 방법을 사용하였다. 이 회의에서는 한 사람이라도 반대하면 그 안건은 통과되지 못하였다. 화백회의의 영향력은 왕권이 강한가 약한가에 따라 달라졌다. 왕의 권력이 강할 때에는 귀족들의 힘이 약해져 화백회의의 기능도 함께 약해졌다. 반대로 왕의 권력이 약할 때에는 귀족의 세력이 강해져 화백회의의 힘도 강해졌다.

이끌었으나 후기에는 대가야가 중심이 되었다. 가야연맹의 여러 나라들은 국력이 비슷하여 각 나라마다 독자적인 세력을 유지하였기 때문에 하나의 통일국가를 세우지 못하고 결국 신라에 합병되고 말았다. 가야연맹은 중앙집권국가로 발전하지는 못하였으나 철기문화가 발전한 나라였다. 가야연맹의 우수한 철기문화는 신라와 일본의 문화 발전에 영향을 끼쳤다.

2. 남북국을 이룬 통일신라와 발해

한국의 역사에서 삼국시대를 뒤이은 시대는 남북국시대(南北國時代, North-South Kingdoms Period)이다. 이 시대 한반도의 중부와 남부에는 통일신라(統一新羅, Unified Silla)가, 한반도의 북부와 중국의 동북 지역에는 발해(渤海, Balhae)가 건국되어 함께 발전하였다. 통일신라와 발해의 성립과 발전 과정은 다음과 같다.

통일신라는 삼국을 통일한 국가이다. 신라의 삼국 통일은 한국인에게 동일한 민족문화의 기반을 마련해 주었다는 점에서 큰 의미를 가진다. 삼국이 통일되기 전 고구려, 백제, 신라는 각각 독립 국가를 세워 서로 경쟁하며 발전해 나갔다. 이러한 경쟁은 한반도를 차지하기 위한 전쟁

한국사 로그인

화랑

신라의 진흥왕은 많은 인재를 길러낼 방법이 없을까 고민하다가 화랑도라는 청소년 수련단체를 만들었다. 진흥왕은 우선 행동이 바르고 똑똑한 소년 수백 명을 뽑아, 이들 중 가장 뛰어난 소년들은 화랑으로 나머지는 낭도로 나누었다. 이들은 마음의 수양을 쌓고 앞으로 나라를 이끌기 위해 열심히 공부하며 무술 훈련도 부지런히 하였다. 보통 열네 살에서 열여덟 살쯤의 소년으로 구성된 화랑은, 나이는 어렸어도 신라 사람들로부터 많은 존경을 받았다. 화랑들은 전쟁에서 언제나 앞서 싸우는 용감한 군인이었다. 전쟁이 일어나면 화랑과 낭도는 나라를 지키는 데 앞장섰고 늘 용감하게 싸워 모범이 되었다. 이들은 목숨이 위험해도 물러서지 않았다. 적진에 뛰어들어 스스로 목숨을 내놓아 신라군의 사기를 높이고 신라가 승리를 거두게 하였다. 신라가 삼국을 통일할 수 있었던 것은 바로 이러한 화랑이 있었기 때문이다.

으로 전개되었는데, 그 과정에서 신라가 주도권을 잡아나갔다. 당시에는 이웃하고 있는 중국의 당나라가 삼국 중 어느 나라를 돕느냐에 따라 힘의 균형이 달라질 수 있었는데, 신라는 당과의 적극적인 외교를 통해 국제적 여건을 유리하게 만들었다. 그 후 당과 연합한 신라는 백제와 고구려를 무너뜨렸다. 그리고 신라는 당의 세력마저 한반도에서 몰아냄으로써, 마침내 삼국을 통일하였다(676년). 그러나 신라가 삼국을 통일한 것은 그 과정에서 외국의 힘을 빌리고, 대동강 이남의 땅만을 확보하였다는 점에서 분명한 한계를 갖는다.

통일신라는 영토를 확장하고 왕권을 강화하면서 2백여 년 동안 발전을 계속하였다. 우선 통일신라는 넓어진 국토를 효율적으로 다스리기 위해 전국을 9주(九州)로 나누고, 군사적으로나 행정적으로 중요한 곳에 작은 중심지인 5개의 소경(小京)을 설치하였다. 또한 통일신라는 당과 활발하게 교류하여 선진문물을 받아들였는데, 당시 중국의 동쪽 해안 지역과 산둥반도(山東半島)에는 신라인의 거주지인 신라방(新羅坊)이 생기기도 하였다. 그러나 9세기에 들어와서는 귀족들 사이의 심한 왕위 다툼으로 왕권이 약화되었고, 신라의 전통적 신분 질서인 골품제(骨品制)가 무너졌다. 또한 귀족들의 사치가 심해 나라의 재정이 궁핍해지자 백성들에게 지나치게 많은 세금을 거두게 되었고, 이에 반발하여 전국적으로 반란(反亂)이 일어났다. 이때 지방에서 독자적인 세력을 가진 호족(豪族)들이 중앙정부에 도전하였다. 이 가운데 가장 세력이 강했던 인물이 견훤(甄萱, 867년~935년)과 궁예(弓裔, 미상~918년)였다. 이들은 각각 백제와 고구려를 부흥시킨다는 명분으로 나라를 세워 통일신라와 대립하였다. 견훤은 900년에 한반도 서남부 지역에 후백제(後百濟)를 세웠고, 궁예는 901년에 중부 이북 지역에 후고구려(後高句麗)를 세웠다. 이렇게 되자 통일신라는 영토가 줄어 지금의 경상도에 해당하는 지역만 겨우 유지할 수 있었다. 이처럼 통일신라는 신라, 후백제, 후고

후삼국의 형세

구려로 다시 분열되어 후삼국시대(後三國時代)가 전개되었다.

한편 남쪽에서 신라가 통일을 이룩하고 왕권을 강화하고 있을 무렵, 북쪽에서는 고구려의 장군이었던 대조영(大祚榮, 미상~719년)이 고구려 유민과 말갈족(靺鞨族)을 모아 698년에 발해를 건국하였다. 발해는 고구려인이 중심이 되어 건국한 나라로 고구려를 계승하려는 의식을 분명하게 드러냈다. 발해가 고구려를 계승했다는 사실은, 발해가 일본에 보낸 외교 문서나 중국과 일본의 옛 기록, 최근 발굴된 발해의 건축양식이나 토기 등 다양한 유물과 유적을 통해서 알 수 있다.

발해 전성기의 세력범위

발해의 역사에서 주목할 점은, 독자적인 연호(年號)를 사용한 것과 고구려의 옛 땅을 되찾아 영토를 크게 넓혔다는 것이다. 연호는 왕이 재위한 기간에 붙이는 특별한 이름을 말한다. 발해가 독자적인 연호를 사용한 이유는 발해가 중국과 대등한 지위에 있다는 것을 중국에 보여주려는 것과 왕권을 강화하기 위해서였다. 또한 발해는 9세기에 크게 융성하여 만주(滿州)와 연해주(沿海州)에 걸치는 광대한 영토를 확보하였다. 이러한 발해를 일컬어 중국에서는 '동쪽의 융성한 나라'라는 뜻을 가진 '해동성국(海東盛國)'이라고 부를 정도였다. 그러나 발해는 10세기에 이르러 귀족들의 권력 투쟁이 심해져 국력이 약화되었고, 926년에는 유목 민족인 거란(契丹)의 침략을 받아 멸망하게 되었다.

한반도를 중심에 두고 남북국을 이룬 통일신라와 발해는 서로 우호적인 관계를 유지하지 못하였다. 두 나라의 불편한 관계는 발해의 영토 확장 정책 때문이기도 했지만, 신라와 당의 협력관계 때문이기도 하다. 이와 같은 대립 관계는 당에 간 통일신라와 발해의 사신(使臣)이 서로 윗자리에 앉기 위해 다툼을 벌였다는 사실에서도 알 수 있다. 그러나 두 나라가 대립만을 계속한 것은 아니다. 두 나라는 발해에서 신라로 가는 교통로인 신라도(新羅道)를 이용해 사신을 교환하고 교역을 하기도 했다. 이러한 사실로 미루어 보아 두 나라는 협력과 대결을 계속 하면서 남북국 시대를 열어나간 것으로 볼 수 있다.

3. 삼국시대와 남북국시대의 생활과 문화

한국의 역사에 있어서 삼국시대와 남북국시대는 한국적인 생활과 문화의 토대를 만들어나간 시대라 할 수 있다. 이 시대는 사회적으로는 계층의 분화가 뚜렷해졌고, 종교적으로는 불교가 유입되어 성행하였으며, 문화적으로는 불교문화가 찬란하게 꽃을 피우면서 다양한 문화적 융합이 일어난 시기라 할 수 있다.

먼저 삼국시대의 생활과 문화는 신분제의 정착과, 종교와 예술의 발달이라는 면에서 특징을 보인다. 삼국의 사회는 계층상의 차이가 뚜렷한 철저한 신분제 사회로, 귀족 · 평민(농민) · 천민(노비)으로 사회적 신분이 나뉘어져 있었다. 이러한 신분은 후손에게 대를 이어 물려주는 세습이 가능했기 때문에 부모의 신분은 곧 자식의 신분이 되었고, 한번 정해진 신분은 바꿀 수도 없었다. 특히 삼국 중 신라에는 골품제도(骨品制度)라는 엄격한 신분제도가 있어서, 신라의 귀족들은 혈통에 따라 정치활동과 사회생활에서 여러 가지 특권이나 제약이 따랐으며 신분의 상승이 매우 어려웠다.

골품제도(骨品制度)

신라의 신분제도로, 골품제란 왕족을 대상으로 한 골제(骨制)와 귀족과 일반 백성을 대상으로 한 두품제(頭品制)를 합친 말이다. 골품제에 따르면 신라의 신분은 총 8개의 등급으로 나뉘는데, 왕족은 왕이 될 수 있는 최고의 신분인 성골(聖骨)과 그 아래의 진골(眞骨)로 구분되었으며, 귀족과 일반 백성은 6개의 두품으로 서열화되어 신분이 가장 높은 6두품에서 가장 낮은 1두품까지의 등급이 있었다.

또한 삼국시대의 생활과 문화는 불교와 깊은 연관성을 갖는다. 삼국의 왕실은 백성들을 하나의 사상으로 통합하려는 의도로 불교를 적극적으로 수용하였다. 따라서 삼국의 불교는 나라를 지키려는 호국사상(護國思想)을 강조함으로써 국가의 평안과 발전을 이끄는 통치이념으로 활용되기도 하였다. 이렇게 지배층의 통치이념으로 수용된 불교는 전통적인 신앙과도 조화를 이루며 한국적인 불교로 토착화되어 갔다.

삼국시대의 예술은 주로 불교 미술과 고분(古墳) 미술을 중심으로 발달하였다. 삼국시대에는 불교가 번창하면서 절이 많이 세워지고 탑(塔), 범종(梵鐘), 불상(佛像) 등 많은 불교 예술품이 만들어졌다. 특히 온화한 미소를 띤 불상이 많이 만들어졌는데, 이러한 불상의 모습은 계속되는 정복전쟁에 지친 사람들을 위로하였다. 또한 삼국은 많은 고분을 남겼다. 특히 고구려의 고분 벽화에는 사냥하는 모습이나 씨름하는 모습 등이 그려져 있어, 당시의 생활풍속이나 신앙을 이해하는 중요한 자료가 되고 있다. 특히 동양에서 신비로운 짐승으로 여겨지는 청룡(靑龍)·백호(白虎)·주작(朱雀)·현무(玄武)가 그려진 사신도(四神圖)는 당시에 도교(道教, Taoism)가 사회적으로 널리 수용되었음을 보여주는 예이다.

삼국시대에 뒤이은 남북국시대의 생활과 문화는 다양한 문화가 공존하는 특성을 보인다. 이 시기의 생활과 문화는 통일신라와 발해로 나누어 종교와 예술 면에서 살펴볼 수 있다.

오늘날 유네스코 세계문화유산으로 등재되어 있는 불국사와 석굴암은 이 시기의 대표적인 문화유산이다. 불국사는 불교의 이상적인 세계를 건축으로 표현한 절로 삼국시대에 건축되었으나 통일신라시대에 다시 지어졌다. 석굴암은 돌을 쌓아 만든 절로 섬세한 조형미를 자랑하는 한국의 대표적인 문화유산이다. 불국사와 석굴암은 뛰어난 예술미와 수준 높은 건축 기술을 보여주는 세계문화유산으로 평가받고 있다. 그리고 어린 아기의 목숨을 바쳐 만들었기 때문에 '에밀레'라는 종소리가 난다는 전설을 가진 성덕대왕신종도 이 시기를 대표하는 예술품이다. 이처럼 통일신라에는 조형예술이 매우 발달하였다.

한편 발해의 예술은 불교 미술과 문학에서 뛰어난 성과를 보여주었다. 발해는 고구려를 계승한 만큼 웅장한 고구려의 성격을 그대로 보인다. 그러면서도 고구려 미술보다 부드럽고 세련된 느낌을 갖고 있는데, 이는 고구려의 문화 위에 당의 문화를 조화시켰기 때문이다. 발해의 불

백제의 서산마애삼존불

고구려의 무용총 수렵도

고구려의 현무도(사신도의 일부)

석굴암

불국사

교 미술은 고분벽화, 불상, 각종 공예품 등을 통하여 높은 수준을 지니고 있음을 알 수 있는데, 특히 조각에서 뛰어난 수준을 보인다. 불상 두개를 나란히 조각한 이불병좌상과 팔각의 기단 위에 연꽃이 조각된 석등과 정혜공주(貞惠公主, 737년~777년)의 묘에서 출토된 사자 모양의 석사자상은, 발해의 대표적인 조각미술품이다. 또한 발해의 문학은 애국적인 기백과 서정성이 잘 드러나는 것이 특징이다. 지금까지 전해지고 있는 발해의 문학 작품을 보면, 발해의 한문학 수준이 매우 높았음을 알 수 있다. 이는 당(唐)과 지리적으로 가까워 문화적 교류가 많았기 때문으로 한문학을 숭상하는 경향이 강했던 것을 알 수 있다.

통일신라의 성덕대왕신종

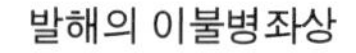

발해의 이불병좌상

발해의 석사자상

고구려를 건국한 주몽

고조선이 멸망하고 동북아시아 여러 사회에 수준 높은 문화와 문물이 전파되자, 이를 받아들인 세력들이 곳곳에서 나타나 '하늘의 자손'이라 자처하며 새로운 지도자가 되고자 하였다. 이 시대에 가장 뛰어난 인물 중 한 사람이 주몽이다. 고구려의 시조인 주몽에 대한 이야기 속으로 들어가 보자.

부여의 왕인 해부루는 늙도록 아들이 없었기 때문에 대를 이을 아이를 갖고 싶어 정성을 다해 하늘에 제사를 지냈다.

어느 날, 그가 탄 말이 큰 돌을 보고 눈물을 흘리자, 이를 이상히 여겨 그 돌을 굴려보니 금빛 개구리 모양을 한 어린 아이가 있었다. 하늘이 자신에게 준 자식이라 생각한 해부루는 아이를 데려와 금빛 개구리라는 의미로 이름을 금와(金蛙)라 불렀다. 세월이 흘러 해부루가 죽고 아들인 금와가 왕이 되었다.

하루는 금와왕이 물의 신인 하백의 딸 유화를 만났다. 유화는 아버지의 허락없이 해모수를 사귀었다는 죄로 부모로부터 쫓겨났다는 이야기를 들려주었다. 금와는 유화를 불쌍하게 생각하여 궁궐로 데려왔다. 이때 햇빛이 방안의 유화를 비추면서 따라왔다. 유화가 아무리 피하려 해도 햇빛은 계속 쫓아왔다.

그 후 유화는 임신을 하게 되고 얼마 뒤 큰 알을 낳았다. 사람이 알을 낳는 이상한 일을 받아들이기 어려웠던 금와왕은 그 알을 길거리에 내다 버렸다. 하지만 그 알을 짐승들은 밟지 않았고, 새들은 날아와 날개로 덮어주었다. 심지어 왕이 알을 쪼개려 해도 쪼개지지 않았다. 이를 이상하게 생각한 금와왕은 유화에게 그 알을 다시 돌려주었다.

이런 일이 있은 후 알을 깨고 아이가 태어났는데 그가 바로 주몽이다.

주몽은 어려서부터 활을 잘 쏘고 매우 총명하여 금와왕의 아들과 여러 신하들이 그를 죽이려 하였다. 유화는 아들 주몽을 살리기 위해 그를 데리고 남쪽으로 몸을 피했다. 주몽은 그곳에 나라를 세우고 국호를 고구려(기원전 37년)라 하고 자신의 성(姓)을 고(高)라

하였다. 나중에 주몽을 ‘동명성왕(東明聖王)’이라 불렀는데, 이 호칭은 ‘떠오르는 해처럼 사방에 빛을 비춘다’라는 의미이다.

제3장

통일국가 고려의 성립과 전개

1. 고려의 성립과 발전
2. 외세의 침략과 자주성 회복
3. 고려시대의 생활과 문화

918년	■ 고려의 건국
926년	■ 발해의 멸망
935년	■ 신라의 멸망
936년	■ 고려의 후삼국 통일
958년	■ 과거제도의 도입
993년	■ 거란족의 침입
1170년	■ 무신정변
1231년~1270년	■ 몽골(원)의 침략 (1차~6차)
1236년	■ 고려대장경 조판 시작 (1251년 완성)
1258년	■ 무신정권의 몰락
1270년	■ 삼별초의 항전
1388년	■ 이성계의 위화도 회군
1392년	■ 고려의 멸망

1. 고려의 성립과 발전

한국의 역사에서 고려(高麗, Goryeo, 918년~1392년)는 자주적(自主的)인 국가로 평가받는다. 고려를 건국한 왕건(王建, 877년~943년)은 후고구려, 후백제, 신라로 분열되어 있던 후삼국을 통일하고, 곧이어 멸망한 발해 사람들까지 받아들여 새로운 민족문화의 기반을 마련하였다. 신라가 중국의 도움을 받아 삼국을 통일한 데 반해, 고려는 독자적인 힘으로 후삼국을 통일하고 발해인까지 받아들였기 때문에 고려의 통일이야말로 자주적인 통일이라는 평가가 일반적이다. 이와 같은 고려의 자주적인 면모는, 유목민족인 거란(契丹)의 침략을 세 차례나 물리친 것이나 몽골(蒙古, Mongol)에 맞서 싸운 항쟁 등 외세에 대한 저항에서도 찾아볼 수 있다. 또한 고려는 삼국과 발해의 문화를 조화롭게 융합시키고 활발한 대외교류를 해나갔다. 고려의 발전 과정을 살펴보면 다음과 같다.

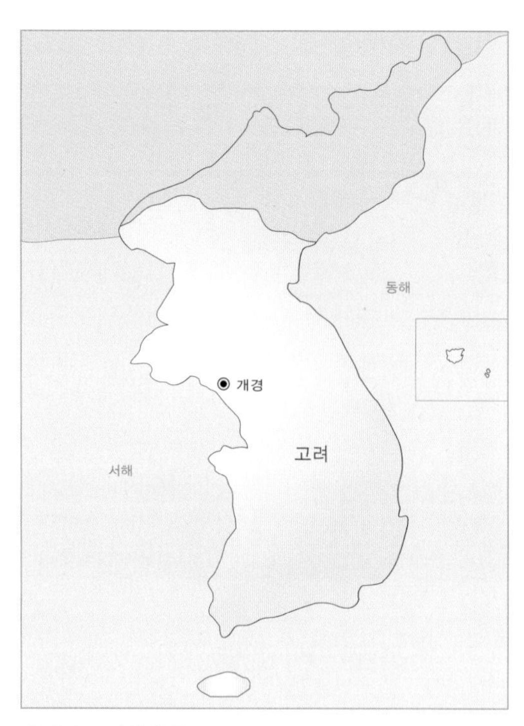

12세기 고려의 영토

우선 고려는 건국 초기에 세금을 덜어주는 정책을 시행하여 백성들의 생활을 안정시켰다. 그리고 고구려의 옛 영토를 회복하고자 북진정책(北進政策)을 추진하여 한민족의 활동무대를 넓혀 나갔다. 하지만 이러한 북진정책은 북쪽에서 세력을 키워 나가던 거란과 충돌을 일으켰다. 이때 서희는 외교적 능력을 발휘하여 거란으로부터 상당한 영토를 돌려받았다. 이후에도 두 차례에 걸쳐 거란의 침략을 막아냈다.

서희(徐熙, 942년~998년)

고려의 외교가이자 문신. 993년 거란(契丹)이 고려를 침략했을 때, 고려의 조정이 서경(西京) 이북 지역을 넘겨주고 거란과 강화를 맺기로 하자, 이에 반대하여 거란의 장수 소손녕(蕭遜寧, 생몰년 미상)을 직접 만나 이 문제를 해결하였다. 서희의 활약으로 지금의 평안북도 일대의 땅을 거란으로부터 되찾았다.

한편 고려는 유교(儒教, Confucianism)를 정치이념으로 내세우며 강력한 중앙집권체제를 다져나갔다. 고려의 제6대 왕인 성종(成宗, 960년~997년)은 유교사상을 통치의 근본이념으로 삼고 이에 따라 정치, 군사, 교육제도 등을 정비하였다. 국가의 체제와 제도를 정비하는 데 있어서 가장 중요한 일은 훌륭한 인재를 뽑는 일이었다. 따라서 이 시기에 시험을 치러

관리를 뽑는 과거(科擧)라는 시험제도가 도입되었다. 고려 사회에서 귀족들은 시험을 치르지 않아도 쉽게 관리가 될 수 있었다. 하지만 과거시험이 제도화되면서 점차 유교적 지식과 윤리관을 지닌 유능한 관리가 정치에 참여할 수 있게 되었다. 이러한 제도를 통해 고려의 중앙집권체제는 더욱 굳건해졌다. 또한 고려는 활발하게 대외교류를 함으로써 고려라는 이름을 세계에 널리 알렸다. 고려는 벽란도(碧瀾渡)라는 항구를 통해 외국과 무역을 하였는데, 이 무역에서 가장 비중이 큰 나라는 중국의 송(宋)나라였다. 이 밖에도 고려는 벽란도를 통해 동남아(東南亞, Southeast Asia)의 여러 국가와 아랍(Arab) 국가의 상인들과 교류하여 그 나라의 특산물을 수입하였으며, 고려의 물품들도 수출하였다. 이러한 개방적인 분위기로 인하여 고려의 수도이자 국제도시였던 개경(開京)에는 외국인들이 정착해서 살기도 하였다. 오늘날 세계인이 한국을 '코리아(Korea)'라는 이름으로 부르게 된 것도 바로 고려가 무역을 통해 서구에 그 이름을 널리 알렸기 때문이다.

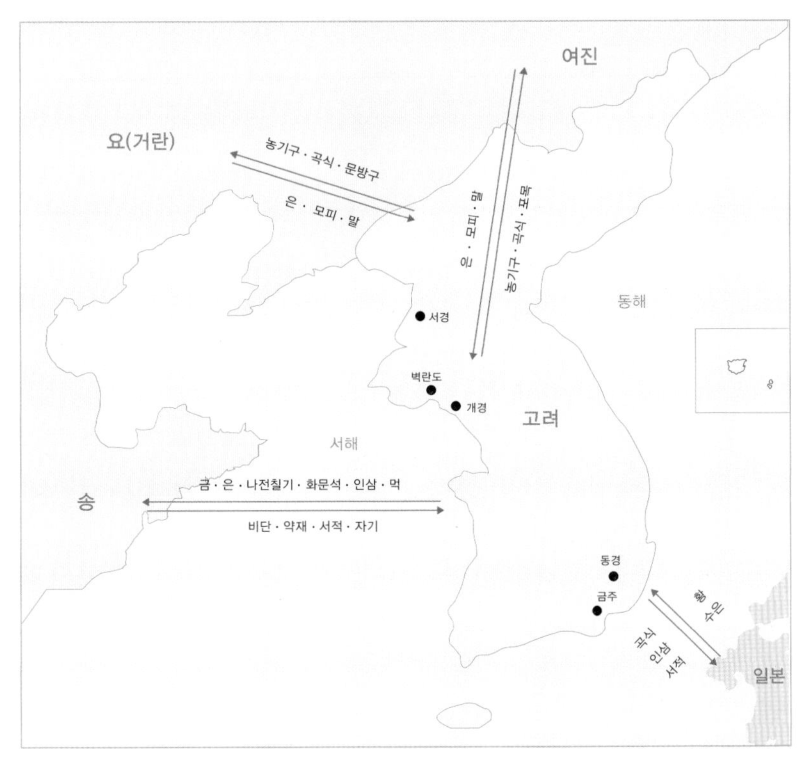

고려의 무역로와 주요 수출입품

2. 외세의 침략과 자주성 회복

고려는 왕조가 지속된 475년 동안 대외적으로는 외국의 침략을 여러 차례 받았는데, 북쪽에 유목민족이 세운 국가인 요(遼, 916년~1125년)나 원(元, 1271년~1368년) 등과 전쟁을 치르거나 군사적으로 대립하였다. 대내적으로는 여러 차례의 크고 작은 반란이 일어나 지배층이 바뀌고 사회가 혼란에 빠졌다. 결국 고려는 원의 지배를 받기에 이르렀다. 이러한 국가적 위기를 겪으며 고려는 자주성을 회복하려는 의지를 보였는데, 그 과정을 살펴보면 다음과 같다.

고려는 귀족이 지배하는 국가였다. 귀족은 왕족을 포함하여 좋은 가문 출신으로 높은 지위에 오른 문신(文臣)과 무신(武臣)을 말하는데, 이들 가운데 나라를 지배한 이들은 문신이었다. 이들 문신들은 나라의 정치를 책임질 뿐만 아니라 군사를 지휘하는 일까지 맡았다. 이렇게 문신이 지나치게 많은 권력을 가지게 되자 이에 대해 불만을 가진 무신들이 마침내 무신정변(武臣政變, 1170년)을 일으켰다. 이때 무신이었던 최충헌(崔忠獻, 1149년~1219년)은 무신정변 이후의 혼란스러운 상황을 정리하며 권

한국사 로그인

훈요십조(訓要十條)

훈요십조는 고려의 태조가 후손에게 전한 열 가지(10조)의 가르침이다. 이 가르침의 주요 내용은 불교사상과 풍수지리사상을 중요하게 생각할 것, 장남이 왕위를 계승할 것, 고려의 특성에 맞는 예법을 지킬 것 등이다. 훈요십조 가운데 중요한 내용을 살펴보면 다음과 같다.

- 불교의 힘으로 나라를 세웠으므로 사찰을 세우고 주지(住持)를 파견하여 불도를 닦도록 할 것
- 왕위는 맏아들이 잇는 것을 원칙으로 하되, 맏아들이 어질지 못하면 그 다음 아들에게 전해 주고, 그 아들도 어질지 못하면 형제 중에서 여러 사람의 추대를 받은 자에게 전해 줄 것
- 고려와 중국은 지역과 사람의 인성이 다르므로 중국문화를 반드시 따를 필요가 없으며, 거란은 짐승과 같은 나라이므로 그들의 의관제도는 따르지 말 것
- 연등회와 팔관회를 성실하게 열 것
- 왕이 된 자는 바른 말을 듣고 남을 헐뜯는 말을 멀리할 것
- 관리들의 봉급을 함부로 바꾸지 말고 농민들의 부담을 가볍게 할 것

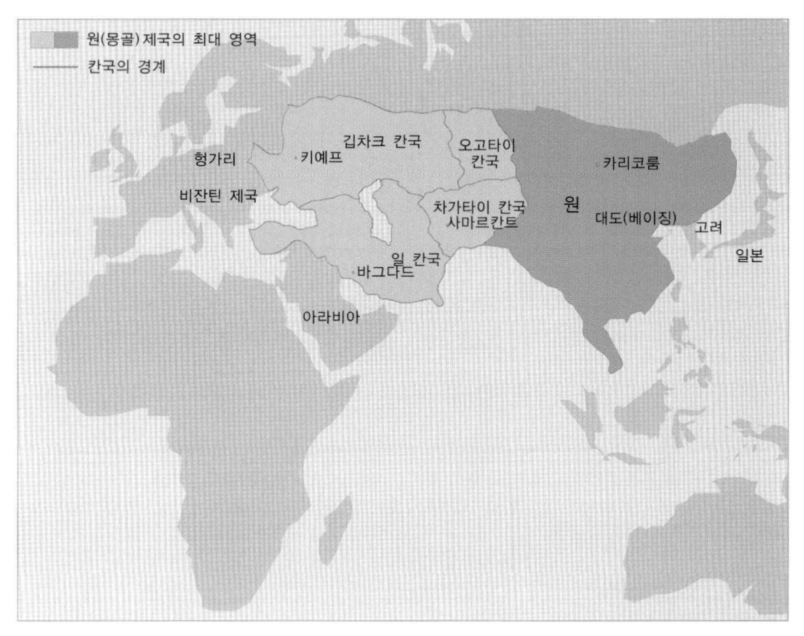

13세기 원(몽골)의 세력범위

력을 잡았고, 최씨가 중심이 되는 무신정권을 정착시켰다. 무신 집권자들은 약 80여 년 동안 고려를 지배했는데, 이 기간 중 60여 년에 걸쳐 최씨가 정권을 잡았다.

무신이 집권한 시기에 고려는 당시 제국을 만들어 나가던 몽골(蒙古)의 침략을 받았다. 무신정권은 몽골의 침략에 대항하여 수도를 강화도로 옮기고 38년간 항쟁하였다. 당시 세계에서 가장 강한 국가인 몽골과 38년간이나 싸운 것은 세계적으로도 그 유례를 찾아보기 힘든 일이었다. 고려를 침략한 몽골은 40년간 전쟁을 벌이며 한반도를 황폐하게 만들었다. 결국 무신정권은 몽골의 침략으로 붕괴되었고, 몽골과 전쟁을 끝내고 화해한 후 몽골의 압력과 간섭을 받게 되었다. 당시 몽골은 국호를 원(元)으로 바꾸었는데, 고려의 왕은 원의 압력에 의해 원의 공주와 결혼을 하기도 하였다. 또한 원의 간섭을 받게 되면서 왕실에서는 몽골어를 사용하기도 하고 의복과 머리 모양을 몽골식으로 바꾸기도 하였다. 게다가 원은 고려에 많은 공물(貢物)과 공녀(貢女)를 요구하였다. 공녀는 원의 요구로 바쳐야 했던 고려의 여자를 말한다. 그리하여 고려에서는 공녀로 뽑혀가지 않도록 딸을 일찍 결혼시키는 조혼(早婚) 풍습이

삼별초(三別抄)

무신정권(武臣政權) 때 몽골에 대항하던 고려의 특수 군대. 몽골의 침입으로 고려 조정이 강화도로 수도를 옮긴 뒤부터 몽골군과 싸워 큰 성과를 올렸다. 1270년 무신정권이 무너진 후 고려가 몽골에 항복하고 원래의 수도인 개경으로 돌아가자, 삼별초는 이에 반발하여 난을 일으켰다. 이들은 몽골군에 3년간 더 항쟁하였으나 결국 진압되었다.

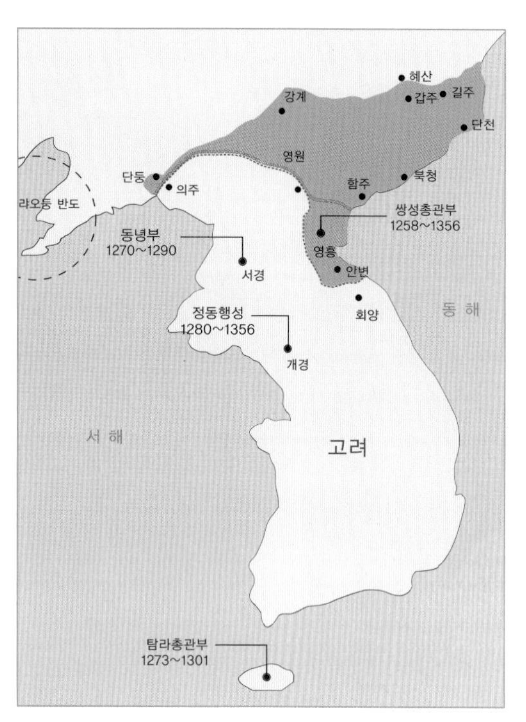

공민왕의 영토회복

생겨나기도 하였다.

고려는 제31대 왕인 공민왕(恭愍王, 1330년~1374년) 때 이르러 원의 간섭에서 벗어나 영토를 되찾고 자주성을 회복하고자 하였다. 공민왕은 원의 간섭으로 바뀐 고려의 여러 제도를 되살리기 위한 개혁정책을 추진하였다. 안으로는 신진사대부들과 손을 잡고 정치, 경제, 사회의 전반에 걸쳐 개혁정치를 단행하였다. 신진사대부(新進士大夫)는 고려 말에 과거를 통해 관리가 된 새로운 정치 세력으로, 이들은 성리학을 공부한 사람들이다. 그러나 귀족들의 반발, 원나라 말기의 도적 떼인 홍건적의 침입, 일본 해적인 왜구(倭寇)의 침입 등으로 인해 이들의 개혁은 성공하지 못하였다. 이러한 가운데 원(元)을 멸망시킨 중국의 명(明)이 고려의 영토 일부를 차지하려 하자, 고려는 명이 차지한 랴오둥(遼東) 지역을 정벌하고자 하였다. 고려는 1388년에 랴오둥 정벌을 위해 이성계(李成桂, 1335년~1408년)를 선봉에 세웠으나, 랴오둥 정벌에 반대하던 이성계는 위화도에서 군사를 돌려 수도인 개경을 점령하였다. 이를 위화도회군(威化島回軍)이라 부른다. 이성계는 위화도회군을 계기로 신진사대부 세력과 함께 새로운 지배 세력이 되어 1392년에 마침내 고려를 멸망시켰다.

성리학(性理學)

12세기에 중국의 주희(朱熹, 1130년~1200년)가 집대성한 유교의 한 학파. 성리학은 인간의 본성이 선한지 악한지, 인간이 존재하는 이유는 무엇인지, 우주는 어떤 요소가 작용하여 만들어졌는지 등을 연구하는 학문이다.

홍건적(紅巾賊)

홍건적은 중국 원나라 말기에 일어난 농민 반란군으로, 원의 정부에 쫓겨 고려를 침범하였다. 머리에 붉은 수건을 쓰고 다녀 홍건적이라 부른다.

왜(倭)

과거에 한국과 중국에서 일본을 지칭했던 말로, 일본을 왜국, 일본인을 왜인이라고 불렀다. 중국과 한국 해안지대를 약탈했던 일본의 해적들을 왜구(倭寇)라 부르면서, 주로 일본을 나쁘게 지칭할 때 사용해 왔다.

3. 고려시대의 생활과 문화

고려시대는 외세로부터 잦은 침략을 당했으나 이러한 시련을 이겨내며 우수한 민족문화를 꽃피운 시기이다. 고려시대에는 국교(國敎)인 불교의 영향을 받아 불교문화와 호화로운 귀족문화가 발달하였다. 이러한 고려시대의 생활과 문화가 형성되고 발전해 온 모습은 신분제, 불교와 유학, 예술과 과학기술 등에서 살펴볼 수 있다.

고려 사회는 삼국시대처럼 신분이 세습되는 사회였다. 고려 사회의 신분은 귀족, 중류층, 양민(농민), 천민(노비)으로 나뉘는데, 이 가운데 중류층은 고려의 지배체제가 정비되는 과정에서 새롭게 등장한 계층이다. 이들은 궁중의 실무나 중앙과 지방 행정의 실무를 담당하였다. 이러한 신분구조는 최상류층인 귀족이 피지배계층을 효율적으로 통치할 수 있는 구조였다.

한편 고려는 불교(佛教, Buddhism)가 국교였기 때문에 생활과 문화의 모든 방면에서 불교의 영향이 컸다. 이 시대에 불교의 승려들은 상당한 사회적 지위를 가지고 있어 왕실의 조언자 역할을 하였다. 이런 분위기로 인하여 의천(義天, 1055년~1101년)처럼 왕실의 왕자이면서 승려가 된 이도 있었다. 고려의 불교는 살아있는 동안 복 받기를 기원하는 현세기복적(現世祈福的) 성격과 국가의 안전을 기원하는 호국적(護國的)인 성격을 가졌다. 이러한 불교의 성격은 다양한 불교 행사에서도 나타나는데, 국가적인 큰 행사였던 연등회(燃燈會)와 팔관회(八關會)가 이를 대표한다.

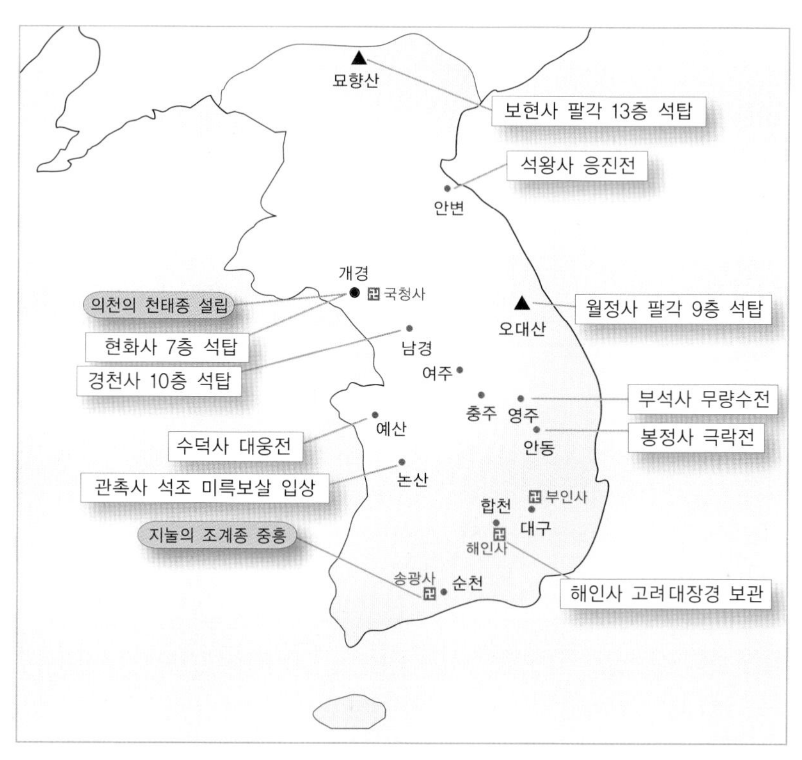

고려의 불교문화

부석사 무량수전

이 행사에서 사람들은 춤과 노래, 음주를 즐기며 국가와 왕실의 평안을 기원하였다. 그러나 불교를 지나치게 우대하는 정책으로 인해 여러 가지 문제가 생겨나자 고려 말에 이르러서는 신진사대부들이 불교를 점차 배격하기 시작하였다.

고려시대의 학문은 과거제도의 시행에 따라 유학(儒學)이 발달하였다. 유학의 발달은 역사 서술에도 많은 영향을 끼쳤다. 오늘날 한국의 고대사를 살펴볼 수 있는 대표적인 저술인《삼국사기(三國史記)》(1145년)가 이 시기에 편찬되었다. 특히 몽골의 침입으로 나라가 위기에 빠졌을 때 고려에는 역사의식이 싹터《삼국유사(三國遺事)》(1285년)와《제왕운기(帝王韻紀)》(1287년) 등 많은 역사서가 편찬되었다.

고려시대의 예술은 귀족의 취향을 반영한 예술작품이 많은 것이 특징이다. 이에 해당하는 공예 작품으로는 고려청자가 가장 유명하다. 청자는 비취색이 나는 도자기로, 부드러운 곡선미와 아름다운 무늬를 자랑한다. 청자에 새겨진 무늬는 표면의 흙을 파서 다른 재료를 채워 넣는 상감(象嵌) 기법으로 만들어지는데, 이 기법을 활용하여 만든 상감청자(象嵌靑瓷)는 다른 나라에서는 찾아볼 수 없는 고려만의 독창적인 것으로 세계적인 평가를 받고 있다.

《삼국사기(三國史記)》와 《삼국유사(三國遺事)》

《삼국사기》는 1145년에 김부식이 쓴 책으로, 고구려 · 백제 · 신라의 역사가 기록되어 있다. 《삼국유사》는 1285년에 승려인 일연(一然, 1206년~1289년)이 쓴 책으로, 이 책에는 삼국시대의 역사, 고대국가의 신화와 신앙, 불교와 승려들에 대한 이야기가 수록되어 있다. 특히 이 책에는 고조선과 단군신화에 대한 기록이 남아 있어서, 한국 역사 연구의 중요한 자료가 되고 있다. 《삼국유사》와 《삼국사기》는 현전하는 가장 오래된 역사책들이다.

한국사 로그인

연등회와 팔관회

고려에는 매년 나라에서 주관하는 연등회와 팔관회라는 행사가 열렸다. 매년 정월 대보름에 열린 연등회는 원래 신라 때부터 행해진 행사였다. 연등회는 등에 불을 밝히며 인간을 깨우쳐 준 부처를 기리는 행사이다. 이 연등회는 처음에는 대보름에 열리다가 나중에는 음력 4월 8일인 석가모니 부처가 탄생한 날에 열렸다.

또한 매년 음력 11월 5일에 열린 팔관회는 부처와 자연의 신들에게 제사를 올리는 축제였다. 자연의 신이란 하늘, 산, 강, 바다 등의 신을 말한다. 태조 왕건은 팔관회를 중요한 국가적 행사로 만들었다. 이 행사가 열리면 송, 거란, 여진 등으로부터 외국 상인들이 와서 축하를 해 줄 정도로 대규모로 행사를 치렀다고 전해진다.

또한 고려시대에는 과학기술이 발전하여 인쇄술, 천문학, 의학, 무기 제조 등에서 큰 발전을 이루었다. 이러한 기술의 발전 가운데 특히 두드러진 것은 인쇄술이다. 고려의 목판 인쇄본인 고려대장경(高麗大藏經)은 몽골의 침략을 부처의 힘으로 막아내고자 하는 염원으로 제작되었다. 이 장경은 글자의 모양이 고르고 아름다워 한국의 뛰어난 목판 인쇄술을 보여준다. 또한 고려는 세계 최초로 금속활자를 발명한 나라이다. 금속활자는 책 내용에 따라 필요한 낱낱의 활자를 옮겨 배열할 수 있기 때문에 다양한 책을 인쇄하는 데 편리하다. 금속활자의 발명에 따라 고려의 승려 백운화상(白雲和尙, 1299년~1374년)이 정리한 불교서적 《직지(直指)》(1372년)가 세계에서 가장 오래된 금속활자본 책으로 발간되었다. 이러한 인쇄기술의 발전은 고려의 문화적 수준이 매우 높았음을 보여주는 예라고 할 수 있다.

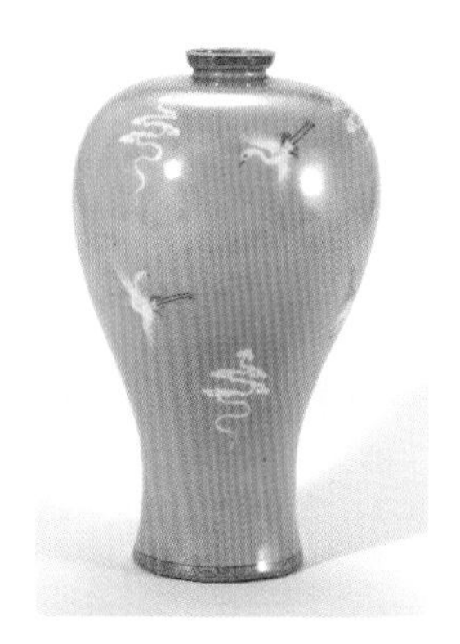
고려청자

금속활자

이방원과 정몽주

고려 말에 위화도회군을 계기로 정권을 잡은 이성계(李成桂, 1335년~1408년)와 신진사대부들은 부패한 고려를 개혁하고 새로운 왕조를 세우고자 하였다. 반면 고려시대에 대표적인 성리학자인 정몽주(鄭夢周, 1337년~1392년)는 고려를 개혁하는 일에는 동의하지만 고려 왕조는 지키고자 하였다. 이렇게 서로 뜻이 다르자, 이성계의 아들인 이방원(李芳遠, 1367년~1422년)은 정몽주가 자신들의 편이 되어주면 좋을 일이지만 만약 그렇지 않을 경우 그를 죽여야겠다고 마음먹었다. 어느 날, 이방원이 정몽주의 마음을 알아보기 위해 그를 자신의 집으로 초대하였다. 이방원은 술상을 차려놓고 시조 한 수를 읊으며 정몽주의 마음을 떠보았다.

이런들 어떠하리 저런들 어떠하리
만수산 드렁칡이 얽혀진들 어떠하리
우리도 이같이 얽혀서 백 년까지 누리리라

- 〈하여가(何如歌)〉 -

이 시조는 이방원이 정몽주에게 '망해가는 고려 왕실만 붙들지 말고, 우리와 한편이 되어 부귀영화(富貴榮華)를 누리자'며 자신들의 편에 설 것을 권하는 내용을 담고 있다. 자신들과 뜻을 함께 하지 않겠느냐는 이방원의 물음에 정몽주는 자신의 마음을 담은 시조 한 수로 답을 하였다.

이 몸이 죽고 죽어 일백 번 고쳐 죽어
백골이 진토 되어 넋이라도 있고 없고
님 향한 일편단심이야 가실 줄이 있으랴

- 〈단심가(丹心歌)〉 -

고려 왕조에 대한 충성은 변함이 없다는 정몽주의 대답으로 두 사람은 서로 뜻이 완전히 다름을 알고 헤어졌다. 이 일이 있은 후, 정몽주는 경기도 개성에 있는 선지교(善地橋)에서 이방원이 보낸 사람에게 철퇴를 맞아 죽었다. 정몽주가 피를 흘리며 쓰러진 자리에는 대나무가 솟아났는데, 이 때문에 선지교의 '지(地)'를 대나무 '죽(竹)'자로 바꾸어, 사람들은 이 다리를 선죽교(善竹橋)라 부르게 되었다.

제4장

조선의 성립과 발전

1. 조선의 성립과 전개
2. 사림 세력의 성장과 국난의 극복
3. 조선 전기의 생활과 문화

1392년	■ 조선의 건국
1394년	■ 한양 천도
1416년~1449년	■ 4군 6진 설치 (현재의 한반도 국경선 확정)
1441년	■ 측우기 제작
1443년	■ 훈민정음 창제
1485년	■ 《경국대전》 편찬
1543년	■ 백운동서원 건립
1592년	■ 임진왜란 발발 (1598년 종결) ■ 이순신의 한산도대첩
1636년	■ 병자호란 발발

1. 조선의 성립과 전개

한양의 도성도

경복궁 근정전

한국의 역사에서 조선(조선, 朝鮮, Joseon: 1392년~1897년 / 대한제국, 大韓帝國, Great Han Empire: 1897년~1910년)은 한민족의 새로운 전통을 만들며 민족문화를 발전시켜 나간 국가이다. 특히 조선시대는 다른 시대에 비해 오늘의 한국문화가 갖고 있는 한국적인 내용과 형식을 만드는 데 가장 큰 영향을 끼친 시기이다. 유교(儒敎, Confucianism)를 국가의 근본이념으로 한 조선은, 불교(佛敎, Buddhism)를 국교로 삼았던 고려와는 다른 새로운 문화적 전통을 만들어 나갔다. 조선의 유교에서 강조한 충(忠)과 효(孝), 예(禮)와 의(義) 등은 오늘날에도 한국인의 가치관 형성에 많은 영향을 주고 있다. 이러한 조선의 성립과 전개 과정을 살펴보면 다음과 같다.

조선은 1392년에 이성계(李成桂, 1335년~1408년)가 신진사대부와 손을 잡고 건국한 나라이다. '조선(朝鮮)'이라는 국호에는 한국의 역사상 최초의 국가인 고조선(古朝鮮, Gojoseon)을 계승한다는 의미가 담겨 있다. 조선은 건국 초기부터 나라를 다스리는 왕은 백성을 중요하게 생각하며 정치를 해나가야 한다는 유교적 민본사상(民本思想)을 내세웠다. 그리고 국가의 효율적 운영을 위해서는 백성에 대한 국가의 지배력을 확고히 해야 한다고 보았다. 이에 따라 정치를 맡은 문반(文班)과 군사를 맡은 무반(武班)으로 나누어진 양반(兩班) 관료가 중심이 되면서 지배체제가 확립되었다. 민본사상과 양반관료체제를 바탕으로, 조선은 건국 후 약 100년에 걸쳐 중앙집권체제를 마련하고 제도를 정비하여 국가의 기틀을 튼튼히 하였다.

조선의 건국은 단순히 왕조의 교체만을 의미하는 것은 아니었다. 고려 말의 사회문제에 대해 개혁을 꿈꾸던 신진사대부들이 조선을 건국하였기 때문에, 조선은 여러 면에서 다른 전통을 만들어 나갔다. 우선 정치적인 면에서는 과거시험에 합격한 유능한 인재를 통치에 적극적으로 활용하여 능력을 중시하는 관료정치를 해나갔다. 물론 조선에서 통치는 왕을 중심으로 이루어졌다. 하지만 왕은 신하들의 의견도 적극적으로 정치에 반영하였다. 이처럼 조선은 왕이 과거를 통해 관리가 된 신하들과 함께 통치를 해나가는 정치체제를 발전시켰다. 또한 조선은 지방 행정을 새롭게 정비하여 전국을 8도(道)로 나누고, 각 도를 다스리는 관찰사와 도 밑에 있는 지방행정 구역인 군현(郡縣)을 다스리는 수령을 중앙에서 뽑아 보내는 등 중앙집권체제를 강화하였다. 오늘날 한반도의 국경과 지방의 구분은 조선시대에 기본적인 틀을 갖춘 것이다. 한편 조선은 국가를 체계적으로 운영하고 통치하기 위해 나라를 다스리는 데 필요한

조선의 8도

한국사 로그인
《경국대전》

《경국대전(經國大典)》은 조선시대에 통치의 기준이 된 최고의 법전(法典)으로, 고려 말부터 조선 성종(成宗, 1457년~1494년) 초까지 약 100년 간 널리 사용된 법과 왕의 명령 등을 총 정리한 것이다. 세조 때 집필을 시작하여 성종 16년(1485년)에 간행하였다. 그 후에도 여러 차례 보완되었으나 기본 골격을 유지한 채 조선 말기까지 계속 적용되었다. 《경국대전》을 편찬하는 데에는 조선 건국의 사상적 기반이었던 성리학이 배경이 되었다. 따라서 이 책을 살펴보면 조선의 정치가 덕치(德治)를 중요하게 생각하였음을 알 수 있다. 덕치란 덕망이 있는 사람이 도덕을 잘 모르는 사람을 지도하는 것을 정치의 기본으로 삼는 정치사상으로, 이 사상에 따르면 통치자는 덕을 갖추고 있어야 한다. 따라서 백성을 다스리는 통치자는 항상 백성을 먼저 생각하는 마음을 가져야 한다는 사상이 이 법전에 담겨 있다. 이러한 전통이 오늘날에도 이어져 한국인들은 진정한 지도자란 덕을 갖춘 인물이라고 생각한다.

"궁궐이 사치하면 백성을 힘들게 하고, 초라하면 조정에 대한 존엄을 보여줄 수 없게 될 것이다. 검소하면서도 초라하지 않고, 화려하면서도 사치스럽지 않도록 하는 것이 참다운 아름다움이다." - 《경국대전》 중에서

모든 제도와 규범을 기록한 법전(法典)을 편찬하였다. 1485년에 《경국대전(經國大典)》을 편찬함으로써 조선은 법치국가로서의 기초를 마련하였다. 사회와 경제면에서는 백성들에게 농업을 권장하고 농업기술의 개발에도 힘을 기울여 백성들의 생활을 안정시켜 나갔다. 이에 따라 농업 생산력이 증가하여 농사를 지을 수 있는 땅인 농지(農地)가 늘어나고 자기 땅에 농사를 지어 생활하는 자영농(自營農)의 수가 많아졌다.

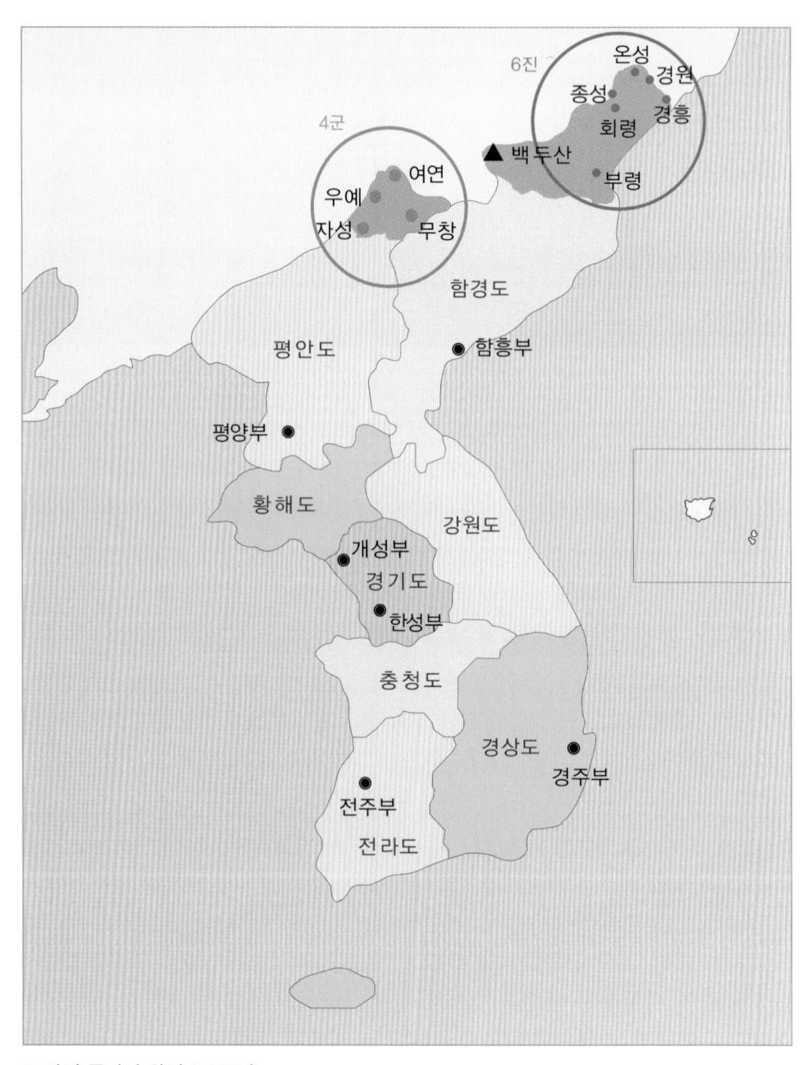

조선의 국경선 확정 (1449년)

2. 사림 세력의 성장과 국난의 극복

건국 후 100여 년 동안 나라가 안정되어 평화로운 시기를 보내던 조선은 15세기 말부터 내부의 정치적 갈등과 외국의 침략으로 인한 위기를 겪게 된다. 이 시기에 학문을 닦으며 지방에 머물렀던 사림(士林)들이 정치권에 진출하여 사림파(士林派)를 형성하여, 기존의 정치 세력인 훈구파(勳舊派)와 갈등하게 되었다. 또한 조선은 일본의 침략으로 임진왜란(壬辰倭亂, 1592년~1598년)을, 중국 만주족이 세운 청(淸, Qing, 1636년~1912년)나라의 침략으로 병자호란(丙子胡亂 1636년~1637년)을 겪게 되면서 국가적 위기에 처하게 되었고, 이를 극복하고자 노력하였다. 조선 전기에 해당하는 이 시기 사림의 활동과 국난(國難)의 극복 과정을 살펴보면 다음과 같다.

조선 초기에 정치를 주도한 세력은 훈구파로 이들은 조선의 건국을 도왔다. 훈구파는 유교이념을 바탕으로 국가체제를 정비하는 데 힘을 쏟았다. 하지만 지나치게 막강한 권력을 가지게 된 훈구파는 점점 사회적 병폐를 낳게 되었다. 그러자 이를 비판하며 왕조의 안정을 위한 성리학(性理學, Neo-Confucianism)적 이상을 내세우는 세력이 정치 무대에 등장하였다. 이들을 사림파라고 부른다. 사림 세력이 정치에 나서면서 훈구 세력의 비리가 드러나게 되자, 두 정치 세력 사이에는 대립과 갈등이 거듭되었다. 몇 차례의 갈등으로 훈구파에 몰려 피해를 입는 사화(士禍)를 겪으면서 사림 세력은 세력이 약화되었다. 중앙에서 훈구파와 사림파의 갈등이 계속되는 동안, 지방에 머무르던 사림 세력은 지방사회의 질서를 잡으며 꾸준히 세력을 키워나갔다. 특히 지방의 사림 세력은 서원(書院)을 세워 후학을 가르치고 학문을 연구하는 데 힘을 쏟았다. 또한 마을 공동체의 생활 규칙인 향약(鄕約)을 기반으로 지방사회를 지배해 나갔다. 무엇보다 이들은 성리학적 이념을 바탕으로 하는 도덕과 명분을 중요하게 생각하였다.

서원(書院)
조선 중기부터 세상을 떠난 학자 중 덕망(德望)이 높은 분에게 제사를 지내고 인재를 키우기 위해 전국 곳곳에 세운 사립 교육 기관.

백운동서원

16세기에 이르러 마침내 이들 사림 세력이 집권하면서 조선에는 붕당정치(朋黨政治)가 전개되었다. 붕당이란 사림의 집단이 정치적 입장과 학문적 계보에 따라 나누어진 것

이순신 동상

거북선 모형

남한산성

거북선

임진왜란 때 이순신(李舜臣, 1545년~1598년) 장군이 왜(일본)군을 물리치기 위해 철판으로 거죽을 싸서 만든 배. 전체적인 모양이 거북과 닮았다고 하여 거북선이라는 이름이 붙었다.

을 말한다. 붕당은 지나친 대립으로 갈등을 빚기도 했지만, 서로를 견제하고 비판함으로써 조선의 정치 발전에 기여하기도 하였다.

한편 조선은 이 시기에 외세의 침략을 받기도 하였다. 100여 년 동안의 혼란기를 끝내고 통일을 이룬 일본은, 중국의 명(明, Ming, 1368년~1644년)을 정복하러 가는 데 길을 빌려 달라는 구실을 내세워 전쟁을 일으켰다. 임진왜란이라 불리는 이 전쟁은, 이순신 장군과 전국에서 자발적으로 일어난 의병(義兵)의 활약으로 7년 만에 끝이 났다. 이 전쟁으로 인해 조선의 전 국토가 황폐해지고 인구도 크게 줄어들었다. 또한 문화재의 손실도 매우 많아 불국사와 역사의 기록물을 보관하던 사고(史庫) 등이 불에 탔고, 도자기와 그림 등 많은 문화재를 일본에 빼앗겼다. 그러나 일본은 이 전쟁에서 획득한 조선의 여러 문화재와 문물을 바탕으로 문화적 발전을 이루게 되었다.

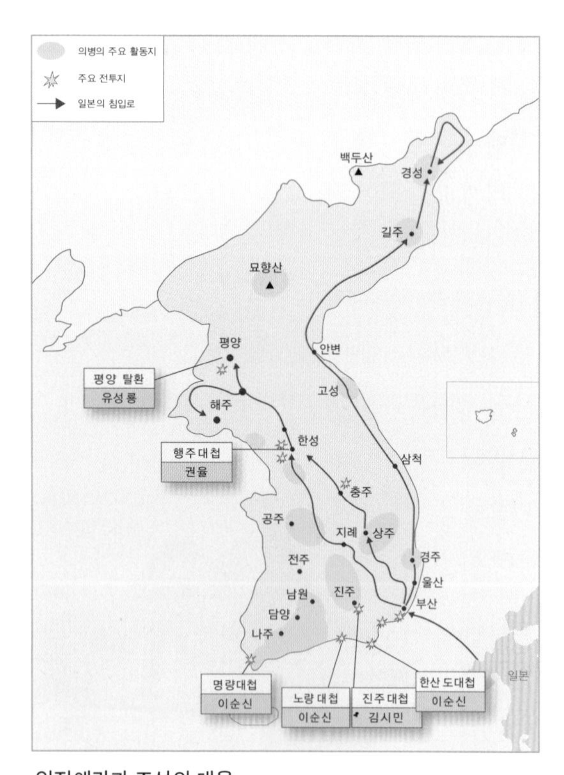

임진왜란과 조선의 대응

임진왜란이 끝난 지 채 40년도 지나지 않아 조선은 다시 전쟁을 겪게 되었다. 중국의 청(淸)은 조선을 압박하여 임금과 신하의 관계를 맺을 것을 요구해 왔다. 조선이 이 요구를 거절하자, 청은 군대를 동원하여 조선으로 쳐들어왔다. 이 전쟁을 병자호란이라고 한다. 조선의 수도인 한양이 청군에 의해 점령되자, 조선의 제16대 왕인 인조(仁祖, 1595년~1649년)는 남한산성(南漢山城)으로 들어가 45일간 청군에 대항하였다. 그러나 청을 물리칠 힘이 부족했던 조선은 결국 청의 요구를 받아들여 굴욕적이지만 화해를 하게 되었다. 이 전쟁으로 큰 피해를 입은 조선에서는 청에 대한 적대 감정과 복수심으로 청을 공격하자는 북벌(北伐) 운동이 추진되었지만 결국 이를 실현하지는 못하였다.

3. 조선 전기의 생활과 문화

조선 전기는 찬란한 민족문화를 꽃피운 시기로, 한국인의 과학적이고 창조적인 능력이 가장 잘 발휘된 시기이다. 조선 전기는 유교적인 양반문화가 발달하면서 사상과 문예 등 다방면에서 높은 수준의 문화적 성취를 이룩하였다. 이 시기 생활과 문화의 발전상은 신분제, 종교, 학문, 과학기술, 예술 등에서 살펴볼 수 있다.

조선은 고려와 같이 신분제 사회로, 신분구조는 양반, 중인(하위 지배층), 상민(농민 · 수공업자 · 상인 등의 생산층), 천민으로 나누어졌다. 이 시기는 엄격하게 신분 질서가 유지되었지만, 고려시대와 달리 피지배층도 지위와 신분을 높일 수 있는 길이 제도적으로 열려 있었다. 양반과 천민 사이에 있는 중인과 상민은 과거에 응시하여 관직에 진출할 수가 있었다. 하지만 현실적으로 이러한 길은 매우 좁았고 엄격한 신분질서는 매우 강하게 자리 잡고 있었다.

상민(常民)
조선시대에 양반과 천민의 중간에 위치한 신분으로 농업, 수공업, 상업 등에 종사했던 백성들을 말한다.

조선은 유교를 통치이념으로 내세웠기 때문에 고려시대의 국교였던 불교는 상대적으로 위상이 낮아질 수밖에 없었다. 조선 왕조는 불교를 억압하고 유교를 숭상하는 억불숭유(抑佛崇儒) 정책을 펴나갔다. 따라서 불교 사원의 건립이 억제되었고 사회윤리도 불교사상에서 유교사상으로 대체되었다. 하지만 궁중과 민간에서는 여전히 불교를 믿고 따르는 자가 있었다. 이 시기에 계절에 따른 세시풍속은 유교 이념과 결합되면서 조상숭배의식과 촌락의 안정을 기원하는 의식으로 정착되었다. 한편 이 시기에는 풍수지리설(風水地理說)도 중시되어 조선의 수도를 한양(漢陽)으로

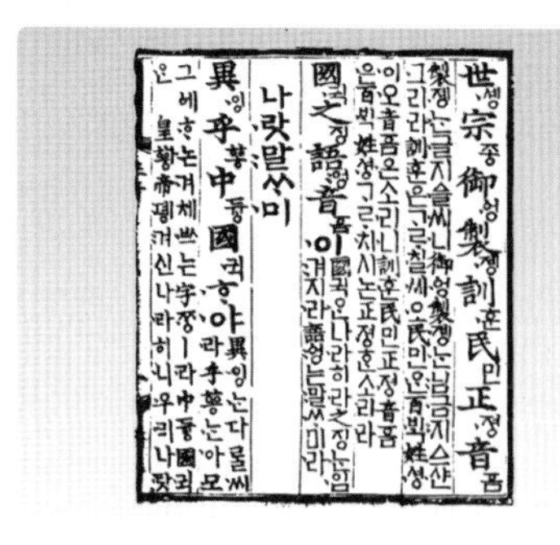
世宗御製訓民正音
國之語音이
나랏말ᄊᆞ미
異乎中國ᄒᆞ야

훈민정음 언해본

세종대왕 동상

정하는 데도 영향을 미쳤다. 하지만 유교의 확산으로 풍수지리설은 공적인 차원보다는 개인적인 차원에서 수용되었다.

은둔사상(隱遁思想)과 신선사상(神仙思想)

은둔사상은 욕심을 버리고 현실 사회를 피하여 숨어 지내면서 학문과 도(道)를 닦는 것을 가치 있는 것으로 생각하는 사상이다. 신선사상은 늙지 않고 오래 사는 신선의 경지에 이르기를 바라는 사상으로, 한국에서 신선사상은 무속과 함께 원시신앙의 바탕을 이룬다.

조선 전기에는 한문학(漢文學), 국문학(國文學), 지리학(地理學), 역사학(歷史學) 등 다양한 학문 분야에서 발전이 있었다. 학문과 문학이 두루 발전할 수 있었던 배경에는 학문을 숭상하는 사회적 풍토와 한글의 창제가 큰 역할을 하였다. 조선의 제4대 왕인 세종(世宗, 재위 1418년~1450년)이 1446년에 훈민정음(訓民正音)을 세상에 반포하자 조선의 백성은 고유한 문자를 가지게 되었다. 훈민정음은 매우 과학적이고 독창적인 문자체계로 누구나 쉽게 문자를 배우고 익힐 수 있었다. 글자를 아는 사람이 늘어나면서 이 시기의 민족문화는 크게 발전하였다.

조선 전기에는 과학 기술도 크게 발달하였다. 서양보다 200여 년이나 앞서 강수량을 측정하는 측우기(測雨器)를 만들었고 이를 농사에 활용하였다. 그리고 조선의 농토와 현실에 적합한 농사법을 소개한 《농사직설(農事直說)》(1429년)을 펴내어 농사를 효율적으로 지을 수 있게 하였

한국사 로그인

한글의 창제원리

한글은 처음 만들어졌을 때 자음 17자와 모음 11자로 이루어져 있었다. 자음의 기본이 되는 'ㄱ', 'ㄴ', 'ㅁ', 'ㅅ', 'ㅇ' 다섯은 소리를 내는 발음기관(發音器官)의 모양을 본떠 만들었다. 모음의 기본이 되는 'ㆍ', 'ㅡ', 'ㅣ'는 입을 벌릴 때의 모양을 본떠 만들었는데, 이는 우주의 세 가지 근원이 되는 하늘과 땅과 사람을 각각 상징한다. 그 외의 자음과 모음은 이렇게 만들어진 자음 다섯 자와 모음 세 자를 기본으로, 획을 더 그어가며 만들어졌다. 한글을 만든 원리 안에는 동양인이 우주를 인식하는 철학적인 원리가 담겨 있다.

다. 또한 천체의 운행을 측정하는 혼천의(渾天儀)와 시각을 측정하는 해시계와 물시계 등을 만들어 생활에 활용하였다. 당시 조선의 이러한 과학 기술은 세계적으로도 매우 앞선 수준으로 평가되고 있다.

한편 고려시대에 크게 발달한 도자기 기술은 조선 전기에 이르러 새롭게 변화하였다. 조선 초에는 청자에 하얀 분을 칠한 분청사기가 궁중과 관청에서 주로 사용되었지만, 16세기 이후에는 선비들 사이에서 세련된 백자가 유행하기 시작하였다. 조선의 백자는 고려청자에 비해 단순하고 소박한 아름다움을 보여주는데, 이는 선비의 고상한 정신세계를 예술적으로 표현한 것으로 평가된다.

조선의 분청사기

조선의 백자

한국사 로그인

조선시대 여성의 삶

조선시대에는 여성이 사회에 나아가 활동하는 것을 금지하였다. 여성은 정치에 참여할 수 없었으며, 외출을 할 때 양반집 여성들은 얼굴을 가리는 장옷을 입고 나가야 했다. 또한 이 시대 사람들이 지켜야 할 예절을 다룬 책에는 결혼한 여성을 가정에서 쫓아낼 수 있는 7가지 이유와 쫓아내지 못하는 3가지 근거가 제시되어 있다. 결혼한 여성이 가정에서 쫓겨나는 7가지 허물을 칠거지악(七去之惡)이라 하는데, 그 내용은 다음과 같다. 시부모에게 순종하지 않는 것(不順舅姑), 자식을 낳지 못하는 것(無子), 행실이 음탕한 것(淫行), 질투하는 것(嫉妬), 나쁜 질병이 있는 것(惡疾), 수다스러운 것(口舌), 도둑질하는 것(盜竊)이 그 내용이다. 한편 이 시대에 아내가 칠거지악을 범하더라도 쫓아내지 못하는 세 가지 경우를 삼불거(三不去)라 하는데, 그 내용은 다음과 같다. 아내가 돌아갈 친정이 없는 경우, 함께 부모의 삼년상(三年喪)을 치른 경우, 결혼할 당시에는 가난했으나 현재 부자가 되었을 경우이다.

과학자 장영실

한국의 역사에서 조선시대는 이른바 과학혁명이 일어난 시대이다. 조선의 제4대 왕인 세종(世宗, 1397년~1450년)은 과학기술을 발전시켜야만 나라가 발전할 수 있다고 생각하였다. 그래서 뛰어난 과학기술을 지닌 사람에게는 신분에 관계없이 관직을 주어 과학을 연구할 수 있게 하였다. 그 대표적인 예가 장영실이다. 장영실은 천민이었지만 세종의 배려로 관직을 얻어 기술직 관리가 되었다. 한국에서 천재적인 과학자로 불리는 장영실의 이야기 속으로 들어가 보자.

장영실은 어릴 때부터 어떠한 물건을 고치거나 생활에 편리한 것을 만드는 일에 큰 재능을 갖고 있었다. 장영실의 어머니는 장영실에게 물건을 고치고 만드는 것만으로는 큰 인물이 될 수 없다며, 이 세상에 없는 물건을 만들어 보라고 하였다. 그 후부터 장영실은 틈만 나면 무엇이든지 만들어 보았다.

물건을 고치거나 새로 만들어 내는 장영실의 뛰어난 재주는 관가에 소문이 나기 시작했다. 어느 날, 하급관리 한 사람이 장영실에게 의자를 만들어 달라고 부탁했다. 그런데 장영실은 의자를 만들지 않고 종이에다 의자 그림만 열심히 그리는 것이었다. 그리고 한참이 지나서야 그림과 똑같은 의자를 만들었다. 이 관리는 그림까지 그리면서 정확하게 의자를 만드는 장영실의 과학적인 태도를 높이 평가하였다.

세종이 왕위에 오르자, 세종은 지방을 다스리는 관리들에게 양반이든 천민이든 관계없이 과학기술에 재능이 있는 인재라면 추천하라고 하였다. 이때 장영실의 능력을 높게 평가한 하급관리가 그를 추천하였다. 그리하여 장영실은 천민 출신임에도 불구하고 관직에 오를 수 있었다.

세종은 장영실에게 비가 온 양을 측정할 수 있는 기계를 제작하도록 하였다. 장영실은 하늘에서 내리는 비를 보며 깊은 고민에 빠졌다. 그때 마침 하녀가 나와 허드렛물로 쓸 빗물을 받기 위해 옹기그릇을 마당에 내다놓았다. 그 광경을 본 장영실은 비의 양을 측정하기 위해서는 빗물을 그릇에 받아 고여 있는 물의 깊이를 자로 재면 된다는 아이디어를 얻게 되었다. 이렇게 해서 측우기가 탄생하게 되었다.

측우기는 1441년에 세계 최초로 발명된 비의 양을 재는 강우량 측정기이다. 서양에서 측우기는 1639년에 처음 만들어졌다. 따라서 한국의 측우기 발명은 서양의 발명보다 약 200년이나 앞선 것이다. 이 밖에도 장영실은 해시계, 물시계, 천문관측기계인 혼천의 등을 발명하였다.

앙구일부(해시계)

측우기

혼천의

제5장

조선 후기 사회와 근대의식의 성장

1. 사회의 변화와 농민봉기
2. 개항과 근대적 개혁
3. 조선 후기의 생활과 문화

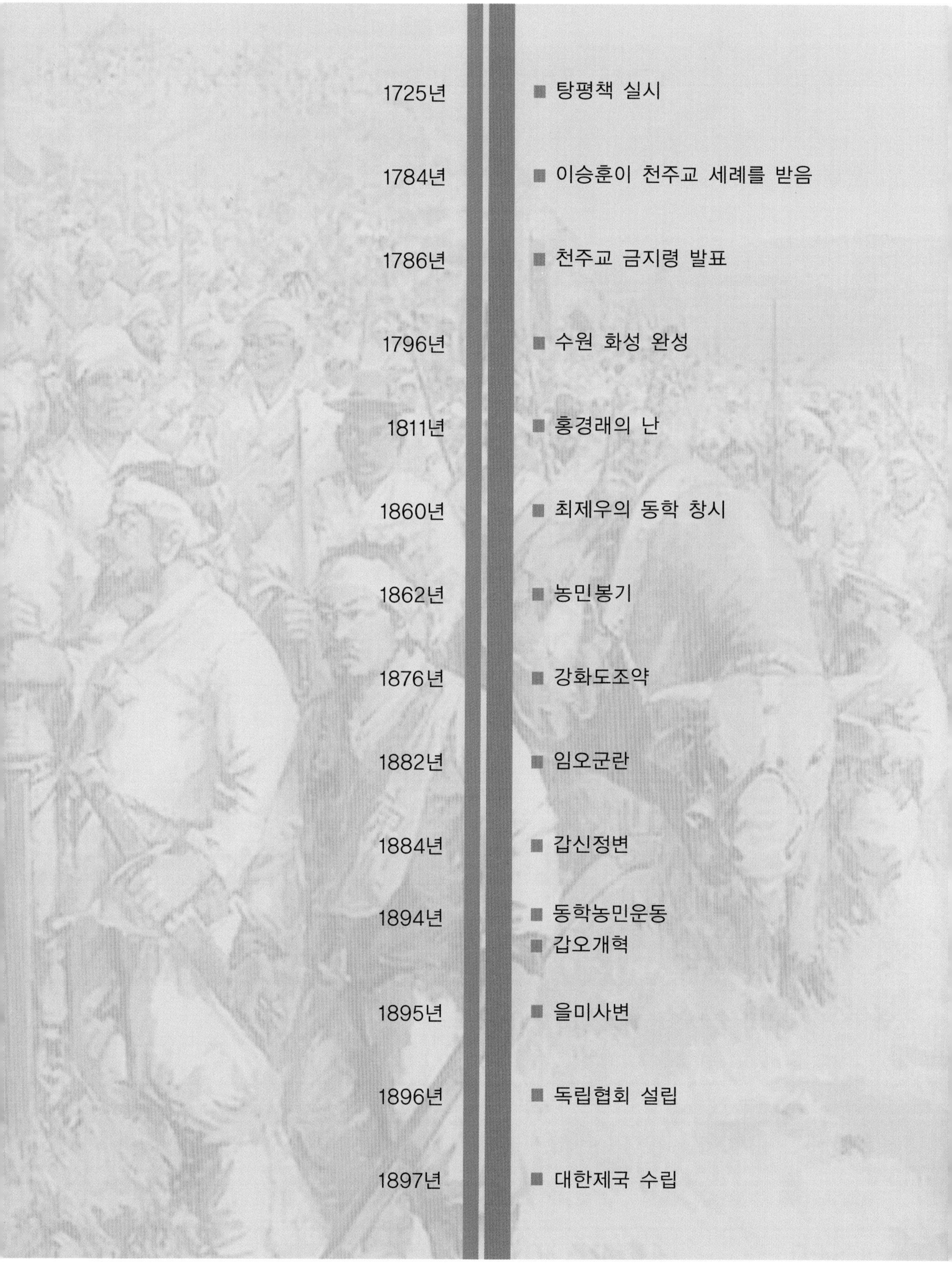

1725년 ■ 탕평책 실시

1784년 ■ 이승훈이 천주교 세례를 받음

1786년 ■ 천주교 금지령 발표

1796년 ■ 수원 화성 완성

1811년 ■ 홍경래의 난

1860년 ■ 최제우의 동학 창시

1862년 ■ 농민봉기

1876년 ■ 강화도조약

1882년 ■ 임오군란

1884년 ■ 갑신정변

1894년 ■ 동학농민운동
■ 갑오개혁

1895년 ■ 을미사변

1896년 ■ 독립협회 설립

1897년 ■ 대한제국 수립

1. 사회의 변화와 농민봉기

조선 후기는 임진왜란과 병자호란을 겪은 이후의 시기로, 이때부터 한국사회에는 근대의식이 서서히 싹트기 시작하였다. 한국보다 앞서 근대사회를 만들어 나간 서양은, 새롭게 성장한 시민 계급이 나서서 구질서를 허물고 정치적 민주주의와 경제적 자본주의를 제도화하며 근대화를 이끌었다. 한국에서도 조선 후기에 접어들면서 이러한 근대사회로 전환하고자 하는 움직임이 나타나기 시작하였다. 조선 후기 사회에서 근대의식의 성장과 사회의 변화 양상은 다음과 같다.

이 시기에 접어들면서 경제적인 면에서 새로운 변화가 일어나기 시작하였다. 농업과 상공업이 크게 발달하여 능력만 있으면 높은 신분이 아닌 사람들도 부(富)를 축적할 수 있게 되었다. 농업 분야에서는 새로운 기술이 개발되고 합리적인 경영이 이루어져 농업 생산력이 높아졌다. 농업 기술이 발달하고 농산품의 거래가 활발해지자 상공업 분야에 종사하는 사람들이 늘어나기 시작하였다. 상공업이 발달함에 따라 화폐가 널리 유통되고 이윤 추구를 목적으로 하는 경제활동이 늘어났다.

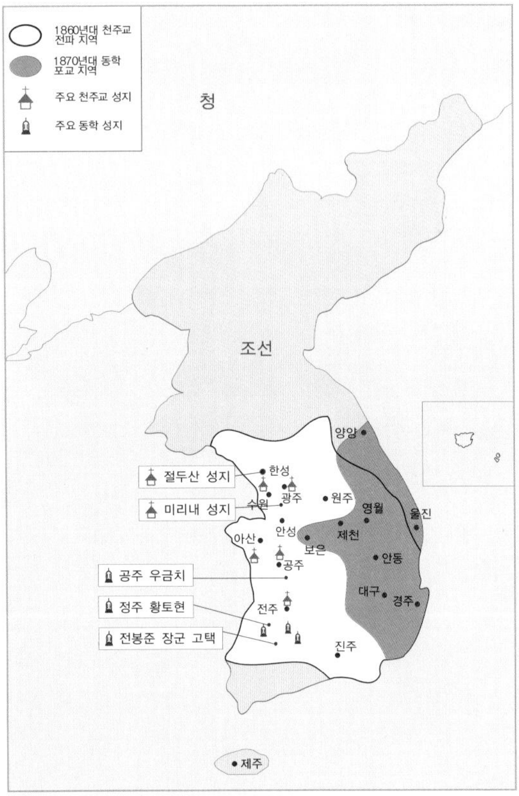

또한 이 시기에는 사상적인 면에서도 새로운 변화가 일어났다. 성리학이 보여준 이상적이고 원리적인 경향보다는 현실적이고 개혁적인 경향을 보이는 실학(實學)이 등장하였다. 실학은 실생활에 도움이 되는 것을 연구하려는 학문적 경향이다. 그리고 중국을 통해 서구의 종교인 천주교(天主教, Catholicism)가 들어와 조선 사회에 수용되었다. 한편 이 시기에는 한국 고유의 종교인 동학(東學, 1860년)이 창시되어 현실의 모순을 개혁하고자 하였다. 동학은 전통적인 민간신앙과 유교·불교·도교의 장점이 결합된 종교로, '사람이 곧 하늘'이라고 생각하

동학과 천주교의 확산

는 인내천(人乃天)사상을 교리로 내세웠다. 이러한 동학의 기본 사상은 신분이나 계급을 초월하여 모든 인간이 평등해야 함을 뜻하는 것이다. 따라서 당시 사회적으로 억압을 당하던 농민들이 이를 적극적으로 수용하였다.

한편 사회적으로는 신분제도가 흔들리면서 중인들과 평민들이 양반 계층으로 신분 상승을 하는 경우가 자주 발생하였다. 특히 사회 진출이 자유롭지 못했던 첩의 자식인 서얼이나 가장 낮은 신분인 노비도 신분 해방을 부르짖게 되었다.

정치권에서도 변화에 대한 요구가 나타나기 시작하였다. 임진왜란과 병자호란이 끝나고 조정(朝廷)에서는 당파를 만들어 권력을 다투는 붕당정치(朋黨政治)가 심해지자 이러한 폐해를 해결하고자 새로운 정치적 움직임이 나타났다. 영조(英祖, 1694년~1776년)와 정조(正祖, 1752년~1800년)는 당파 간의 대립을 해결하기 위해 각 당파에서 고르게 인재를 등용하는 탕평책(蕩平策)을 시행하였다. 하지만 이러한 노력이 당파 간의 대립과 갈등을 완전히 해결하지는 못하였다. 탕평책을 시행하여 왕의 권한을 강화하고자 한 영조와 정조의 노력이 실패로 끝나면서, 조선 사회에는 왕실의 친인척이나 특정 인물에게 권력이 집중되는 세도정치(勢道政治)가 행해져 백성들의 분노를 샀다.

한국사 로그인

탕평책과 탕평채

조선시대에는 학맥과 정치적 입장에 따라 형성된 붕당이라는 정치형태가 발달하였는데, 당시 조정 관리들은 동인(東人), 서인(西人), 남인(南人), 북인(北人)으로 나누어져 권력을 다투었다. 이들 붕당은 당의 이해관계에 따라 정권을 잡기 위한 극심한 권력 싸움을 벌여, 많은 사람들이 죽거나 귀양을 가는 등 그 폐해가 아주 컸다. 따라서 영조는 각 당파에서 고르게 인재를 등용하여 당쟁의 폐단을 없애기 위한 탕평책(蕩平策)을 실시하였다.

한국의 궁중음식 중 탕평채(蕩平菜)라는 음식이 있다. 영조가 탕평책을 논하는 자리에서 이 음식을 신하들과 나누어 먹었다고 한다. 탕평채에는 다른 색깔을 가진 재료들이 들어가는데, 재료의 다양한 색은 각 붕당을 상징한다. 청포묵의 흰색은 서인을, 쇠고기의 붉은색은 남인을 나타낸다. 그리고 미나리의 푸른색은 동인을, 김의 검은색은 북인을 나타낸다. 여러 색깔의 각 재료가 조화로운 맛을 이루는 탕평채는 영조가 펼친 탕평책을 상징한다고 볼 수 있다.

특히 세도정치 하에서 사회의식을 강하게 드러낸 집단은 농민이었다. 이들은 지나친 세금 부담과 지방 관리들의 심한 부패(腐敗)로 인해 사회적 불만이 높아져 결국 전국 곳곳에서 봉기(蜂起)를 일으켰다. 이러한 농민들의 분노는 구질서체제를 무너뜨리는 데 큰 역할을 하였다. 무엇보다도 농민들이 주체적으로 벌인 이 봉기는 조선 후기의 사회 변화를 이끌며 피지배계층의 사회의식을 성장시키는 계기가 되었다.

2. 개항과 근대적 개혁

19세기 중반에 접어들자 조선 사회에는 왕조체제에서 벗어나 근대국가체제를 만들고자 하는 움직임이 보다 활발해졌다. 하지만 이 시기의 조선 사회는 스스로 근대화를 이루기에는 국내외적 상황이 매우 혼란스러웠다. 국내의 혼란과 외세와의 갈등 속에서 근대국가체제로의 전환을 시도한 근대적 개혁의 전개 과정은 다음과 같다.

19세기에 접어들자 서양의 자본주의 세력은 무력을 앞세워 아시아의 여러 나라에 개방을 요구하였다. 이러한 서양 세력의 위협으로 이웃나라인 청(淸)은 1842년에, 그리고 일본(日本)은 1858년에 각각 다른 나라와 물건을 사고파는 통상조약(通商條約)을 맺었다. 하지만 조선은 다른 나라와의 통상을 금지하는 쇄국정책(鎖國政策)을 유지하였다. 그러자 일본과

한국사 로그인

조선 후기의 예언사상과 민간신앙

조선 후기에는 일본과 서구 강대국들의 침략으로 정치가 불안하고 사회가 매우 혼란스러웠다. 이러한 혼란으로 인해 일반 백성들 사이에는 초월적인 힘에 의지하여 정신적인 구원을 얻으려는 경향이 널리 퍼졌다. 당시에 유행했던 예언사상과 민간신앙은 다음과 같다.

- 후천개벽사상 : 어지럽고 살기 힘든 현재의 세상이 망하고 살기 좋은 새로운 세상이 열릴 것이라고 믿는 사상
- 정감록 예언사상 : 이씨 왕조가 망하고 정씨 왕조가 들어선다는 사상
- 미륵신앙 : 미륵부처인 미륵이 지상에 내려와 중생을 구원한다는 신앙
- 무속신앙 : 무당이 굿이나 풀이로 귀신을 달래어 화를 피하고 복을 비는 신앙

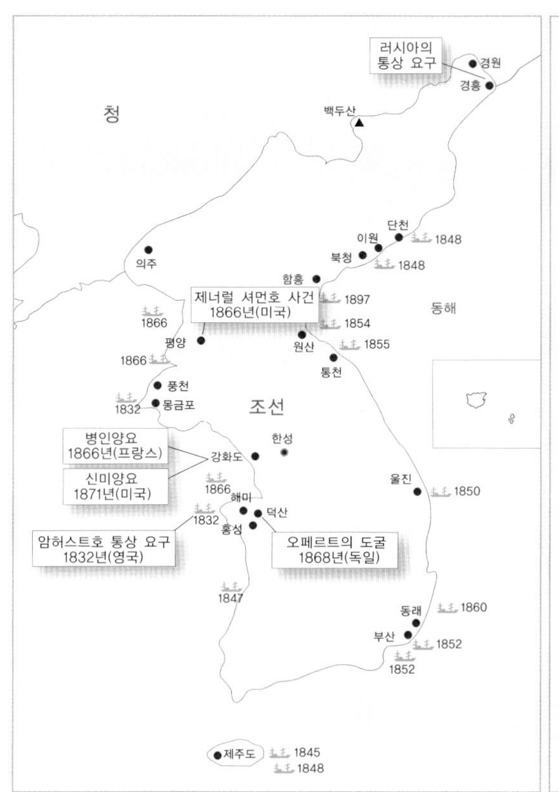

이양선의 출몰 지역

열강의 이권 침탈

서양의 강대국들은 여러 차례에 걸쳐 조선에 통상을 요구하였다. 마침내 조선은 일본의 강압에 의해 강화도조약(1876년)을 맺고 외국과의 교류를 위해 항구를 개방하고 서양의 문물을 받아들이기 시작하였다. 하지만 이들의 통상 요구에는 조선을 침략하려는 의도가 숨어 있었다.

근대화에 대한 조선 사회 내의 견해 차이도 매우 컸다. 개항(開港)을 전후로 조선에서는 서양문물을 받아들여 근대적 개혁을 하자는 개화파(開化派)와 이와는 반대로 조선의 전통질서를 지키자는 척사파(斥邪派)가 심하게 대립하였다. 개항 이후 서구문물이 도입되고 사회의 많은 면에서 변화가 시작되자 이러한 대립과 갈등은 더욱 커졌다.

하지만 조선 사회 내부적으로 근대화에 대한 요구는 점차 높아졌다. 1894년에는 사회를 개혁하고자 한 농민들이 어지러운 정치를 바로잡고 외세에 대항하고자 동학농민운동(東學農民運動)을 일으켰다. 농민들은 이 운동을 통해 전통적인 지배체제를 개혁할 것을 강하게 요구하고, 외

이양선(異樣船)
조선 후기에 한반도 연안에 나타난 외국 선박을 가리킨다. 당시 조선의 배와 모양이 달라 붙여진 이름이다.

동학농민운동 기록화

개화파 인사들

세를 몰아내기 위하여 저항하였다. 하지만 이들은 결국 개화파 정권과 일본에 의해 진압되고 말았다. 또한 정부 내에서도 근대화로의 개혁 의지가 높아져 갑오개혁(甲午改革, 1894년)이 일어나게 되었다. 갑오개혁은 조선 정부가 앞장서서 전통적인 제도에서 벗어나 근대국가체제를 만들고자 한 정부 차원의 개혁이었다. 이 개혁에는 신분제와 과거제의 폐지, 근대적 교육 실시 등이 포함되어 있어 근대화에 대한 의지를 엿볼 수 있다.

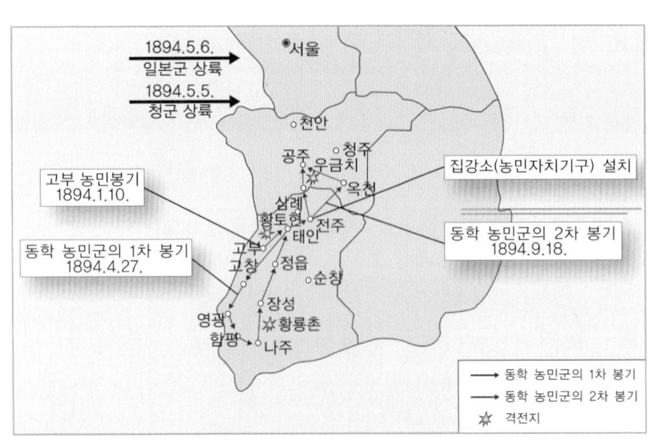

동학농민운동

한편 청일전쟁(1894년)에서 승리한 일본이 조선에 대한 간섭을 강화하자 조선의 제26대 왕인 고종과 그의 부인인 명성황후는 러시아의 힘을 빌려 일본을 몰아내고자 하였다. 여기에 반감을 가진 일본은 조선의 국모(國母)인 명성황후를 살해하였다. 이 사건에 분노한 한국인들은 일

한국사 로그인

갑오개혁의 주요 내용

갑오개혁은 조선 사회를 개혁하여 근대화의 길로 나가려는 의지가 반영된 개혁이다. 하지만 개혁을 추진한 개화파 정권이 일본의 힘에 의존하였다는 점이 한계라 할 수 있다. 갑오개혁의 주요 내용을 살펴보면 다음과 같다.

- 과거제를 없애고 신분의 차별 없이 인재를 등용한다.
- 나라의 공식적인 문서에 한글을 사용한다.
- 왕실과 국가의 사무를 분리한다.
- 과부의 재혼을 자유에 맡긴다.

독립문

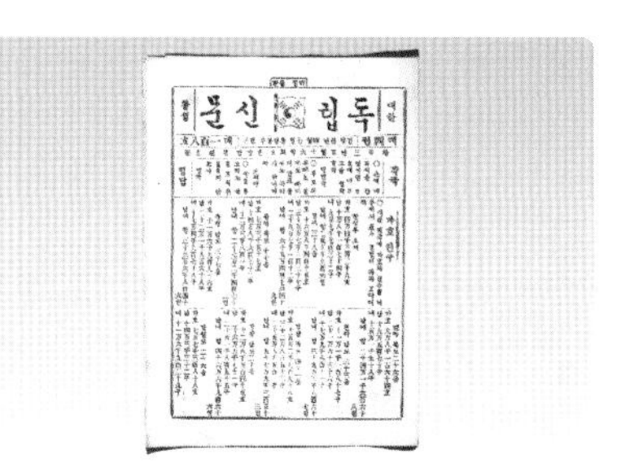

독립신문

본에 대해 심한 반일감정(反日感情)은 갖게 되었다. 게다가 이런 상황에서 상투를 자르고 서양식 머리모양을 하라는 단발령(斷髮令)까지 내려지자 한국인들의 반일감정은 폭발하게 되었다. 근대적 개혁을 추진한 갑오개혁은 이처럼 백성들의 반발과 일본의 지원을 받던 세력이 힘을 잃게 되면서 더 이상 추진되지 못하였다.

개화파 정권이 무너지고 나라의 자주권이 위협을 당하자 한국인들은 독립협회(獨立協會, 1896년)를 만들고 나라의 자주와 독립을 지키려는 노력을 전개하였다. 나라를 지키려는 백성들의 목소리가 높아지자 고종은 나라 이름을 대한제국(大韓帝國, Great Han Empire)이라 정하고, 대한제국이 자주국가임을 세계에 선포하였다(1897년). 대한제국은 근대국가로 발전하기 위해 교육제도와 군사제도를 정비하는 등 다양한 개혁을 추진하였

주요 사건	년도	내용
강화도조약	1876년	일본과 맺은 통상수호조약으로 근대 국제법의 토대 위에서 맺은 최초의 조약이며, 일본의 강압에 의해 맺어진 불평등 조약임
임오군란	1882년	강화도조약 체결 이후 일본의 후원으로 신식 군대인 별기군이 조직되자, 옛 훈련도감 소속의 구식 군인들이 차별대우에 대한 불만과 분노로 군변을 일으킴
갑신정변	1884년	김옥균을 비롯한 조선의 급진개혁파가 조선의 자주독립과 근대화를 위해 개화정권을 수립하고자 일으킨 정변
동학농민운동	1894년	잘못된 정치를 바로잡고 외국의 침략에 대항하여 나라를 지키기 위해 동학교도와 농민들이 힘을 모아 일으킨 농민운동
갑오개혁	1894년	고종 31년에 온건개화파가 주도한 정치·경제·사회 분야의 근대적 개혁

조선 말기 주요 역사적 사건

명성황후(明成皇后, 1851년~1895년)

조선 제26대 왕인 고종(高宗, 1852년~1919년)의 왕비(王妃). 외세의 침입으로 나라가 혼란했던 조선 후기에 시아버지인 흥선대원군(興宣大院君, 1820년~1898년)과 대립하며 정치적인 영향력을 행사하였다. 명성황후가 러시아의 도움을 받아 일본을 압박하는 정책을 추진하자, 1895년에 일본인이 명성황후를 살해하였다.

단발령(斷髮令)

조선 제26대 왕인 고종 32년(1895년)에 상투 풍속을 없애고 머리를 짧게 깎도록 한 명령을 말한다. 오늘날 한국 남자들은 머리카락을 짧게 자르는 게 일반적이지만, 조선시대의 남자들은 머리카락이 길었다. 결혼을 하지 않은 총각들은 머리를 길게 땋았고, 결혼을 한 남자들은 머리카락을 올려서 상투를 틀었다. 긴 머리카락을 자르지 않은 이유는, 부모님으로부터 물려받은 머리카락에 손을 대는 일은 불효라고 생각했기 때문이다.

독립협회(獨立協會)

1896년에 개화파 지식인들이 만든 한국 최초의 근대적인 사회·정치 단체이다. 국민을 일깨워 정치 활동에 참여시킴으로써 나라의 자주독립을 지키고, 개혁을 통해 나라를 부유하고 강하게 하고자 하였다.

다. 그러나 대한제국의 지배권이 러일전쟁(1904년)에서 승리한 일본으로 넘어가면서 대한제국의 개혁 정책은 큰 성과를 거두지 못하였다.

3. 조선 후기의 생활과 문화

조선 후기에는 근대의식의 성장과 함께 중류층 이하의 사람들인 서민(庶民)들의 문화가 발달하기 시작하였다. 또한 성리학을 절대시하던 기존의 유학을 비판하며 실용적이고 실천적인 태도를 중시하는 새로운 인식들이 생겨났다. 이와 더불어 개항 후 서구적인 제도가 도입되고 서구문물이 유입됨에 따라 한국인의 삶에는 서서히 변화가 생기기 시작하였다. 이 시기의 생활과 문화를 살펴보면 다음과 같다.

조선 후기는 양반 중심의 전통적인 신분제가 서서히 무너지던 시기였다. 조선 사회를 이끌던 양반 계층에서 변화가 일어나면서, 권력을 가진 특정 양반들 간의 정치적 갈등으로 인해 다수의 양반이 몰락하였다. 이와는 반대로, 농업과 상공업의 발달로 부를 축적한 부농(富農)과 상공업자가 새로운 양반 계층으로 성장하게 되었다. 이들은 양반이 가지는 특권을 얻고 사회적 지위도 높이기 위해 양반의 신분을 사거나 족보(族譜)를 허위로 만들기도 하였다. 이에 따라 양반의 수가 늘어나게 되면서 양반의 비율이 전체 인구의 절반을 넘게 되었다. 게다가 노비들도 사회

족보(族譜)
조상 대대로 이어져 온 집안의 혈연관계를 기록한 책.

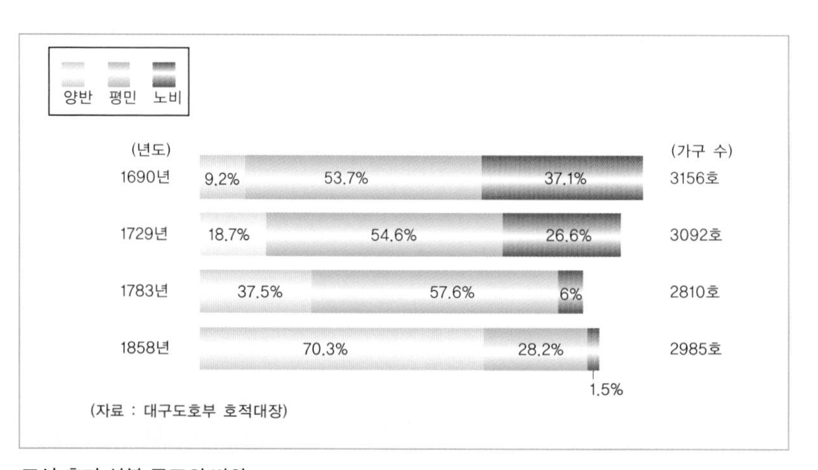

조선 후기 신분 구조의 변화

의식이 성장하여 신분의 속박에서 벗어나려고 하였다.

또한 이 시기에는 서민문화(庶民文化)가 새로운 경향으로 나타났다. 이는 서민들이 농업과 상공업으로 부를 축적하여 경제적인 여유가 생기고, 서당(書堂)에서 교육을 받을 기회가 확대되었기 때문이다. 그리고 이전까지 양반 계층만이 향유하던 문화가 서민 계층까지 확대되면서 많은 이들이 문화와 예술을 즐기거나 창작할 수 있게 되었다. 이 시기의 대표적인 서민문화로는 판소리, 한글소설, 풍속화 등을 꼽을 수 있다.

서당(書堂)
전근대 시기에 한문 교육, 예절과 인성 교육을 맡았던 사설 교육기관.

판소리는 창자(唱者)가 북장단에 맞추어 소리와 몸짓을 곁들여 부르는 노래이다. 판소리에는 당시 사회에 대한 비판의식이 잘 드러나 있다. 이와 함께 조선 후기에 접어들면서 한글소설이 창작되어 현실을 날카롭게 비판하고 풍자하였다. 대표적인 한글소설로는 〈홍길동전〉, 〈춘향전〉, 〈심청전〉 등이 있다. 또한 이 시기에는 서민들의 생활모습을 담은 풍속화(風俗畵)가 많이 그려졌는데, 풍속화를 그린 대표적인 화가는 김홍도(金弘道, 1745년~미상)와 신윤복(申潤福, 1758년~미상)이다.

한편 이 시기에는 학문과 사상에 있어서 새로운 경향인 실학이 발달하였다. 실학을 중시한 학자들은 사회적 개혁에 많은 관심을 보였다. 이들은 농업 중심의 개혁론자와 상공업 중심의 개혁론자들로 나누어져 조선 사회의 변화를 이끌었다. 실질적인 것을 중요하게 생각하는 이 시기의 경향은, 조선에 대한 실증적인 관심과 개성적인 예술의 표출로 나타났다.

또한 국토에 대한 관심이 부각되면서 김정호(金正浩, 생몰 연도 미상)는

신윤복의 〈단오풍경〉

김홍도의 〈빨래터〉

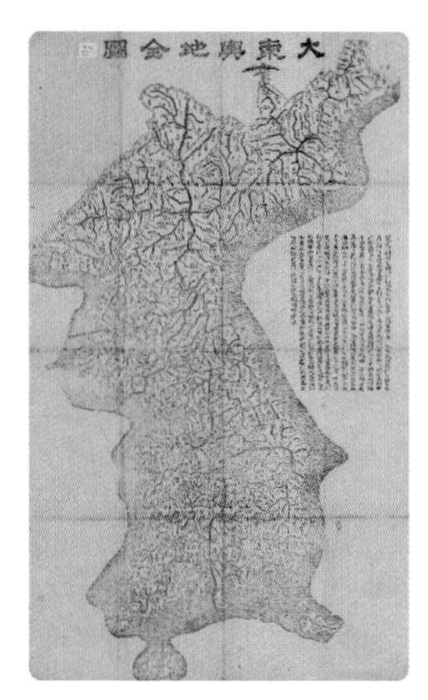

대동여지도

〈대동여지도(大東輿地圖)〉를 제작하여 한반도의 지리와 지방을 정확하게 파악할 수 있게 하였다. 서예에서는 김정희(金正喜, 1786년~1856년)가 추사체(秋史體)라는 글씨체를 만들어 한국적 개성을 표출하였다. 이와 함께 회화에서도 정선(鄭敾, 1676년~1759년)이 한국의 자연을 사실적으로 그리면서도 한국적 이상을 접목시켜 진경산수화(眞景山水畵)라는 새로운 화풍을 개척하였다.

이처럼 내부적으로 사회적 변화에 대한 자각이 생겨나는 것과 더불어 조선은 개항을 맞이하게 되었다. 개항 이후 한국에 서양의 문물이 적극적으로 도입되면서 한국인의 생활과 문화에 많은 변화가 일어났다. 이 시기에는 신분제도가 폐지되고 근대적인 학교교육이 시작되면서 교

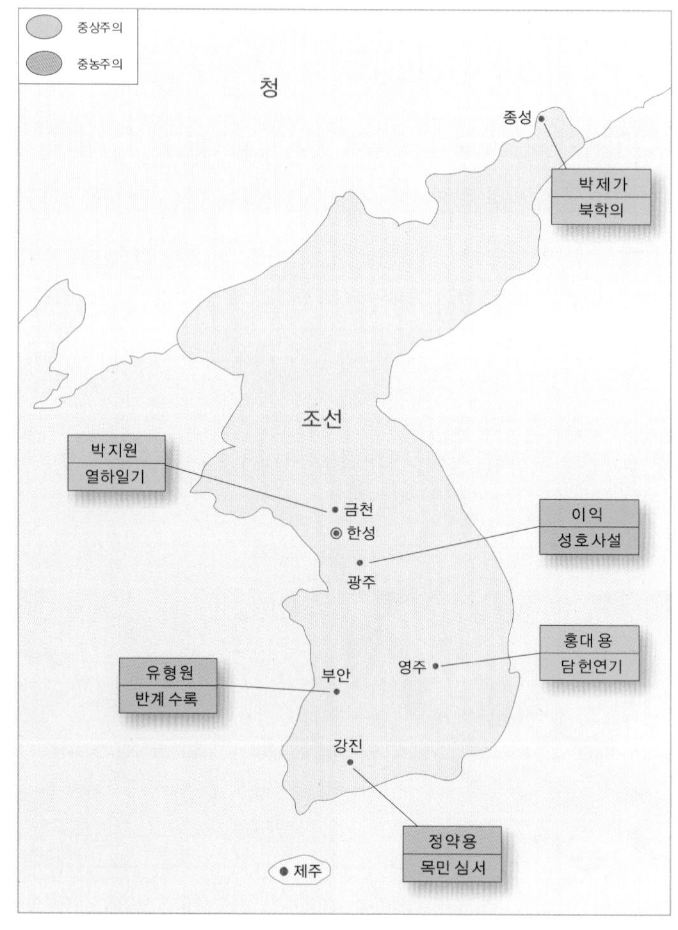

조선 후기 실학자들과 대표적 저서

육의 기회가 조금씩 확대되어 나갔다. 또한 철도와 통신, 전기와 병원 등 근대적인 시설이 생겨났다.

특히 이 시기에 근대적인 인쇄술이 도입되면서 신문과 출판물이 발간되어 개화사상을 전파하는 역할을 하였다. 문예에 있어서도 서구적인 문예양식이 전통적인 양식과 결합되면서 새로운 경향이 나타나게 되었다. 한편 개항으로 서양의 종교가 자유롭게 유입되자 단군을 숭배하는 민족종교가 생겨나고 유교와 불교도 근대화를 위한 노력을 활발하게 전개하였다.

한국사 로그인

도고의 활동

조선 후기에는 물건을 독점적으로 판매하는 상인인 '도고(都賈)'가 등장하였다. 조선 후기의 대표적인 실학자인 연암 박지원(朴趾源, 1737년~1805년)의 소설 〈허생전〉을 통해 도고의 활동을 살펴볼 수 있다. 다음은 〈허생전〉의 일부분이다.

허생은 안성의 한 술집에 자리를 잡고서 밤, 대추, 감, 배, 귤 등의 과일을 모두 사들였다. 허생이 과일을 사 두자, 많은 사람들이 과일이 없어 잔치나 제사를 치르지 못하게 되었다. 따라서 과일 값이 크게 올랐다. 과일 값이 이렇게 오르자 허생은 열 배의 값으로 과일을 다시 팔았다. 허생은 이렇게 번 돈으로 이번에는 제주도로 가서 말의 꼬리나 갈기의 털인 말총을 모두 사들였다. 조선시대의 남자들은 결혼을 하면 머리카락을 끌어 올려 정수리 위에 상투를 틀었다. 이 상투를 고정시키기 위해 만든 망건의 재료가 바로 말총이었다. 허생이 말총을 사들이자 망건 값이 열 배가 올랐다. 이렇게 하여 허생은 큰돈을 벌었다.

박지원의 〈양반전〉

조선은 양반이 지배계층인 사회로 양반문화의 이해는 조선 사회를 올바로 이해하는 데 있어서 매우 중요하다. 조선 전기의 양반들은 학문을 중시하고 관직에 나가 국가에 충성하고자 하는 것이 보편적인 삶의 방식이었다. 이러한 양반들의 반듯한 삶은 피지배계층에게 모범이 되었다. 그러나 조선 후기에는 양반들에 대한 비판이 점차 늘어나고 양반 중심의 신분제도가 서서히 무너지면서 양반들의 권위가 크게 떨어졌다. 따라서 평민들은 지배계층의 구속에서 차츰 벗어나고자 하였고 자유롭게 자신들의 감정을 표출하게 되었다. 특히 평민들의 자유로운 감정 표출은 양반들의 위선과 모순을 풍자하는 작품으로 나타나기도 했다. 박지원의 〈양반전〉은 조선 후기 양반의 무기력함과 위선을 비판하고 풍자한 대표적인 작품이다. 〈양반전〉이라는 이야기 속으로 들어가 보자.

강원도 정선군에 한 양반이 살고 있었다. 그는 관직에 나가지는 않았지만 현명하다는 소문이 나서, 그의 집에는 손님들이 많이 찾아왔다. 하지만 이 양반은 벼슬을 하지 않고 글만 읽었기 때문에 그의 아내는 남편에 대해 불만이 아주 많았다. 아내는 어쩔 수 없이 돈을 벌기 위해 일을 해야 했고, 양반은 아내가 벌어온 돈으로 먹고 살았다. 그러던 어느 날, 나라의 높은 관리가 마을을 둘러보러 왔다가 이 양반이 나라의 쌀을 천(千)석이나 빌려 쓰고 갚지 않았다는 사실을 알게 되었다. 그래서 이 양반은 사형당할 처지에 놓이게 되었다.

한편 이웃마을에는 양반이 되고 싶어 하는 부자가 살고 있었다. 그래서 이 부자는 양반에게 쌀 천석을 갚아 줄 테니 자신에게 양반의 족보(族譜)를 팔라고 하였다. 양반은 부자의 이야기를 듣고 기뻐하며 족보를 팔았다. 양반은 부자 덕분에 빚을 갚은 후, 부자에게 양반이 해야 되는 일에 대해 들려주었다. 그가 말하기를, 양반이라는 신분을 가지면 관직에도 나갈 수 있고 상인들을 착취할 수도 있다고 하였다. 부자는 양반이 할 수 있는 일을 들은 후, 양반은 도둑과 같다며 도망을 치고 말았다. 다음은 〈양반전〉의 양반이 부자에게 해준 말 가운데 일부이다.

손에 돈을 만지지 말고, 쌀값을 묻지 말고, 더워도 버선을 벗지 말고, 밥을 먹을 때 맨 상투로 밥상에 앉지 말고, 국을 먼저 훌쩍훌쩍 떠먹지 말고, 무엇을 후루루 마시지 말고, 젓가락으로 방아를 찧지 말고, 생파를 먹지 말고, 막걸리를 마시며 수염을 빨지 말고, 담배를 피울 때 볼에 우물이 파이게 하지 말고 (……) 궁한 양반이 시골에 묻혀 있어도 강제로 이웃의 소를 끌어다 먼저 자기 땅을 갈고, 마을의 일꾼을 잡아다 자기 논에 일을 시킨들 누가 감히 나를 무시하랴. 너희들 코에 잿물을 들이붓고 머리채를 돌리고 수염을 잡아 당기더라도 누구도 잘못을 말하지 못할 것이다.

제6장

일제의 침략과 한민족의 독립운동

1. 일제의 국권 침탈과 식민지체제
2. 3·1 운동과 국내외의 독립운동
3. 일제강점기의 생활과 문화

1905년	■ 을사조약
1907년	■ 고종 황제 퇴위
1910년	■ 일제의 국권 강탈
1919년	■ 3·1운동 ■ 대한민국임시정부 수립
1920년	■ 청산리대첩
1929년	■ 광주학생항일운동
1940년	■ 한국광복군 결성
1941년	■ 대한민국임시정부의 대일 선전포고
1944년	■ 건국동맹 결성

1. 일제의 국권 침탈과 식민지체제

19세기 후반이 되자 서구의 여러 강대국들은 우월한 군사력과 경제력을 앞세워 자신들의 세력을 확대하기 위해 식민지 개척에 나섰다. 동양에서 유일하게 강대국의 위치에 올라선 일본도 대륙 침략의 의도를 드러내며 한반도를 식민지로 만들고자 하였다. 한국인들은 자주적으로 근대국가를 건설하기 위해 개혁과 변화의 노력을 하였지만 결국 일본의 식민통치를 받게 되었다. 일제강점기(日帝强占期, Japanese Colonial Period, 1910년~1945년)는 일본이 강제로 한국을 식민지(植民地)로 만든 시기로, 일본 제국주의를 줄여서 '일제'라고 부른다. 35년간의 일제강점기는 오늘날에도 한국인에게 여전히 아픈 과거로 기억되고 있다. 이 시기에 한국이 일본에 국가의 주권을 빼앗기는 과정과 일본의 식민지 통치 방식을 살펴보면 다음과 같다.

제국주의 (帝國主義)
다른 나라나 지역을 정치적·군사적·경제적으로 지배하여 자기 나라의 식민지(植民地)로 만들고 큰 나라(帝國)를 건설하려고 하는 침략적 경향.

대한제국(大韓帝國, Great Han Empire, 1897년~1910년)은 근대국가를 건설하려는 자체적인 노력에도 불구하고 결국 러일전쟁(Russo-Japanese War, 1904년)에서 승리한 일본에 외교권을 강제로 빼앗겼다. 이때부터 한반도를 본격적으로 침략하기 시작한 일본은 서울에 통감부(統監府, 1905년~1910년)를 설치하여 대한제국을 일본의 보호국으로 만들었다. 대한제국의 통치권을 손에 넣은 일본은 1907년에 고종을 강제로 퇴위시키고 1910년에 마침내 한반도를 식민지로 만들었다. 일본이 통치한 35년간의 일제강점기는 일본의 한반도 지배 정책에 따라 세 시기로 구분된다. 1910년부터 1919년까지 이어진 무단통치기(武斷統治期), 1919년부터 1931년까지 이어진 문화통치기(文化統治期), 1931년부터 1945년까지 이어진 민족말살통치기(民族抹殺統治期)로 그 시기를 나누어 살펴볼 수 있다.

첫 번째 시기인 무단통치기에 일제는 식민 통치의 중심 기관인 조선총독부를 세우고 군대와 경찰을 앞세워 무력으로 한반도를 지배하였다. 이 시기에 한국인들은 군대의 치안을 담당하는 헌병경찰에게 일상생활을 감시당하며 언론, 집회, 출판과 같은 기본권을 모두 빼앗겼다.

조선총독부

이러한 강압적인 통치에 한국인들이 거세게 반발하며 3·1 운동을 일으키자, 일제는 한국인의 자유를 부분적으로 허용하는 통치방식으로

언론 기관 탄압	동아일보 · 조선일보 폐간(1940년)
학술 단체 해산	진단학회 해산(1943년) · 조선어학회 해산(1942년)
황국 신민화 강요	일본식 이름 · 신사참배 · 내선일체 · 일본어 사용 강요
식민사관 정립	조선사편수회 조직(1925년)

일제강점기의 민족말살정책

입장을 바꾸었다. 이러한 정책 변화에 따라 일제는 헌병경찰제를 보통경찰제로 바꾸고, 한국인이 신문을 발행하는 것을 허용하기도 하였다. 그러나 일제의 정책 변화는 본질적으로 한민족의 독립 의지를 약하게 하고, 국제적인 비난을 피하기 위한 것일 뿐이었다. 실제로 이 기간 동안 일제는 한국인들 사이의 갈등을 부추기면서 한국인의 독립운동을 철저히 탄압하였다.

1930년대에 접어들면서 일제는 아시아에 대제국을 건설하려는 의도로 전쟁을 일으켰다. 특히 이 시기 일제는 한국인들의 민족의식을 철저하게 없애기 위해 민족말살정책을 폈다. 대표적인 민족말살정책으로는 한국인에게 일본의 국민의식을 심기 위해 한국인과 일본인은 하나라는 내선일체(內鮮一體)사상을 강조한 것과 한국인의 이름을 일본식으로 바꾸는 창씨개명(創氏改名)의 강요를 꼽을 수 있다. 또한 일제는 한국인에게 일본어만을 쓰도록 하고 한국의 역사도 배우지 못하게 하였다. 이 밖에도 일본에 대한 충성을 맹세하는 황국신민서사(皇國臣民誓詞)를 외우게 하는 등 한국인의 민족정신을 완전히 없애려 하였다.

신사참배(神社參拜)
일제강점기에 일본 고유의 신앙 대상을 모신 사당에 한국인이 절을 하도록 강요했던 일.

2. 3·1 운동과 국내외의 독립운동

한국인은 국권(國權)을 빼앗긴 35년 동안 일본 제국주의 침략에 대해 강하게 저항하며 나라를 되찾기 위한 독립운동을 지속적으로 전개하였다. 한국인들이 일제강점기에 벌인 국내외의 독립운동은 한민족의 독립 의지를 전 세계에 보여주었다. 일제에 대항한 독립운동의 전개 과정을

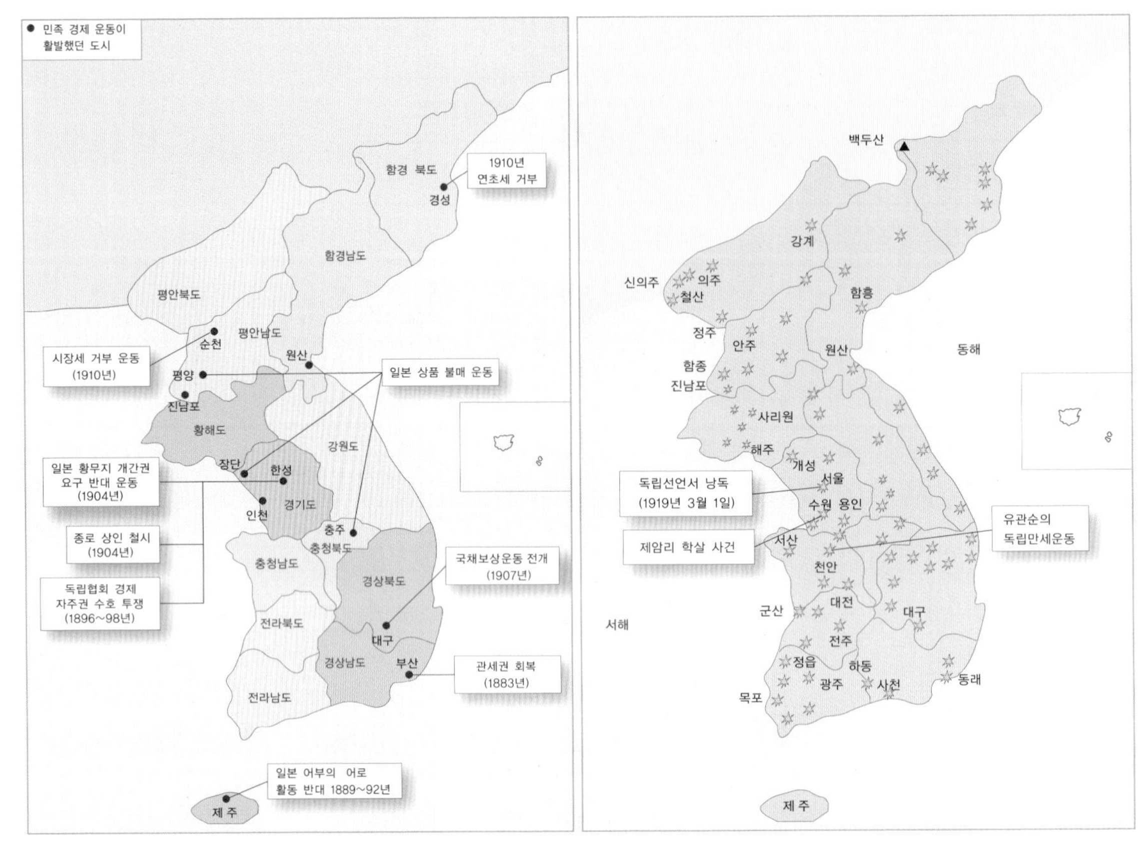

경제적 구국 운동

3·1운동 봉기 지역

살펴보면 다음과 같다.

일제에게 주권을 빼앗긴 후 한국인들이 가장 바라는 바는 일제로부터의 독립이었다. 외부로부터 위기가 닥쳐오자 한국인들은 민족의 단결된 힘을 보여주었다. 그 대표적인 예가 1919년에 일어난 3·1 운동이다. 한민족의 대표자들은 한국의 독립을 알리는 독립선언서(獨立宣言書)를 발표하였고, 한국인들은 약 두 달에 걸쳐 한반도 곳곳에서 민족의 독립을 요구하는 독립운동을 벌였다. 3·1 운동은 계층이나 신분에 관계없이 한민족이라면 누구나 참여한 항일독립운동이었다. 하지만 3·1 운동이 곧바로 한국의 독립으로 이어지지는 못하였다. 그러나 이 운동으로 인해 한국인들은 독립운동을 체계적으로 수행하기 위한 조직적인 기구가 필요함을 깨닫게 되었고, 1919년에 한국 최초의 민주공화제 정부인 대한민국 임시정부를 수립하게 되었다. 대한민국 임시정부는 일제의 영

3·1운동 관련 조형물

상해임시정부 주요 인물

상해임시정부

향력이 미치지 않는 중국의 상하이(上海)에 세워져, 국내외의 독립운동을 조직적으로 지도하였다.

3 · 1 운동 이후 한국의 독립운동은 국내외에서 활발히 전개되었다. 국외에서는 일제의 침략에 무력으로 맞서 싸울 독립군을 조직하여 무장투쟁을 벌여나갔다. 일제강점기의 대표적인 무장투쟁으로는 중국의 봉오동과 청산리에서 일본군과 전투를 벌여 크게 이긴 봉오동전투(1920년)와 청산리전투(1920년)를 꼽을 수 있다. 이 두 전투에서 한국의 독립군이 큰 승리를 거두어 한민족에게 독립의 희망을 주었다. 한편 러시아, 중국, 일본 등에서 한국의 독립투사들은 식민 통치 기관을 파괴하거나 일

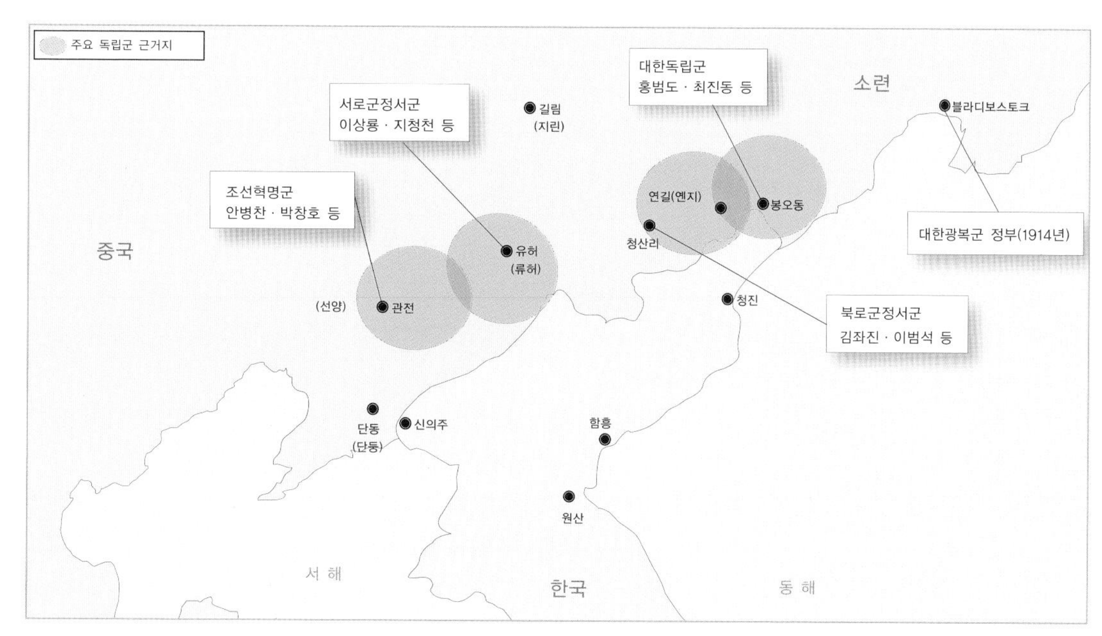

국경지대 독립군의 항일 투쟁

본의 고위 관리를 처단하는 등 나라를 구하기 위해 의로운 활동을 벌여 나갔다.

국내에서는 주로 실력양성운동(實力養成運動)과 학생들의 저항운동이 전개되었다. 1920년대에 있었던 실력양성운동은 한민족이 스스로 실력을 길러 독립할 수 있는 준비를 하자는 실천 운동이다. 이에 따라 경제적인 자립을 위한 물산장려운동(物産奬勵運動), 민족교육을 위한 민립대학(民立大學) 설립 등이 전개되었다. 한편 학생들은 학교 내에서 비밀단체를 만들어 민중계몽운동을 전개하면서 일제의 민족 차별에 반대하는 활동을 벌였다.

이와 같이 국내외에서 활발하게 일어난 독립운동은 일제강점이라는 한민족 최대의 위기를 극복하려는 민족운동으로 볼 수 있으며, 자유와 평화를 지키려는 한민족의 정신은 오늘날까지 이어져 한국의 민주주의를 지탱하는 힘이 되고 있다.

한국사 로그인

한국의 대표적인 장군

나라가 위기에 처했을 때 나라를 위해 용감히 싸운 장군(將軍)들의 이야기는 국민들에게 자부심을 가지게 한다. 일제강점기에는 한국의 역사에서 이름을 떨친 유명한 장군들의 이야기가 널리 출판되어 한국인에게 독립의 희망을 안겨 주었다. 한국의 대표적인 장군으로는 을지문덕, 강감찬, 이순신을 꼽을 수 있다.

- 을지문덕(乙支文德, 생몰년 미상) : 고구려의 장군으로, 612년에 중국의 수(隋)나라 군사가 쳐들어오자 이들을 살수(지금의 평안북도 청천강)에서 크게 물리쳤다. 이 전투에서 을지문덕은 강의 지형을 잘 이용하여 수를 크게 이겼다.
- 강감찬(姜邯贊, 948년~1031년) : 고려의 장군으로, 1018년에 거란(契丹)이 10만 대군을 이끌고 쳐들어왔을 때 적을 크게 물리친 것으로 유명하다.
- 이순신(李舜臣, 1545년~1598년) : 조선의 장군으로, 임진왜란(壬辰倭亂, 1592년~1598년)이 일어나자 조선의 수군을 지휘하여 일본의 배 70여 척을 무찌르는 공을 세웠다. 1598년에 이순신은 왜병과 대결한 마지막 전투에서 적의 포탄을 맞았을 때 '나의 죽음을 적에게 알리지 말라'는 말을 남기고 전사하였다.

3. 일제강점기의 생활과 문화

일제강점기는 새로운 근대문화와 전통적인 민족문화가 서로 충돌하며 새로운 한국문화를 형성해 나간 시기라 할 수 있다. 이 시기에는 일본의 식민지체제로 인해 일본문화가 많이 들어왔고, 조선 후기부터 시작된 서구문화의 유입도 더욱 활발해졌다. 이와 동시에, 나라를 빼앗긴 한국인들은 자국의 주권을 빼앗긴 상처를 한민족의 민족문화를 지키려는 노력을 통해 극복하고자 하였다. 이처럼 근대문화의 도입과 민족문화의 계승이 갈등을 벌이던 일제강점기의 생활과 문화를 살펴보면 다음과 같다.

개항으로 한국은 근대화의 길에 본격적으로 접어들면서 도로와 철도, 전기와 전화 등 근대적인 교통과 통신시설을 갖추기 시작하였다. 또한 이 시기에는 서양식 병원과 은행, 학교와 언론 기관이 생겨 한국인의

한국사 로그인

국채보상운동 (國債報償運動)

1907년에 대구에서 시작되었으며, 일본에게 빌린 빚을 갚아 주권을 되찾고자 한 운동이다. 대한제국 시기에 일본은 한국에 도로와 수도를 건설하고, 은행, 학교, 병원 등을 설립하였다. 이러한 시설은 대한제국에 와 있는 일본인을 위한 것이었다. 하지만 이 시설비는 대한제국의 정부가 일본 정부로부터 돈을 빌려 부담하도록 하였다. 이 시설비로 인해 대한제국은 일본에 많은 빚을 지게 되었다. 이때 한국인들은 대한제국이 일본의 간섭에서 벗어나기 위해서는 일본에 진 빚을 갚아야 한다고 생각하였다. 따라서 남자들은 금연(禁煙)과 금주(禁酒)로 돈을 모으고, 여자들은 반지와 비녀 등을 모았다. 여러 단체와 언론 기관도 이 모금 운동에 앞장섰다. 다음은 국채보상운동의 목적을 밝힌 신문기사의 일부분이다.

지금 국가의 빚이 1천 3백만 원이나 있으니, 이것은 우리나라가 망하느냐 아니냐 하는 일과 관계됩니다. 국가의 빚을 갚으면 나라가 보존되고, 갚지 못하면 틀림없이 나라가 망할 것입니다. (……) 2천만 민중이 3개월 동안 담배를 피우지 말고, 이 비용으로 1인당 매달 20전씩 거둔다면 거의 1천3백만 원이 됩니다. 그리고 다 차지 못하는 일이 있더라도 스스로 1환, 10환, 100환, 1000환을 내는 사람들도 있을 것입니다. (……) 2천만 동포 중에서 조금이라도 애국사상이 있는 자라면 반드시 두 말을 하지 않을 것입니다. 저희들이 여기서 돈을 모으려는 취지를 알리고 이를 국민들께 피눈물로 호소합니다.

- <대한매일신보>

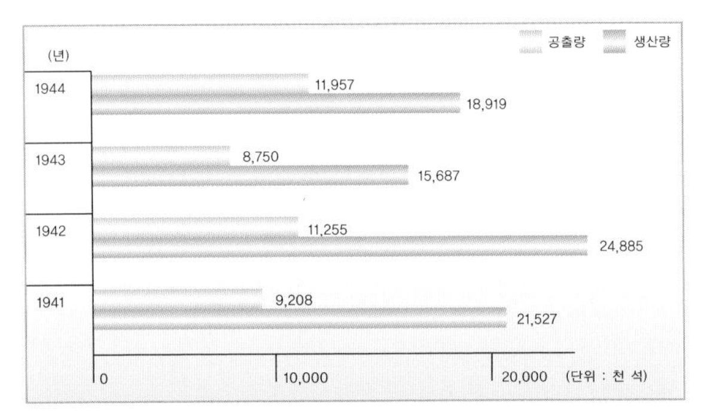

일제의 식량 수탈

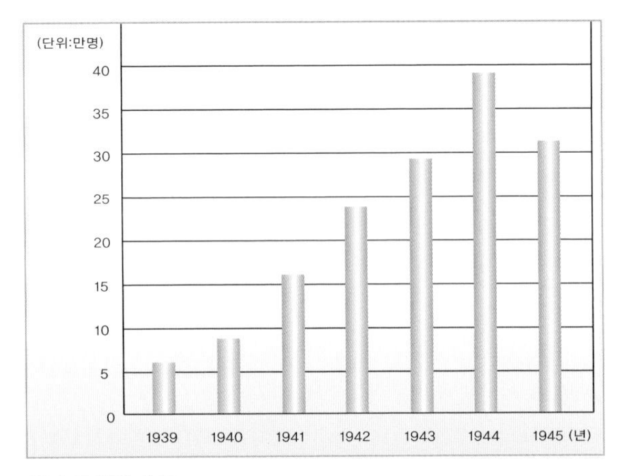

일제의 인적 수탈

삶은 크게 달라졌다. 그러나 이러한 근대화 과정은 한국인의 삶을 편리하게 하였다기보다는 일제가 한국의 자원을 쉽게 빼앗아 가는 데 도움이 되었다. 실제로 한국은 일제의 식민체제로 인하여 자주적인 근대화가 어려웠고, 일제는 근대적 문물을 이용하여 한국의 인적, 물적 자원을 본격적으로 수탈(收奪)하였다.

먼저 일제는 한국을 식민지로 만들면서 한반도의 토지를 조사하는 사업을 벌였다. 한국의 토지를 수탈하려는 목적으로 시행된 이 사업으로 인해 농민들은 농사지을 토지를 잃게 되었고, 경제적으로 몰락한 농민들은 가난한 생활을 견뎌야 했다. 이 시기에 토지를 잃은 농민 중에는 살길을 찾아 중국의 만주(滿洲)나 러시아의 연해주(沿海州)로 이주하는 이들이 생겨났다. 실제로 19세기 후반부터 한반도의 어수선한 정세와 혼란을 피해 새로운 삶의 터전을 찾아 중국, 러시아, 일본, 미국 등 국외 이주를 떠나는 한국인들이 많았다. 특히 일제강점기에는 한반도와 국경을 접하고 있는 중국과 러시아 지역으로 한국인들이 이주하는 경우가 많았다. 이들은 오늘날까지 재외 한인 동포로 살아가며 한민족의 문화를 유지하고 있다.

한편 일제강점기에 한국인들은 근대문물의 유입으로 의식주 생활에 큰 변화를 겪었다. 서양식의 의복을 입는 사람들이 생겨나면서 전통적인 복장은 점차 간소화되었다. 조선 말기에 내려진 단발령(1895년)에 거세게 반발했던 한국인들은 점차 머리모양을 짧게 하였고 주택구조도 간소하게 하였다. 특히, 이 시기에 학문과 문화예술 분야에서는 근대문화운동과 민족문화운동이 동시에 일어나, 오늘날까지 계속되는 한국적인 문화예술의 형식과 내용적 틀을 마련하게 되었다. 이때 일본이 한국인에게 패배적인 역사인식을 심어주기 위한 식민사관(植民史觀)을 강요하자 이에 맞서 한국인들은 한민족의 정체성을 확보하려는 민족문화운동을 전개하였다. 한민족의 민족의식을 높이려는 이러한 노력은 한국 역사 연구와 한국어에 대한 연구로 집중되면서 한민족의 정체성을 형성하는 데 많은 역할을 하였다. 문학과 예술 부분에서는 근대적인 문예양식이 도입되면서 새로운 작품창작이 활발하게 이루어졌다. 특히 일제의 식민지 통치가 점차 강압적으로 변해가자 문학 · 음악 · 미술 등에서 근대적인 문예양식에 한민족의 저항의식을 담아낸 작품이 널리 창작되었다. 이처럼 일제강점기의 문학과 예술은 근대적인 문예양식을 도입하면서도 여기에 한민족의 민족의식을 담아내려는 노력을 지속적으로 보여주었다.

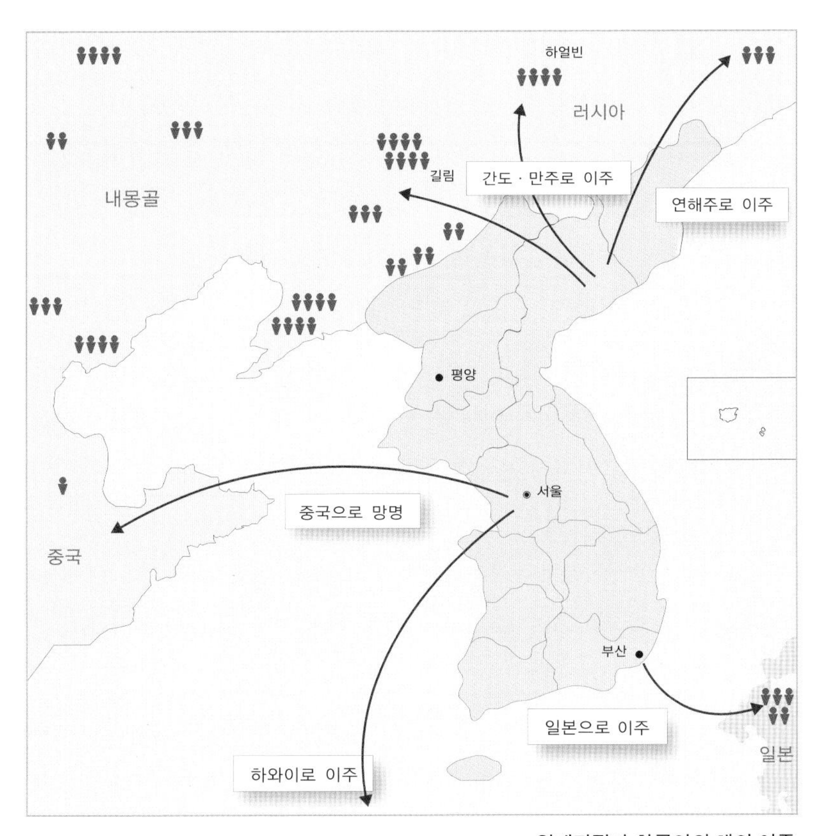

일제강점기 한국인의 해외 이주

홍범도 이야기

홍범도

일제강점기에는 한반도를 떠나 해외에서 독립운동을 전개한 독립운동가들이 많이 있었다. 특히 한반도와 접해 있는 중국의 만주(滿洲, Manchuria)와 러시아의 연해주(沿海州, Yanhaizhou)는 독립운동가들이 독립군을 훈련시키며 한국의 독립을 준비한 곳이다. 이 시기 한국의 독립군을 이끈 대표적인 인물로는 김좌진(金佐鎭, 1889년~1930년)과 홍범도(洪範圖, 1868년~1943년)를 꼽을 수 있다. 특히 홍범도는 일제강점기에 중국, 러시아, 중앙아시아로 이어진 한민족의 해외 이주사(移住史)를 보여주는 대표적인 인물이라 할 수 있다.

홍범도는 한국의 항일독립운동사에서 신화적인 인물로 알려져 있다. 그는 독립운동을 하던 당시에 일본군으로부터 '날아다니는 장군'이라 불릴 정도로 몸놀림이 매우 빨랐다. 또한 사격을 매우 잘하여 '총알로 바늘귀도 뚫는 사람'이라고도 불렸다.

3 · 1 운동 직후에는 만주와 연해주 일대에 독립군 부대들이 많이 조직되어 일본군을 공격하기 위해 한반도로 진입하곤 하였다. 따라서 독립군과 일본군 사이에는 크고 작은 전투가 벌어졌다. 1920년 6월에는 홍범도가 이끌던 독립군 부대가 두만강을 건너 한반도로 들어와 일본군을 공격하였다. 그러자 일본군은 독립군을 추격하며 독립군의 근거지인 만주의 봉오동을 공격해 왔다. 그리하여 독립군과 일본군 사이에 치열한 전투가 벌어졌는데 이를 봉오동전투라 한다. 이 전투에서 홍범도가 이끌던 독립군은 일본군을 크게 물리쳤다. 봉오동전투의 승리는 일본의 식민지 통치로 고통 받는 한국인에게 독립에 대한 희망을 안겨주었다.

그 후 일본군의 공격이 점점 심해지자 홍범도는 러시아로 옮겨가 독립군을 양성하고자 하였다. 하지만 러시아에서 새롭게 정권을 잡은 사회주의 혁명 정부의 정책 변화로 인해 독립군 부대를 이끌기가 점차 어려워졌다. 그러자 그는 남은 독립군을 이끌고 연해주에서 집단농장을 차려 한국인의 민족의식을 고취하고자 하였다. 하지만 이러한 홍범도의 뜻도 급변하는 정세 속에서 제대로 펼칠 기회를 얻지 못하였다. 1937년에 스탈린(Stalin, 1879년~1953년)이 연해주에 살고 있던 한국인을 강제로 중앙아시아로 이주시키자, 홍범도는 카자흐스탄(Kazakhstan)의 크질오르다(Kzyl-Orda)로 이주해야만 했다. 이곳에서 그는 극장의 수위로 일하다 76세의 나이로 죽음을 맞이하였다. 일본에게 나라를 빼앗긴 한민족의 삶은 국외에서도 이처럼 많은 시련을 겪어야 했다.

제 7 장

대한민국의 발전

1. 대한민국의 성립과 발전
2. 민주주의의 발전과 경제성장
3. 대한민국의 생활과 문화

1945년	■ 8·15광복 ■ 조선건국준비위원회 설립
1948년	■ 대한민국 정부 수립
1950년	■ 한국전쟁 발발(1953년 휴전)
1960년	■ 4·19혁명
1961년	■ 5·16군사정변
1962년	■ 경제개발계획 실시
1970년	■ 새마을운동 시작
1972년	■ 7·4남북공동성명 발표
1980년	■ 5·18민주화운동
1987년	■ 6월민주항쟁
1990년	■ 러시아연방(구 소련)과 국교 수립
1991년	■ 남·북한 유엔(UN) 동시 가입
1992년	■ 중국과 국교 수립
2000년	■ 남북 정상 회담 개최

1. 대한민국의 성립과 발전

대한민국(大韓民國, Republic of Korea, 1948년~현재)은 일제강점기에서 벗어난 한국인들이 북위 38도선을 경계로 남쪽에 세운 민주공화국(民主共和國)이다. 대한민국은 1948년에 정부가 수립된 이후 오늘날에 이르기까지 자유민주주의와 자본주의를 국가의 기본 이념으로 하고 있다. 조선왕조가 근대국가체제로 가기 위해 세운 '대한제국'을 계승한 '대한민국'은, 흔히 줄여서 '한국'이라고 불린다.

삼팔선(三八線)
제2차 세계대전이 끝난 뒤, 미국과 소련의 군대가 북위 38도선을 사이에 두고 한반도를 각각 남과 북으로 나누어 점령했던 군사분계선.

1945년 8월 15일, 제2차 세계대전에서 일본이 패하자 한국인들은 드디어 해방(解放)을 맞았다. 한국인들은 일제에서 벗어난 것을 '해방' 혹은 '광복(光復)'이라고 부르는데, 이는 한국이 일본의 식민 통치에서 벗어나 주권을 다시 찾았음을 의미한다. 해방 이후부터 분단체제가 형성되는 과정을 살펴보면 다음과 같다.

해방이 되자 국내외에서 활동하던 한민족의 지도자들은 새로운 국가를 세우기 위한 준비에 들어갔지만 이는 독립국가의 건설로 이어지지는 못하였다. 왜냐하면 미국과 소련이 38도선을 경계로 남과 북에 각각 군대를 파견하여 통치하는 군정(軍政)을 실시하였기 때문이다. 많은 한국인들은 외국의 개입에 반대하며 자주적인 독립국가를 세우고자 하였다. 그러나 한민족은 강대국의 개입을 막지 못하였으며, 새로운 국가 건설에 대한 민족의 의견도 하나로 모으지 못하였다. 결국 1948년에 남쪽에는 자본주의 국가가, 북쪽에는 사회주의 국가가 세워졌다. 남쪽에서는 국호를 대한민국이라 정하고, 이승만(李承晩, 1875년~1965년)이 초대대통령

군정(軍政, military administration)
전쟁으로 점령한 지역을 군대가 임시로 행정권을 행사하는 것.

대한민국 정부수립 선포식

삼팔선 표지판

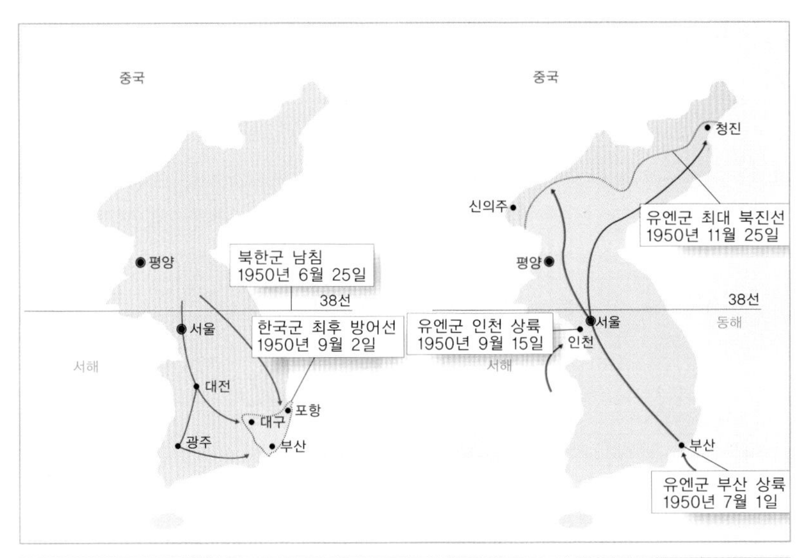

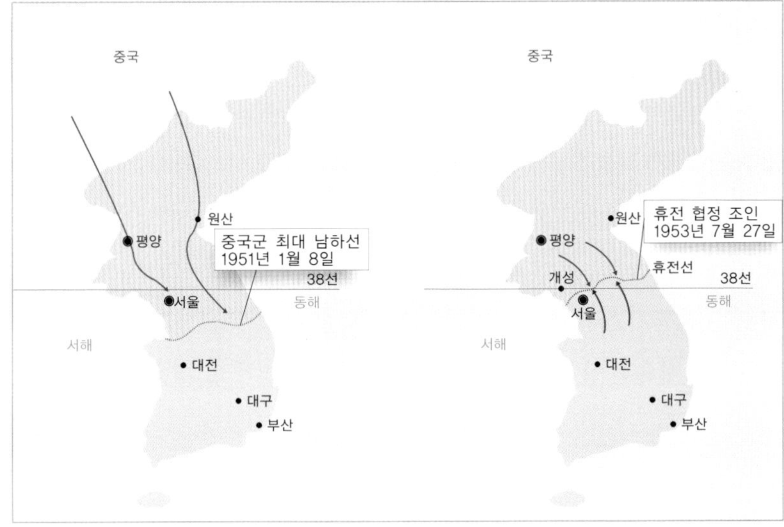

한국전쟁의 전황 변화

이 되었다. 북쪽에서는 국호를 조선민주주의인민공화국(朝鮮民主主義人民共和國, Democratic People's Republic of Korea)이라 정하고, 김일성(金日成, 1912년~1994년)이 지도자가 되었다. 이로써 한국은 남한과 북한으로 나누어진 분단국가가 되었다.

1950년 6월 25일에는 남한을 무력으로 공산화하기 위해 전쟁 준비를 해왔던 북한이 남한을 침략하였다. 이를 한국전쟁(韓國戰爭, the Korean War)이라 부르는데, 다르게는 '6 · 25동란', '6 · 25사변' 등으로 부르기도 한다. 한국전쟁은 3년 동안 치열하게 전쟁을 치른 후 휴전협정을 맺음

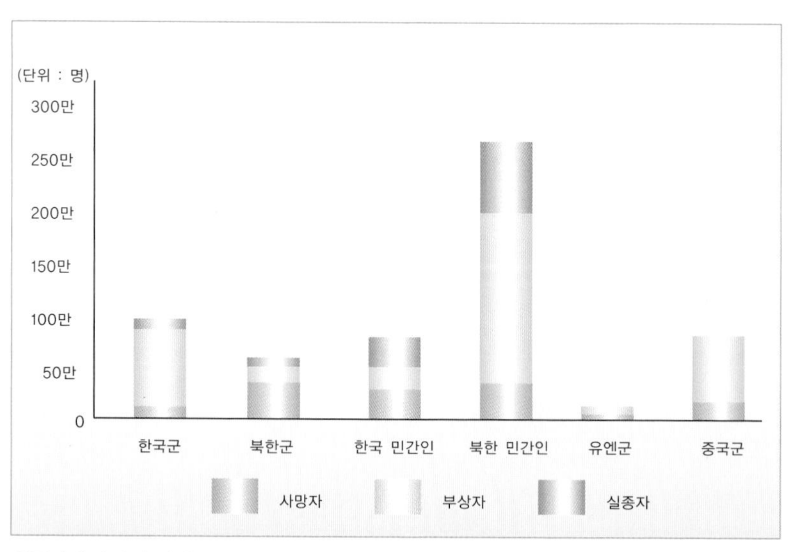

한국전쟁의 인적 피해

으로써 끝이 났다. 이 전쟁은 단순히 남북한의 대결로 인해 발발했다기 보다는, 제2차 세계대전 이후에 자본주의 세력과 사회주의 세력이 대결하는 국제적인 냉전체제(the cold war system)가 주된 발발 원인이라고 할 수 있다. 한국전쟁 후 이러한 냉전체제는 더욱 단단하게 굳어져 남북한은 오늘날까지 분단체제 하에서 살아가고 있다.

3년간 계속된 한국전쟁의 피해는 엄청났다. 전쟁으로 인해 수백만 명의 사상자(死傷者)가 생기고, 고아와 이산가족이 발생했으며 대부분의 산업시설이 파괴되었다. 막대한 인적 · 물적 피해뿐만 아니라, 같은 민족끼리 싸워야 했던 정신적인 상처와 이산가족의 고통은 한국인 모두에게 커다란 슬픔을 안겨 주었다.

이산가족(離散家族)
전쟁이나 자연재해 등 외부적 요인으로 인해 헤어져 서로 만날 수 없게 된 가족. 한국에서는 분단과 한국전쟁으로 인하여 남한과 북한에 따로 떨어져 살게 된 가족을 가리킨다.

휴전 후에 남한과 북한의 집권자들은 냉전 이데올로기를 이용하여 각각의 정권을 강화해 나갔다. 그 결과 남한과 북한 사이에는 불신과 적대감이 쌓였고, 평화와 공존의 관계를 만들지 못한 채 대결을 계속해 왔다. 하지만 동일한 역사와 문화를 공유해 온 남북한은 민족적 차원에서 교류와 화합을 이루고자 노력하고 있으며, 한민족의 통일을 절실한 과제로 삼고 있다.

2. 민주주의의 발전과 경제성장

한국전쟁 이후에 한국인들은 민주주의를 정착시키고 경제성장을 이루기 위해 온 힘을 모았다. 오늘날 한국은 세계인들로부터 짧은 기간에 높은 수준의 민주화와 경제성장을 이룬 대표적인 국가로 평가받고 있다. 하지만 서구의 민주주의를 도입했던 많은 나라들이 그러했듯, 한국은 민주주의가 발전하고 경제가 성장하는 과정에서 많은 시련을 겪어야 했다. 한국에서 민주주의가 정착되고 경제적 발전을 이루는 과정은 다음과 같다.

전쟁 후 사회를 복구하고 경제를 발전시키는 과정에서 한국의 통치자들은 독재정치체제를 유지하였다. 초대 대통령인 이승만은 공산주의에 반대하는 반공(反共)정책으로 정치적 반대 세력을 탄압하며 12년 동안 장기집권을 하였다. 국민들은 이러한 독재에 저항하여 4 · 19혁명(1960년)을 일으켰다. 4 · 19혁명은 국민의 힘으로 독재정권을 무너뜨린 민주혁명으로서, 이 혁명을 계기로 한국인들의 민주주의 의식은 한층 성숙해지게 되었다.

그러나 혁명의 혼란이 안정되기도 전에 박정희(朴正熙, 1917년~1979년)를 중심으로 한 군부 세력이 사회적인 무질서와 혼란을 이유로 5 · 16군사정변(1961년)을 일으켜 정권을 잡았다. 박정희를 중심으로 한 군사정권(軍事政權)은 경제개발정책을 체계적으로 추진하여 빠른 경제성장을 이룩하였다. 그러나 이들은 민주주의에 대한 국민들의 요구를 철저히 탄압하였다. 한국인들은 이러한 군사정권에 저항하며 지속적으로 민주화를 요구하였고, 결국 1979년에 박정희가 총에 맞아 사망하면서 박정희 정권은

4 · 19혁명

5 · 16군사정변

유신(維新)체제
1972년 박정희 대통령이 장기 집권을 목적으로 헌법을 개정하여 수립한 강권적인 정치체제. 유신체제는 국가의 모든 권력이 대통령에게 집중되어 한국 민주주의의 발전을 가로 막았다.

개발독재(開發獨裁)
개발도상국에서 쿠데타 등으로 집권한 정치권력이 경제개발을 이유로 민주주의와 사회복지를 유보하는 정치적 독재를 말한다.

몰락하였다. 그러나 뒤이어 신군부 세력이 다시 정권을 잡았다.

1980년대는 신군부(新軍府)라 불리는 새로운 군사정권에 대항하는 한국인들의 민주화에 대한 요구가 거세게 분출한 시기이다. 이 시대의 대표적인 민주화운동으로는 5·18민주화운동(1980년)과 6월민주항쟁(1987년)을 꼽을 수 있다. 이러한 민주화운동의 결과로 한국 사회에는 점차 민주주의가 자리 잡게 되었고, 정치권에서도 김영삼, 김대중 등 한국의 민주화를 이끌던 세력이 정권을 잡게 되었다.

5·18광주민주화운동

6월민주항쟁

새마을운동

1970년대 초 박정희 대통령의 주도로 '잘 살아 보세!'라는 구호를 내걸고 시작된 사회운동. 근면·자조·협동 정신을 바탕으로 농촌에서부터 시작된 이 운동은, 도시로 확대되면서 한국사회 전체의 근대화운동으로 발전하였다.

한편 전후(戰後)의 한국은 민주주의의 정착과 함께 경제적 빈곤에서 벗어나 경제성장을 이루기 위해 많은 노력을 기울였다. 1960년대부터 한국 정부는 경제개발 5개년 계획을 단계적으로 추진하여 자립적인 경제를 위한 기반을 마련하였다. 이에 따라 시멘트, 비료, 정유, 철강 등 산업화의 기반이 되는 공장이 건설되고 일자리가 늘어났다. 1970년대에는 '한강의 기적'이라고 불릴 만큼 한국 경제가 급속하게 성장하였다. 이 시기에 한국은 중화학 공업 단지의 건설로 세계적인 공업국으로 성장하였다. 1980년대에는 그동안 균형 있게 발전하지 못한 경제 분야의 발전을

한국사 로그인

박정희와 군부독재

1963년에 대통령에 취임한 박정희(朴正熙, 1917년~1979년)는 한국의 근대화와 국가의 안보를 국가정책의 기본 방향으로 정하고 경제정책을 강하게 추진하였다. 이러한 박정희와 군부독재에 대한 한국인들의 평가는 서로 엇갈린다. 박정희 정권은 한국 경제의 고도성장을 이끌었다는 점에서 긍정적으로 평가를 받기도 하지만, 한국 사회에 군사문화를 퍼뜨리고 권위적인 통치로 민주주의의 발전을 억압했다는 점에서 부정적인 평가를 받기도 한다.

정부가 주도하며 안정적인 경제 환경을 만들어나갔다. 1960년대부터 1980년대에 이르는 30년 동안 한국 경제는 눈부신 발전을 이루었고, 드디어 한국은 경제 대국이 되었다. 하지만 이 시기에 한국 경제는 여러 가지 문제점도 갖게 되었는데, 그 대표적인 예가 대기업과 자본가에 비해 중소기업과 노동자가 경제성장의 정당한 대가를 받지 못한 것이다.

남북정상회담

1990년대에 접어들어 한국 경제는 정부 주도의 경제체제에서 시장 주도의 경제체제로 전환하며 세계화를 추진하였다. 하지만 철저한 준비를 하지 못한 상태에서 세계화를 추진한 한국은 1997년에 외환위기를 맞기도 하였다. 그러나 위기 상황 속에서 정부와 국민, 기업과 노동자가 협조하여 2001년에 국제통화기금(IMF)의 관리체제에서 벗어나게 되었다. 이처럼 지난 1960년대부터 오늘에 이르기까지 한국은 눈부신 경제성장을 이룩하여 선진국의 대열에 들어서게 되었다. 하지만 한국 사회는 여전히 실업의 증가와 빈부의 격차 등 해결해야 할 많은 문제점을 안고 있다.

한국사 로그인
전태일

한국이 눈부신 경제발전을 이루는 데에는 노동자들의 희생이 적지 않았다. 전태일(全泰壹, 1948년~1970년)은 경제성장기에 한국의 노동자들이 겪어야 했던 고통을 보여주는 상징적인 인물이다. 그는 가난한 집안에서 태어나 17세의 나이에 동대문의 평화시장에서 의류 생산을 하는 노동자가 되었다. 하지만 당시 노동 환경은 매우 나빴다. 좁은 공간에서 먼지를 마시며 하루에 15시간 이상을 일해도 그 대가는 겨우 생계를 유지할 정도였다. 전태일은 이러한 노동 환경을 개선하기 위해 노력하였으나, 사회적 무관심에 절망하여 몸을 불사르는 분신자살(焚身自殺)을 하고 말았다. 그의 죽음으로 인해 한국 사회에서는 노동자의 근로 현실에 대한 관심이 싹트기 시작하였다. 전태일이 요구한 근로 환경 개선 내용은 다음과 같다.

- 하루 근무시간 10~12시간으로 단축
- 휴일을 월 2일에서 매주 일요일(4일)로 연장
- 건강검진을 정확하게 할 것
- 초보 노동자의 임금을 하루 70~100원에서 50% 인상해 줄 것 등

3. 대한민국의 생활과 문화

한국전쟁과 분단의 아픔을 딛고 민주화와 경제성장을 이룩하면서 한국 사회는 많은 변화를 경험하였다. 농업사회에서 산업사회로, 다시 정보화사회로 발전하면서, 한국인들의 생활양식과 문화는 크게 변화하였다. 해방 이후에서 오늘날에 이르기까지 한국인의 생활과 문화가 어떻게 변해왔는가를 살펴보면 다음과 같다.

1960년대 이후 경제개발정책이 추진되면서 한국 사회는 전통적인 농업사회에서 벗어나 산업사회로 빠르게 바뀌어 갔다. 특히 산업화 정책의 추진으로 도시가 발전하자, 경제력이 집중된 대도시로 인구가 몰려들었다. 도시로의 이주가 늘어나면서 한국의 가족구조는 대부분 부모와 자녀만으로 이루어진 핵가족 형태로 전환되었다. 전통적인 대가족제도

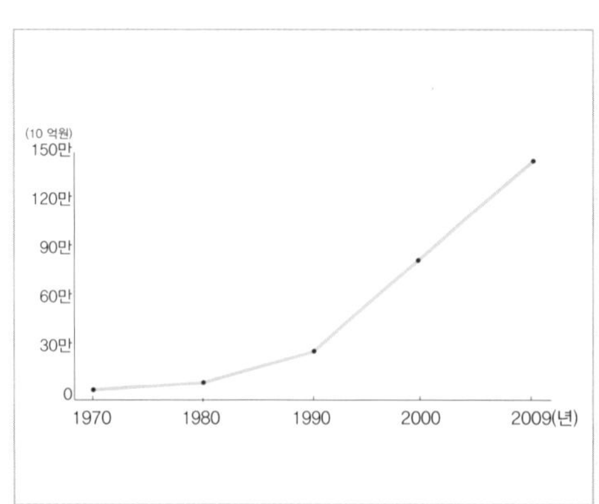

연도별 국내총생산(GDP) 변화

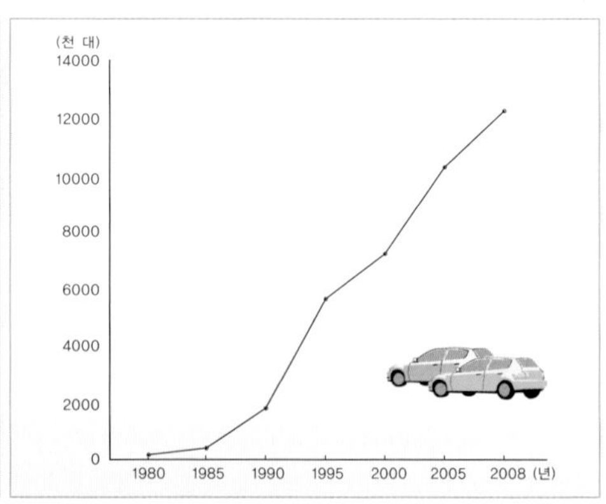

자가용 등록 대수의 증가

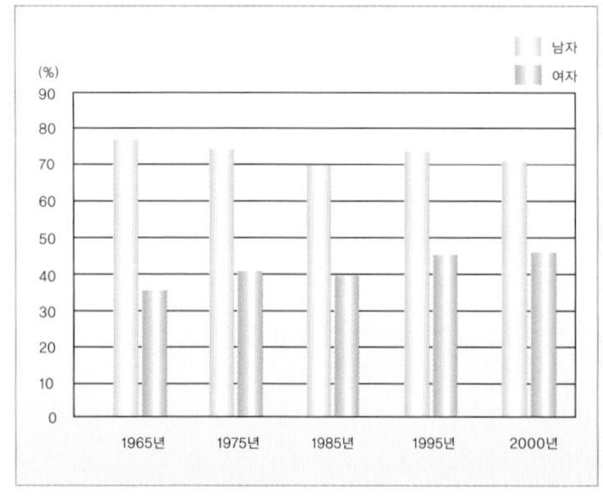

성별 경제활동 참가율 변화

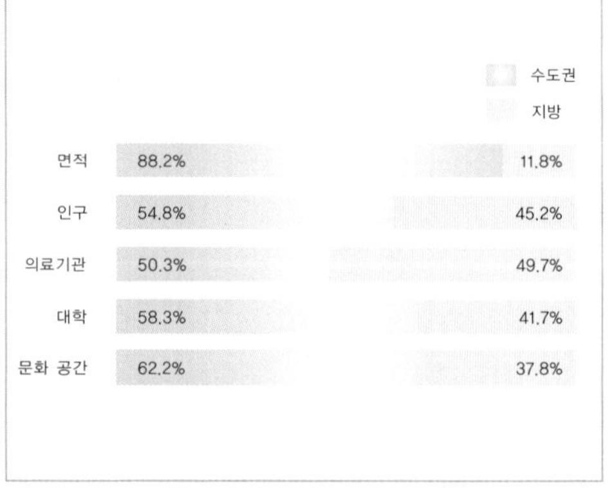

한국의 수도권 집중 현황

에서는 많은 가족이 함께 살면서 공동체의식이 강했으나, 핵가족화가 진행되면서 한국인들은 점차 개인주의적 성향이 강해지게 되었다. 또한 경제성장으로 일자리가 많아지고, 교육받을 기회가 늘어나면서 많은 여성들이 사회로 진출하였다. 따라서 여성의 사회적 지위도 점차 높아져, 남녀가 서로 평등하다는 가치관이 자리잡게 되었다.

해방 이후 한국인들의 생활과 문화를 변화시킨 주된 요인으로는 대중문화(大衆文化)의 성장을 꼽을 수 있다. 1960년대부터 중등교육이 확대되고 경제적 여건이 향상됨에 따라 문화의 대중화 현상이 서서히 나타나기 시작하였다. 특히 문화의 대중화는 1970년대에 텔레비전과 같은 전파 매체가 널리 보급되면서 빠르게 진행되었다. 가요, 드라마, 영화가 대중문화의 주된 장르가 되면서 대중문화는 한국문화의 주된 흐름을 형성하게 되었다. 1960년대부터 다양하게 발전하던 한국의 대중문화는 1990년대 이후에 한류(韓流, Korean Wave)를 만들어내며 아시아 전역에서 큰 인기를 모으고 있다. 해방 이후 한국의 문화예술계는 분단과 산업화, 민주화와 가치관의 변화 등을 작품의 주제로 담아내며 많은 성과를 보여주었다. 문학 분야에서는 한국적 현실을 사실적으로 그려내며 한국인의 삶을 담아낸 작품이 널리 창작되었다. 또한 음악과 미술 분야에서는 전통 예술을 계승하면서 여기에 서양의 예술을 조화시켜 창조적인 작품을 만들어냈다. 특히 체육 분야는 '체력은 국력'이라는 구호 아래 큰 발전을 보였다. 1988년 서울올림픽대회와 2002년 한일 월드컵축구대회를

2002년 한일 월드컵축구대회 길거리 응원

영화	영화제	수상 내역
마부	11회 베를린국제영화제(1961)	감독상
씨받이	44회 베니스국제영화제(1986)	여우주연상
취화선	55회 칸국제영화제(2002)	감독상
올드보이	57회 칸국제영화제(2004)	심사위원대상
사마리아	54회 베를린국제영화제(2004)	감독상
빈집	61회 베니스국제영화제(2004)	감독상
밀양	60회 칸국제영화제(2007)	여우주연상
박쥐	62회 칸국제영화제(2009)	심사위원상
시	63회 칸국제영화제(2010)	각본상
피에타	69회 베니스국제영화제(2012)	황금사자상
밤의 해변에서 혼자	67회 베를린국제영화제(2017)	여우주연상

주요 국제영화제 수상작

성공적으로 개최하며 한국의 체육계는 크게 성장하였다. 이와 함께 한국의 젊은이들은 한국적인 응원문화를 만들어 내며 새로운 공동체문화를 형성하기도 하였다.

한편 1990년에 접어들면서 한국은 정보통신산업의 발달과 함께 정보화사회로 진입하였다. 컴퓨터와 인터넷의 확산은 생활의 편리뿐만 아니라, 한국인들이 소통하는 방식에도 큰 변화를 가져왔다. 한국 사회에서는 정부나 국민 모두가 공통의 의견을 만들어 나갈 때에 인터넷 공간을 활용하는 경우가 많다. 또한 한국인들은 세계화시대를 맞이하여 한국문화와 다른 외국문화를 편견 없이 바라보려는 노력도 계속하고 있다. 외국인 노동자와 결혼 이민 여성이 크게 늘어나면서, 한국 사회는 다양한 문화가 공존하는 다문화(多文化)에 대한 이해를 중요한 사회적 과제로 삼고 있다.

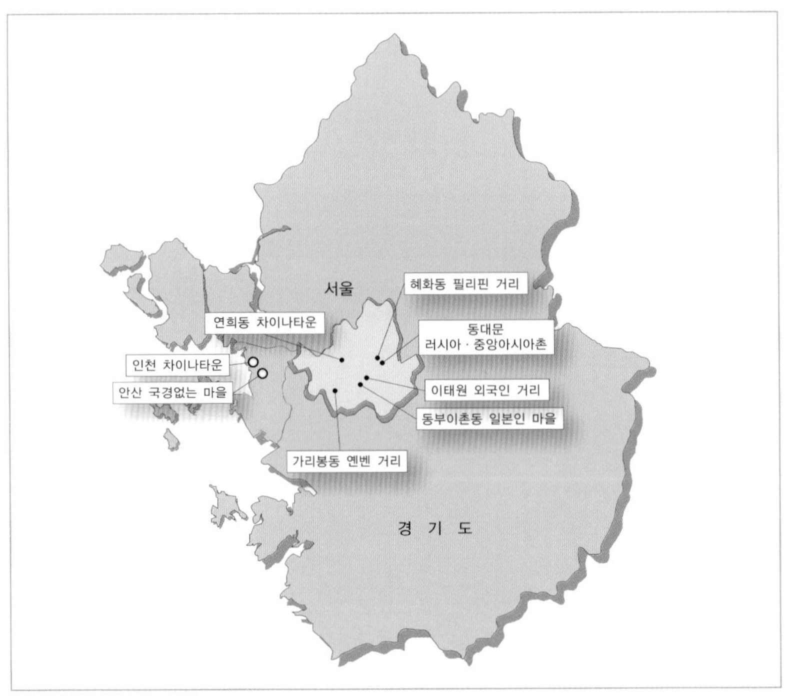

수도권 지역 외국인 마을

영화 〈웰컴 투 동막골〉

한국은 1950년에서 1953년까지 한국전쟁이라는 동족(同族) 간 전쟁의 비극을 경험한 나라이다. 이러한 한국전쟁은 영화, 드라마, 소설 등 다양한 분야에서 작품의 소재로 활용되고 있다. 한국전쟁을 다룬 영화 가운데 〈웰컴 투 동막골〉은 2005년에 개봉되어 많은 이들의 사랑을 받았다. 이 영화에서 '동막골'은 한반도가 남북으로 나누어지기 이전에 존재했던 한민족공동체를 상징적으로 그려낸 공간이다. 이 영화는 서로 사랑하며 살아가는 순박한 인간의 모습을 강조하면서 이념을 넘어서는 사랑과 평화의 메시지를 전해준다. 영화 〈웰컴 투 동말골〉 속으로 들어가 보자.

1950년 11월 한국전쟁이 한창이던 때, 강원도 산골 마을인 동막골에서 연합군 병사 스미스, 인민군 중대장 리수화 일행, 한국군 표현철 일행이 마주친다. 결코 어울릴 수 없는 이 세 군인들은 서로 다른 이념으로 인해 잠도 자지 않으면서 서로를 경계한다. 또한 이들은 동막골 사람들을 위협한다. 그러나 시간이 흐르자 이들은 전쟁을 모르는 순박한 동막골 사람들에게 동화된다. 동막골 사람들과 세 무리는 함께 먹고 자고 일하고 놀이를 즐기면서 점점 서로에 대한 적대 감정을 풀게 된다. 그러면서 연합군, 인민군, 한국군 일행은 우정을 쌓아간다. 그러다 동막골이 집중 폭격의 위기에 처하자 세 일행은 동막골을 구하기 위한 공동작전을 펼친다. 결국 이들은 아름다운 동막골을 구해내고 죽음을 맞이하게 된다.

KOREAN HISTORY AND CULTURE

II

한국의 사상과 문화

제8장

유교사상과 한국문화

1. 한국 유교의 역사
2. 한국 유교사상의 특징
3. 한국의 대표적 유학자
4. 한국 유교의 주요 의례

연도	시대	내용
372년	삼국시대	■ 고구려 태학 설치
576년	삼국시대	■ 신라 화랑제도 시행
682년	남북국 시대	■ 통일신라 국학 설립
714년	남북국 시대	■ 통일신라 문묘 건립
958년	고려시대	■ 과거제 실시
992년	고려시대	■ 국자감 설치 (1308년 성균관으로 개칭)
1290년	고려시대	■ 주자학 도입(안향)
1388년	고려시대	■ 위화도 회군과 신진사대부 중심의 개혁정치 추진
1395년	조선시대	■ 종묘 건립
1543년	조선시대	■ 백운동서원 건립
1574년	조선시대	■ 도산서원 건립
1871년	조선시대	■ 척화비 건립(대원군)

1. 한국 유교의 역사

유교(儒敎, Confucianism)는 기원전부터 한자(漢字)와 함께 중국에서 전래되기 시작하였으나, 본격적으로 한국에 유입된 것은 4세기경이다. 한자 및 불교(佛敎)와 함께 유입된 유교는 전래된 이후 한국문화 형성에 중요한 역할을 한 대표적인 사상이다. 초기에 유입되었을 때에는 공자(孔子, 기원전 551년~기원전 479년)의 가르침을 근본으로 삼아 경전을 연구하고 해석하는 학문적 성격이 강하여 이를 유학(儒學)이라 불렀다.

유학은 내면적 윤리인 인(仁)과 인의 사회적 표현인 예(禮)를 기본개념으로 하면서, 개인의 인격완성을 바탕으로 나라와 사회를 다스리려는 사상을 말한다. 따라서 유학에서는 성인(聖人)을 본받아야 할 이상적 인물로 생각한다. 일반적으로 유학은 공자의 가르침을 이어받은 학문을 가리키고, 유교는 유학이 종교화된 형태를 말한다. 유교는 우주와 인간을 다스리는 초월적 신을 하늘(天)로 보고, 인간이 '인'과 '덕'을 통해 하늘의 뜻을 실현할 수 있다는 믿음에 기대고 있다. 특히 정치적 지배자인 왕(王)은 덕(德)을 지닌 자로서, 백성을 인(仁)과 예(禮)로서 통치해야 한다고 보았다. 이러한 유교는 사서삼경(四書三經)을 경전으로 삼고, 삼강오륜(三綱五倫)을 실천방안으로 삼는다.

사서삼경(四書三經)
유교(儒敎)의 기본 경전인 사서와 삼경을 이르는 말로, 사서(四書)란 《논어(論語)》, 《맹자(孟子)》, 《대학(大學)》, 《중용(中庸)》을 말하며, 삼경(三經)은 《시경(詩經)》, 《서경(書經)》, 《역경(易經)》을 말한다.

삼국시대에 대한 기록을 보면 고구려, 백제, 신라 세 나라 모두 유학을 받아들였음을 알 수 있다. 고구려는 372년에 유교 경전을 가르치는 교육기관인 태학(太學)을 세웠다는 기록이 전해지고 있으며, 백제도 비슷한 시기에 일본에 유교 경전을 전해 주었다는 기록이 남아 있다. 신라는 682년에 국학(國學)을 설립하여 유교의 기본 경전을 가르쳤고 화랑(花郎)들은 유교 경전을 공부한 것으로 전해진다. 이후 신라에서 유교는 점차 나라를 다스리는 국가의 지도 이념이 되었다.

성균관

고려는 불교를 국교(國敎)로 삼고 도교(道敎)적인 풍수사상(風水思想)을 받아들였으나 국가를 다스리는 기본 이념은 유교사상으로 삼았다. 그러나 점차 유교는 당시의 지배적인 사상인 불교와 상당히 섞였고, 무신(武臣)이 통치한 무신정권기에는 유교 이념이 많이 위축되었다. 그러다가 고려 제25대 왕인 충렬왕(忠烈王, 1236년~1308년) 때에 이르면 공자의 사당(祠堂)인 문묘(文廟)를 새로 건립하고 교육기관인 국학을 성균관(成均館)으로 이름을 바꾸어 유교를 다시 강조하게 된다. 이때 원나라(元)로부터 성리학(性理學)을 받아들여 한국의 유교는 고유한 성리학의 전통을 이어가게 된다.

성리학은 인간의 심성과 우주의 원리를 철학적으로 탐구하는 사상으로, 고려 말 이후 한국 유교의 중심사상이 되었다. 성리학을 수용한 이들은 고려 말의 체제를 개혁하고 조선을 개국하는 데 힘쓴 신진사대부(新進士大夫)들이었다. 이들은 현실사회의 모순을 고치기 위해 개혁사상으로

한국사 로그인

삼강오륜(三綱五倫)

삼강오륜은 유교에서 기본이 되는 세 가지의 근본과 다섯 가지의 윤리를 말한다. 이는 유교의 도덕원리를 실천하는 방법으로 한국과 중국에서 사회의 기본 윤리로 삼고 있으며 일상생활의 지침이 되고 있다. 삼강은 군위신강(君爲臣綱), 부위자강(父爲子綱), 부위부강(夫爲婦綱)을 말하며, 이는 임금과 신하, 부모와 자식, 남편과 아내 사이에 마땅히 지켜야 할 도리가 있음을 일깨우고 있다.

- 군위신강(君爲臣綱) : 임금이 신하의 근본이다.
- 부위자강(父爲子綱) : 아버지가 아들의 근본이다.
- 부위부강(夫爲婦綱) : 남편이 아내의 근본이다.

오륜은 부자유친(父子有親), 군신유의(君臣有義), 부부유별(夫婦有別), 장유유서(長幼有序), 붕우유신(朋友有信)을 말한다. 오륜은 인간관계에 있어서 중요하게 지켜야 할 원칙을 제시하고 있다.

- 부자유친(父子有親) : 어버이와 자식 사이에는 친함이 있어야 한다.
- 군신유의(君臣有義) : 임금과 신하 사이에는 의리가 있어야 한다.
- 부부유별(夫婦有別) : 부부 사이에는 서로 침범하지 못하는 구별이 있어야 한다.
- 장유유서(長幼有序) : 어른과 아이 사이에는 질서가 있어야 한다.
- 붕우유신(朋友有信) : 친구 사이에는 믿음이 있어야 한다.

성리학을 받아들였고 일상생활에서 실천할 수 있는 사상을 중요하게 생각하였다. 따라서 신진사대부들은 현실 문제를 해결하지 못하는 불교를 비판하고 새로운 국가의 지도 이념으로 유교를 받아들였다.

조선시대에 접어들어 유교는 학문의 기본이면서 국가통치의 이념일 뿐만 아니라 일반 백성들이 생활하는 데 있어서 기본적인 사회윤리가 되었다.

한국 유교는 임진왜란(壬辰倭亂, 1592년~1598년)과 병자호란(丙子胡亂, 1636년~1637년)을 거치면서 사회의 지배질서가 무너지자 질서를 바로잡기 위해 '예법(禮法)'을 중시하게 되었다. 예법을 중시하는 한국 유교의 특징은 형식을 중요하게 생각하고, 실질적인 문제보다 관념적이고 추상적인 문제에 얽매인다는 비판을 받기도 하였다. 결국 양란 이후 예법에 치중한 유교 대신 실질적인 것을 중요하게 생각하는 새로운 유교사상이 강조되었다. 이를 실학사상(實學思想)이라고 부른다. 구한말과 일제강점기의 한국 유교는 명분과 의리를 강조하며 일본의 침략에 강하게 저항하면서 국권수호(國權守護)를 위한 의병운동(義兵運動)을 이끌기도 하였다.

근대에 접어들어 한국 사회는 서구화의 길을 가게 되면서, 전근대 사회의 사회윤리인 유교를 강하게 비판하기도 하였다. 그러나 한국 유교는 한국인의 도덕의식을 기르는 데 크게 기여하였으며, 인격 수양을 강조하여 윤리의식을 갖추는 기본 원리가 되었다. 이러한 유교의 미덕은 오래전부터 외국인들이 한국을 '동방예의지국(東方禮義之國)'이라 부르는 근거가 되기도 하였다. 오늘날에는 유교의 가치를 재평가하는 사회적 분위기가 확산되고 있으며, 한국인들은 유교사상을 소중한 전통으로 만들어 나가고자 노력하고 있다.

동방예의지국(東方禮儀之國)

'동쪽에 있는 예의에 밝은 나라'라는 뜻. 옛날 중국인들이 한국 사람을 가리켜 예의가 밝은 민족이라고 칭찬하고, 한국을 동방예의지국이라고 불렀다.

2. 한국 유교사상의 특징

한국 유교사상의 특징은 충효사상(忠孝思想), 의리사상(義理思想), 예사상(禮思想)에서 찾아볼 수 있다.

우선 유교의 가장 중요한 덕목인 '인'은 짐승과 구별되는 인간의 본성으로, 모든 인간이 가지고 있는 사랑하는 마음을 의미한다. 사랑은 자기와 가장 가까운 부모와 형제에 대한 사랑에서부터 출발한다고 보아, 부모를 섬기는 '효(孝)'가 유교사회에서 중요한 덕목이 되었다. 효를 중시하는 사상은 부모가 돌아가신 뒤에도 정성을 다하는 마음으로 표출되면서 조상숭배에 대한 전통을 만들어 나갔다. 또한 이러한 '효'의 마음으로 왕을 섬기면 '충'이 되어 사회윤리로 확대되며, 이 또한 중요한 덕목이 되었다. 유교의 '인'이라는 덕목이 충효사상으로 강조된 것은 한국 유교의 특징이라 할 수 있다.

둘째, 한국 유학사상에는 의리사상이 중요한 사상적 흐름을 형성하고 있다. 의리사상은 사람 사이에 마땅히 지켜야 하는 도리인 의리 또는 신념을 굽히지 않고 꿋꿋하게 지키는 절개(節概)와 지조(志操)를 중요하게 생각하는 사상을 말한다. 조선시대 유학파 가운데 현실 정치에 적극적으로 참여한 훈구파(勳舊派)와는 달리 지방에서 학문을 닦았던 사람들을

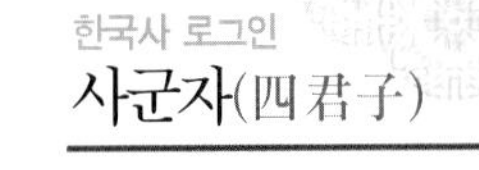

한국사 로그인

사군자(四君子)

동양에서는 성품이 좋고 학식이 높은 사람을 군자라고 부른다. 즉 군자란 교양과 인격이 높은 선비를 일컫는 말이다. 매화, 난초, 국화, 대나무는 이러한 군자를 상징하는 식물로, 흔히들 이 네 가지의 식물을 사군자라 부른다. 사군자는 동양화에서 자주 그림의 소재가 되어 왔다. 한국에서는 고려시대부터 사군자를 그리는 것이 유행하기 시작하여 조선시대에는 사대부의 취미로 널리 퍼졌다. 사군자의 소재가 되는 매화, 난초, 국화, 대나무는 봄·여름·가을·겨울의 사계절을 상징한다.

- 매화 : 이른 봄의 추위를 무릅쓰고 가장 먼저 꽃을 피운다.
- 난초 : 깊은 산중에서도 청초한 자태와 은은한 향기를 잃지 않는다.
- 국화 : 늦가을에 모진 서리를 이겨내고 핀다.
- 대나무 : 추운 겨울에도 푸름을 잃지 않는다.

매란국죽(梅蘭菊竹)으로도 불리는 사군자의 이러한 생태가 절개와 지조를 지닌 군자의 인품을 상징적으로 보여주고 있어 사군자로 불리게 되었다. 한국의 전통적인 그림에는 사군자를 소재로 한 그림이 많이 있어, 박물관이나 미술관에서 이를 흔하게 볼 수 있다.

사군자

사림파(士林派)라 불렀는데, 이들은 의리를 중요하게 생각하며 정의로움을 위해서는 목숨도 아끼지 않았다. 또한 이들은 관직이나 재물을 탐하지 않고 지조를 지키며 학문을 가까이 하였는데, 이들을 선비라고 불렀다. 이들의 삶이 보여준 정신적 가치를 존중하는 태도는 선비사상이라 불리며 한국 유학의 특징이 되었다. 의리와 절개를 지키는 도덕적 인간에 대한 존중은 한국문화가 갖는 윤리적 기준이라 할 수 있다. 오늘날에도 한국인들은 선비처럼 학식이 높고 지조와 절개를 지키는 인물을 사회적으로 존경한다.

마지막으로, 한국 유교의 특징은 예를 중시하는 사상에서 찾을 수 있다. 17세기는 예학(禮學)의 시대라고 불릴 정도로 사람이 마땅하게 지켜야 할 도리를 행동으로 표현하는 '예(禮)'에 대한 관심이 높았다. 역사적으로 보면 임진왜란과 병자호란으로 인해 혼란스러운 조선사회의 질서를 바로잡기 위해 강조되었던 것이 바로 예학이다. 이러한 예학의 발달로 인해 사회가 점차 복잡한 예법을 강조하게 되고 예의를 드러내는 절차나 의식이 강조되었다. 한국 사회에서 아직도 예의가 중시되는 이유는 이러한 유교의 전통이 이어져 내려왔기 때문이다.

3. 한국의 대표적 유학자

한국을 대표하는 유학자(儒學者)로는 퇴계 이황(李滉, 1501년~1570년)과 율곡 이이(李珥, 1536년~1584년), 다산 정약용(丁若鏞, 1762년~1836년)을 꼽을 수 있다. 이황과 이이는 조선시대의 대표적인 성리학자이며 정약용은

이황

이이

정약용

대표적인 실학자이다.

이황은 조선 중기의 대표적인 학자이자 관료(官僚)로, 주자학(朱子學)이라고도 불리는 성리학을 발전시켜 우주와 인간의 마음이 갖는 현상을 설명하고자 하였다. 성리학에서는 '이(理)'와 '기(氣)'라는 개념으로 세계를 설명하는데, '이'와 '기'라는 개념을 적극적으로 해석한 것이 성리학의 이기설(理氣說)이다. 이 학설에서는 우주만물의 근본이 되는 것을 이치나 원칙이라는 의미를 가진 '이(理)'라는 개념으로, '이'가 만물에 나타나는 모습을 '기(氣)'라는 개념으로 설명한다. 이황은 이 두 개념 중에 '이'를 중요하게 생각하여 인간의 마음을 절대적으로 선한 것으로 보고 본성을 따를 것을 강조하였다. 그의 학풍은 많은 제자들에게 계승되어 경상도를 중심으로 영남학파(嶺南學派)를 형성하였다. 또한 이황은 도산서당(陶山書堂)을 설립하여 제자를 키우는 데 힘썼으며, 한국 유학을 대표하는 인물이자 높은 학식을 갖춘 학자로 평가받고 있다.

이이는 조선 중기의 유명한 학자이자 정치가로, 한국의 대표적인 어머니상인 신사임당(申師任堂, 1504년~1551년)의 아들로도 유명하다. 그는 관리를 뽑는 시험인 과거(科擧)에 아

도산서원

영남학파(嶺南學派)
조선시대에 영남 지방(지금의 경상남도와 경상북도)을 중심으로 형성되었던 성리학의 학파.

도산서당(陶山書堂)
1561년에 성리학자인 퇴계(退溪) 이황(李滉, 1501년~1570년)이 학문을 연구하고 후진을 교육하기 위해 설립한 연구 · 교육 기관. 1574년에 이황의 업적을 기리기 위해 후학들이 이곳에 도산서원을 세움.

한국사 로그인

과거(科擧)

과거는 한국과 중국에서 관리를 뽑을 때 실시하던 시험이다. 한국에 과거제도가 도입된 시기는 고려의 제4대 왕 광종(光宗, 925년~975년) 때인 958년이다. 고려의 광종은 당시에 막강한 권력을 가진 귀족을 견제하기 위해 과거제도를 도입하였다. 고려시대에는 문인을 중시하여 문과시험만 있었고 무과는 없었다. 반면 조선시대에 이르러서는 문과와 무과가 동시에 시험을 치렀다. 조선시대에는 일반적으로 3년마다 과거시험을 치렀다. 과거제는 능력 위주로 인재를 등용하려는 뜻에서 도입된 제도이다. 깊이 있게 학문을 닦은 인재를 뽑아 관리로 채용하고자 하였다는 점에서 문명국가의 면모를 보여준 제도였다고 할 수 있다.

장원급제(壯元及第)
관리로 채용할 인재를 뽑기 위해 치르는 과거(科擧)시험에서 가장 높은 성적으로 합격하는 것을 말한다.

홉 번 응시하여 모두 장원(壯元)으로 뽑힌 조선시대 최고의 인재로도 알려져 있다. 이이는 이황의 사상을 수용하면서도 사물의 특성을 드러내는 '기'를 중요하게 생각하였다. '기'를 중시하는 그의 사상으로 인해 이이는 현실정치에 대한 관심을 갖고 정치, 경제, 국방 등에 대한 개혁을 주장하였다. 그의 사상은 조선 후기의 유학사상인 실학사상에도 많은 영향을 주었다.

정약용(丁若鏞, 1762년~1836년)
현실성과 실용성을 중시한 사상인 실학(實學)을 집대성한 학자이다. 또한 유네스코에서 지정한 세계유산인 수원 화성(華城)을 건축할 당시 무거운 돌을 들어올려 이동시키는 거중기(擧重器)를 고안하여 화성 건축의 시일을 앞당기는 데 도움을 주었다. 그러나 나라에서 금지하는 천주교(天主教)를 믿어 전남 강진에서 18년 동안 유배(流配)생활을 하였다.

정약용은 조선 후기의 학자이자 관료로, 조선 후기에 새롭게 나타난 실학을 체계화한 대표적인 유학자이다. 그는 이기(理氣)나 심성(心性) 등의 추상적인 것에 중심을 둔 성리학보다는 실증적이고 사회 개혁적인 부분에 더 많은 관심을 보였다. 특히 그는 한국의 역사와 지리, 과학과 예술 등 다양한 분야에서 많은 저술을 남긴 저술가로도 유명하다.

4. 한국 유교의 주요 의례

주자(朱子, 1130년~1200년)
유교의 도덕과 철학을 집대성한 중국 송(宋)나라의 유학자.

남녀칠세부동석(男女七歲不同席)
'일곱 살 이후로는 남녀가 한 자리에 같이 앉지 아니 한다.'는 뜻으로, 남녀를 엄격하게 구별하는 유교적 윤리관을 나타내는 말이다. 이러한 인식은 한옥의 구조에서도 찾아볼 수 있는데, 한옥에서는 남녀가 쓰는 방을 사랑채와 안채로 구분하였다.

한국 유교의 주요 의례는 동아시아 국가들이 보편적으로 따르던 《주자가례(朱子家禮)》를 받아들여 형성되었다. 사람이 살아가면서 누구나 겪는 출생, 성장, 결혼, 죽음의 통과의례(通過儀禮)를 유교적 관점에서 정리해 놓은 것이 가례이다. 이는 중국의 유학자 주자가 체계적으로 종합하였기 때문에 '주자가례'라 불리는데, 주자의 가례는 동아시아 유교 사회에서 하나의 표준으로 받아들여졌다. 이러한 가례는 고유의 풍속과 결합되어 한국적인 유교 의례를 만드는 기준이 되었다.

제사지내는 모습

조선시대에 접어들면서 가례는 가장 중요한 생활기준으로 자리를 잡았고, 점차 국가 의례로 확대되었다. 이 가운데 가장 대표적인 의례로는 조상에 대한 제사(祭祀)를 꼽을 수 있다. 제사는 제물을 차려놓고 돌아가신 이의 넋을 기리는 의식으로, 여기에는 자기를 낳아 준 근원에 대한 감사의 뜻이 담겨 있다. 따라서 제례를 올릴 때에는 제사를 드리는 장소에 죽은 조상이 실제로 돌아와 함께 하고 있는 것처럼 느끼고 행

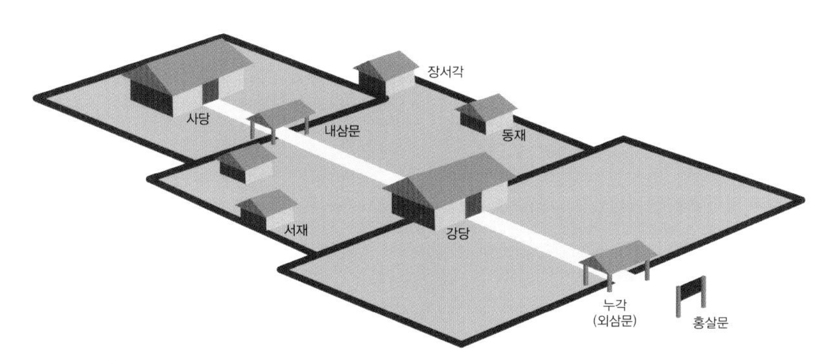

한국의 서원 배치도

홍살문
관청이나 궁궐 등의 정면에 세우는 붉은 칠을 한 문(門).

누각(樓閣)
사방을 바라볼 수 있도록 문과 벽이 없이 높이 지은 집.

강당(講堂)
강연이나 강의를 하는 큰 방.

장서각(藏書閣)
많은 책을 모아둔 곳.

사당(祠堂)
조상의 신주를 모셔 놓는 곳.

동하며 공경하는 마음가짐을 지녀야 한다. 이러한 제사는 참가한 모든 이들에게 공통의 조상을 둔 한 핏줄이라는 유대의식을 갖게 함으로써 공동체의 결속력을 만들어 준다. 설이나 추석에 지내는 제사를 차례라 하고, 조상이 돌아가신 날에 지내는 제사를 기제사라고 한다. 전통적으로 제사는 4대 조상까지 지냈으나 오늘날에는 점차 간소화되고 있다.

황희 정승 이야기

한국인들은 한국을 대표하는 뛰어난 관리를 꼽으라면 황희(黃喜, 1363년~1452년) 정승을 꼽는다. 고려 말에 과거에 합격하여 관직생활을 시작한 황희는 포용력과 리더십을 가지고 높은 관직에까지 올랐다. 하지만 1392년에 고려가 망하자 고려에 대한 충절을 지키려 관직을 버리고 숨어 지내기도 하였다. 그 후에 그는 마음을 바꾸어 조선을 튼튼한 국가로 만드는 데 참여하게 되었고 가장 훌륭한 정치인의 한 사람이 되었다. 황희는 조선 태조(太祖, 1335년~1408년)부터 세종(世宗, 1397년~1450년)에 이르기까지 4대의 임금을 모셨으며, 18년 동안 영의정을 지내면서도 욕심이 없고 성품이 맑아 많은 사람들의 존경을 받았다. 그렇다면 오랫동안 높은 관리의 자리에 있었던 황희가 어떻게 생활했는지 그의 이야기 속으로 들어가 보자.

세종은 황희를 아주 아꼈는데 하루는 갑자기 황희의 집을 찾아갔다. 세종은 황희의 집을 방문한 뒤, 다른 신하들에게 황희의 집에는 강아지 한 마리 키우지 않더라고 말하였다. 이 말을 들은 신하들은 세종에게 "황희 정승은 개를 키우지 않습니다. 왜냐하면 개에게 먹일 것이 있으면 가난한 사람 하나를 더 먹여 살릴 수 있다고 생각하기 때문입니다."라고 말하였다. 세종은 이 말을 듣자 이를 확인해 보고 싶었다. 시간이 조금 흐른 뒤, 세종은 황희의 집에 다시 들렀다. 그때 사랑방에서 강아지 짖는 소리가 났다. 세종은 그 소리에 놀라 정말 강아지를 키우는지 알아보기 위해 방문 앞에 서서 방안에서 나는 소리에 귀를 기울였다. 그때 사랑방에서 철없는 아이들이 일제히 밖을 내다보았다. 아이들이 강아지 소리를 흉내 내며 놀고 있었던 것이었다. 갑작스런 왕의 방문에 놀란 황희는 세종을 방으로 안내했는데, 방안에는 꺼끌꺼끌한 멍석이 깔려 있고 제대로 된 장롱조차 없었다. 세종은 이를 보고 '한 나라의 재상이 사는 집이 이토록 가난하단 말인가!'라고 놀라며 천장을 바라보았다.

"비도 새겠군!"

"저것은 일부러 뚫어 놓았습니다."

"일부러? 아니, 왜요?"

"비오는 날 밤에 빗물 떨어지는 것을 보며 가난한 백성을 생각하느라고요. 그래야 좋은 정치를 펼 수 있지 않겠습니까?"

세종은 황희의 말에 크게 감명을 받았다. 궁궐로 돌아온 세종은 황희 정승의 봉급을 올려주라고 하였다. 그러자 신하들은 봉급을 올려주면 오른 만큼 황희 정승의 댁에는 많은 아이들이 몰려와서 밥을 얻어먹을 거라고 하였다. 세종은 그 말을 듣고서야 사랑방에서 강아지 짖는 소리를 흉내 낸 아이들이 황희 정승 집에 밥을 얻어먹으러 온 아이들이었다는 사실을 알게 되었다.

제9장

불교사상과 한국문화

1. 한국 불교의 역사
2. 한국 불교사상의 특징
3. 한국의 대표적 승려
4. 한국 불교의 대표적 의식

연도	시대	사건
372년	삼국시대	고구려 불교 도입
384년		백제 불교 도입
527년		신라 불교 공인(이차돈의 순교)
552년		백제, 일본에 불교 전함
645년		신라 황룡사 9층 목탑 건립 (1235년 소실)
676년		신라 부석사 건립
751 년	남북국 시대	불국사 · 석굴암 건립
802년		해인사 건립
1251 년	고려시대	고려대장경 완성
1467년	조선시대	원각사지 10층 석탑 건립
1916 년		원불교 창시
1924 년		조계종 설립(선종과 교종 통합)

1. 한국 불교의 역사

한국의 불교(佛敎, Buddhism)는 4세기 말에 중국으로부터 고구려(372년)로 전래되면서 한국적 사상 형성과 문화예술 발전에 큰 영향을 끼쳤다. 인도(印度, India)의 석가모니에 의해 창시된 종교인 불교는 지혜(智慧)와 자비(慈悲)로 깨달음을 얻어 열반(涅槃)에 이르는 길을 가르친다. 초기에 유입된 불교는 중앙집권적인 고대국가체제를 만드는 데 크게 기여하였다. 이러한 한국 불교는 수용될 때부터 일반 백성이 아니라 통치자가 먼저 받아들인 종교로, 고대국가의 사상적 통일에 크게 기여함으로써 호국불교(護國佛敎)라는 성격을 띠게 되었다.

삼국통일을 전후하여 불교의 많은 승려들은 중국으로 유학을 다녀와 사상적으로 깊이를 더해 갔다. 처음 불교가 들어왔을 때는 단순히 복(福)을 받고자 하는 관심으로 이를 수용하였으나 점차 사상적 깊이를 가지면서 종교적인 형태를 갖추게 되었다. 8세기 말에는 통일신라가 정치적으로 혼란스러워지자 교리 자체보다는 인간의 마음에 있는 깨끗한 마음

자비(慈悲)
남을 사랑하고 가엾게 여기는 것 또는 그런 마음으로 남에게 베푸는 은혜와 덕.

열반(涅槃)
수행을 통해 모든 괴로움과 얽매임에서 벗어나고 진리를 깨닫는 것.

호국불교(護國信仰)
부처의 힘으로 나라를 지키려는 한국 불교의 신앙 형태이다. 한국의 불교는 호국신앙의 전통과 밀접하게 연결되어 있었기 때문에 역대 왕들은 불교를 숭상하고 장려했다.

한국사 로그인

묵호자와 이차돈

한국에 불교가 처음 들어온 것은 4세기 후반 고구려 소수림왕(小獸林王, 미상~384년) 때인 372년으로 알려져 있다. 신라는 이보다 늦은 5세기 초에 불교가 전해졌지만 이를 받아들인 것은 6세기 초였다. 이처럼 신라에 불교의 전래가 늦었던 이유는 토착세력의 영향이 매우 컸기 때문이다. 그러나 오늘날 한국의 문화유산을 보면 신라의 수도였던 경주에는 불교와 관련된 많은 문화유산과 유적이 남아 있다. 그렇다면 어떻게 토착신앙을 고집하던 신라인들이 불교를 받아들일 수 있었던 것일까? 묵호자(墨胡子, 생몰 연도 미상)와 이차돈(異次頓, 502/506년~527/528년)은 신라가 불교를 받아들이는 데 큰 역할을 한 인물이다.

신라에 불교가 처음 전래된 것은 눌지왕(訥祇王, 미상~458년) 때로, 고구려 승려인 묵호자가 불교를 전해 주었다. 고구려 승려 묵호자는 신라의 한 마을에 몰래 들어와 모례라는 사람의 집 뒤뜰에 굴을 만들어 숨어 지냈다. 그때 중국에서 사신이 와서는 옷감과 향을 눌지왕에게 전했다. 왕은 향이 무엇인지 몰라 신하들에게 물었으나 아는 사람이 한 명도 없었다. 그리하여 나라 안을 돌아다니며 향에 대해 묻게 되었는데 숨어 지내던 묵호자가 임금 앞에 나가 향을 태우면 향기가 나고, 그 앞에서 소원을 빌면 반드시 소원이 이루어진다고 하였다. 마침 눌지왕의 딸이 병에 걸려 누워 있어서, 왕은 묵호자

인 불성(佛性)을 일깨우려는 선불교(禪佛敎, Zen buddhism)가 한국에 유입되었다. 선불교사상이 유입되자 전국에 이를 따르는 승려집단이 생겨나면서 선종(禪宗)이 유행하게 되었다. 교리를 중요하게 생각하는 교종(敎宗)과 직관적인 종교적 체험을 중요하게 생각하는 선종(禪宗)이라는 한국 불교의 두 흐름은 이 시기에 생겨나 오늘날까지 계승되고 있다.

한국의 대표 사찰

고려시대에는 불교가 국가의 종교가 되면서 가장 번창한 시기를 맞이하게 된다. 하지만 외적으로 번창한 불교는 점차 내적으로 타락하게 되면서 고려 왕조를 몰락하게 한 원인이 되기도 하였다. 한편 통일신라시대에 정착되었던 선종 계열이 고려 중엽에 이르러서는 조계종(曹溪宗)이라는 이름으로 새롭게 정비되면서 오늘날 한국 불교를 대표하는 종파인 대한불교조계종의 기원이 되었다.

조선시대에는 유교가 국가의 통치이념이 되면서 불교는 탄압의 대상

한국사 로그인

묵호자와 이차돈

에게 향을 태우고 공주의 병이 낫도록 빌게 하였다. 묵호자가 향을 태우면서 기도를 하자 공주는 병이 씻은 듯이 나았다. 왕이 기뻐하며 그에게 상을 내리자 묵호자는 그 상을 자신이 숨어 지내던 집의 주인인 모례에게 주고는 어디론가 가버렸다. 그 뒤로 그의 행방을 아는 사람은 아무도 없었다.

이 외에도 신라에 불교가 수용된 데에는 이차돈의 순교가 중요한 계기가 되었다. 신라의 법흥왕은 불교를 훌륭한 종교라 생각하여 국가의 종교로 삼으려고 했으나 신하들은 이를 반대하였다. 왕족과 지배층들은 여전히 토착신앙을 믿고 있었기 때문이다. 이때까지 신라는 토착신앙의식으로 국가제사를 지냈고, 토착신앙을 지배 강화의 수단으로 삼고 있었다. 이차돈은 이런 왕족과 지배층들을 설득하기 위해 자신의 목숨을 버려 불교의 종교적 힘을 보여주고자 하였다. 이차돈은 죽기 전에 "내가 죽으면 기이한 일이 일어날 것이다. 이는 부처님의 뜻이다."라고 말하고 처형을 당하였다. 이차돈의 목을 베자 목에서 흰 피가 솟구치고 하늘에서 꽃비가 내렸다. 이차돈의 몸에서 흘러나오는 흰 피를 보고 신라인들은 불교를 인정하고, 신라 최초의 절인 흥륜사를 세웠다. 그 후 신라는 삼국 가운데 가장 적극적으로 불교를 받아들여 오늘날 한국 불교를 대표하는 훌륭한 문화유산을 남기게 되었다.

이 되었다. 조선 왕조 오백 년의 통치 기간 내내 유교를 중시하고 불교를 억압하는 숭유억불(崇儒抑佛)정책이 유지되면서 한국 불교는 많은 어려움에 직면하게 된다. 그러나 이러한 정치적 탄압 하에서도 불교는 여성을 포함한 서민(庶民)의 지지를 받게 되었고, 산속으로 절(buddhist temple)을 옮기면서 현실 정치와는 분리된 종교 본연의 성격을 유지할 수 있게 되었다. 구한말과 일제강점기를 거치면서 한국 불교는 점차 근대적인 종교로 변모하면서 다시 발전해 나가게 되었다. 오늘날 불교는 가장 많은 신자(信者) 수를 가진 한국을 대표하는 종교이다.

2. 한국 불교사상의 특징

한국 불교는 대승불교(大乘佛敎)의 정신을 따르고 있다. 소승불교(小乘佛敎)가 개인의 해탈을 중요하게 생각하고 사회와는 일정한 거리를 가지는 종파라면, 대승불교는 일반인들을 가리키는 불교적 용어인 중생(衆生)과 함께하는 대중적인 불교로서, 수행자(修行者)의 사회참여를 강조하는 종파라 할 수 있다. 대승불교에서는 개인적인 집착에서 벗어나 너와 나를 하나로 생각하고, 세상의 모든 것은 변하기 때문에 영원한 것은 없

조계사 전경

다고 본다. 이를 '공(空)사상'이라고 하는데, 한국 불교에서 공사상은 현실적 권력이나 재물을 탐하지 않는 모습으로 표출되면서 중요한 사상적 특징이 되었다. 또한 대승불교에서는 개인적인 깨달음과 사회적 실천을 동시에 추구하는 인물을 '보살(菩薩)'이라고 부르며, 이들의 자비로운 행위를 높이 평가한다. 보살은 대승불교의 이상적 인물로서 자비로운 마음을 가지고 남을 적극적으로 돕는 사람인데, 보살이 남을 돕는 행위인 보살행(菩薩行)은 대승불교에서 중요하게 생각하는 실천방법이다.

또한 한국 불교의 주요사상으로 꼽을 수 있는 것은 모든 대립적인 이론을 조화시키는 화쟁사상(和諍思想)이다. 화쟁사상은 통일신라시대의 대표적 승려인 원효가 체계화하였다. 화쟁사상의 세계 인식방법은, 한쪽으로 치우치는 극단(極端)을 버리고 다양한 불경을 폭넓게 이해함으로써 올바른 견해를 가질 수 있다는 입장이다. 이러한 화쟁사상은 둘로 나누어진 교종과 선종을 하나로 통일시키는 사상적 근거가 되었다. 화쟁사상은 불교의 다양한 종파 간의 입장차와 서로 다른 의견을 조화롭게 통일시키며 한국 불교를 포용력 있는 종교로 만드는 이론적인 근거가 되었다.

화쟁사상(和諍思想)
신라의 승려 원효(元曉, 617년~686년)의 중심사상. 모든 대립적인 것들을 서로 조화시키려는 불교사상으로, 한국 불교의 가장 특징적인 사상이다.

한국사 로그인

나무아미타불 관세음보살

한국의 절에서 스님들이 염불을 하거나 불교를 믿는 신도들이 기도를 할 때, "나무아미타불 관세음보살"이라고 말하는 모습을 자주 볼 수 있다. 이 말은 일종의 불교식 주문(呪文)이다. 이는 아미타불과 관세음보살을 함께 부르는 말로, 나무아미타불은 '아미타 부처님께 돌아가 구원을 바란다.'는 뜻이고, 나무관세음보살은 '관세음보살께 돌아가 구원을 바란다.'는 뜻이다.

아미타불은 모든 중생을 바른 길로 인도하겠다는 뜻을 품고 부처가 된 이로, 이 부처에게 기도를 하면 죽은 뒤에 극락에 간다고 한다. 관세음보살은 세상의 고통을 다스리는 보살로, 천 개의 눈과 천 개의 손으로써 모든 중생을 고통에서 구제해 주는 보살이다. '나무아미타불 관세음보살'이라는 주문에는 세상을 바른 길로 인도하고자 하는 부처와 세상을 구원해 주는 보살에게 돌아가 구원을 바라고 의지함으로써, 현세의 고통으로부터 구원받기를 바라는 염원이 담겨 있다.

일주문(一柱門)
사찰에 들어서는 첫번째 문.

사천왕문(四天王門)
사찰을 지키기 위해 동서남북의 사천왕을 만들어 좌우에 세운 문.

불이문(不二門)
사찰에서 본당에 들어가는 마지막 문.

대웅전(大雄殿)
불교 선종 계통의 절에서 석가모니 부처를 모시는 법당.

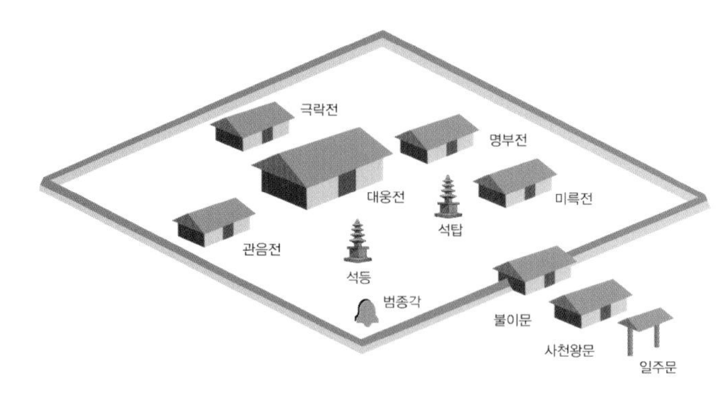

한국의 사찰 배치도

3. 한국의 대표적 승려

한국을 대표하는 승려로는 원효(元曉, 617년~686년)와 지눌(知訥, 1158년~1210년)을 꼽을 수 있다. 원효는 삼국통일을 전후로 한국 불교사상을 체계화한 대표적인 승려이다. 그는 당시 왕실 중심의 귀족불교를 대중화하고 중생을 구제(救濟)하려는 대승불교의 정신을 실천한 승려로 평가된다. 특히 원효는 그의 생애에서 흥미진진한 이야기를 많이 남긴 승려로 널리 알려져 있다. 이 가운데 가장 대표적인 것은 그가 깨달음을 얻는 과정과 관련된 이야기이다. 당시 한국보다 불교가 발전한 중국으로 불교를 배우기 위해 유학길에 오른 원효는, 중국으로 가던 도중 무덤 근처에서 잠이 들었다. 잠을 자다 목이 마른 그는 곁에 놓인 바가지의 물을 맛있게 마셨는데 아침에 일어나 보니 그것은 죽은 사람의 머리뼈인 해골(骸骨)에 고인 물이었다. 해골에 고인 물이라는 것을 모르고 마셨을 때는 달고 맛있었던 물이 해골이라는 것을 알게 되자 토할 것 같은 기분이 드는 것을 경험한 원효는, 모든 것이 마음에 달렸다는 깨달음을 얻게 되었다. 그리하여 원효는 중국으로 유학을 떠나는 것을 포기하고 한국에 남아 독자적인 불교사상을 체계화하였다. 모든 것이 마음에 달려 있다는 사상과 누구나 부처가 될 수 있다는 믿음을 가지고 원효는 평생을 불교의 대중화에 힘썼다.

원효와 함께 한국 불교사에서 존경받는 대표적인 승려로는 지눌을 꼽

부처
불교를 창시한 '석가모니'를 이르는 말로, 불교에서는 불도(佛道)를 깨달은 성인(聖人)을 부처라고 한다.

사찰 전경

을 수 있다. 지눌은 고려시대의 대표적인 승려로, 오늘날 한국 불교를 대표하는 조계종을 창시한 인물이다. 그는 선종과 교종을 하나로 통일시키고자 노력한 승려로, 여러 종파로 나누어져 서로 시기하고 미워하는 불교를 통합할 수 있는 논리를 만들어 불교 통합에 힘썼다. 이런 점에서 지눌은 원효와 비슷한 사상을 가진 인물로 볼 수 있다. 그는 불교 통합에

지눌(知訥, 1158년~1210년)
고려의 승려. 참선과 불경 연구를 함께 행해야 한다는 것과 수행의 중요성을 주장하였다.

한국사 로그인

불교의 시간 인식

어떤 일이나 현상이 일어나는 순간을 말할 때, 한국어에서는 이를 '찰나'라고 한다. '찰나'라는 표현은 불교에서 시간을 나타내는 가장 작은 단위를 말한다. 보통 1찰나는 75분의 1초(약 0.013초)를 나타낸다고 한다. 그리고 불교에서는 모든 것이 찰나마다 생겼다 사라지고, 사라졌다가 생기면서 계속된다고 가르친다. 즉 세상에는 영원한 것이 없다는 생각이 이 말 속에 담겨 있다.

또한 불교에서 가장 긴 시간을 나타내는 말로는 '겁(劫)'이라는 말이 있다. 어떤 시간의 단위로도 계산할 수 없는 무한히 긴 시간, 하늘과 땅이 한 번 생길 때부터 다음 생길 때까지라는 뜻으로, 겁은 아주 긴 시간을 의미한다. 불교에서는 높이와 넓이가 각각 15킬로미터나 되는 큰 돌에 백 년에 한 번씩 얇은 천의 옷을 입은 하늘의 선녀가 내려와 지나가서 그 돌이 다 깎여 나가도 겁이 끝나지 않는다고 한다. 즉 우주의 시간에 비추어 볼 때, 인간은 작은 존재이며 우주는 무한하다는 생각이 이 말 속에 담겨 있다.

뜻을 같이 하는 사람을 모아 고려의 불교를 개혁하기 위해 노력한 인물로, 원효와 함께 한국사에서 가장 대표적인 승려로 평가받고 있다.

4. 한국 불교의 대표적 의식

한국 불교의 대표적인 의식으로는 석가탄신일 등에 행해지는 명절의례(名節儀禮)와 천도재(薦度齋), 그리고 방생(放生)을 꼽을 수 있다. 석가탄신일은 부처의 탄생을 기념하는 날로, 흔히 '부처님 오신 날' 혹은 '사월초파일'(음력 4월 8일)이라 부르기도 한다. 이날 불교 신자들은 자신이 다니는 절에 연꽃무늬로 장식된 등을 달고 불공(佛供)을 드린다. 연꽃은 불교를 상징하는 꽃으로, 진흙 속에서 아름답게 피어나는 연꽃의 생리는 불교적 깨달음을 상징한다. 연등을 불상이나 불탑 주위에 달고 불을 켜 부처님께 바치는 연등회(燃燈會)는 어둠 속에 갇혀 지혜롭지 못한 인간의 마음을 밝힌다는 의미에서 행해지는 행사이다.

불공(佛供)
불교에서 부처 앞에 음식이나 꽃을 드리고 기도하는 것.

또한 한국 불교의 의식 가운데 널리 알려진 것으로 천도재가 있다. 천도재는 죽은 사람의 영혼이 불교의 이상향(理想鄕)인 극락(極樂)에서 다시 태어나기를 기원하는 불교의식이다. 사람이 죽은 뒤 49일이 지나면 49재를 지내는데 이것은 천도재 중에 가장 널리 행해지는 의식이다. 사람이 죽으면 일주일마다 재판을 받는데 일곱 번째 재판이 가장 괴로운 세계인 지옥(地獄)과 가장 편안한 세계인 극락으로 가는 것을 결정한다고 하여, 불교에서는 49재를 중요하게 생각한다.

윤회사상(輪廻思想)
수레바퀴가 끊임없이 구르는 것과 같이, 자기가 지은 업에 의하여 삶과 죽음의 세계를 돌고 돈다고 생각하는 불교의 사상.

이 밖에 널리 알려진 불교의식으로는 죽어가는 짐승을 놓아주는 방생

'부처님 오신 날' 행사

연등회

49재 지내는 모습

이 있다. 방생은 살아있는 생명을 죽이는 살생(殺生)의 반대 개념으로, 살생을 하지 않는 소극적인 행위를 넘어서서 적극적으로 생명을 살리는 행위를 하도록 권장하는 의식이다. 오늘날에도 불교도들은 방생할 날을 정하여 방생의식을 행하고 있다.

이러한 불교의 의식과 의례는 교리의 내용을 형식적으로 실천하는 것만이 아니라, 의식 자체가 하나의 수행이기도 하다는 점에서 중요한 종교적인 의미를 갖는다.

아사달과 아사녀의 사랑 이야기

불국사의 대웅전 앞에는 두 개의 탑이 나란히 마주보고 서 있다. 동쪽에는 화려한 다보탑이, 서쪽에는 간결한 석가탑이 있다. 이 석가탑은 그림자가 비치지 않는 탑이라는 의미에서 '무영탑(無影塔)'이라고도 한다. 이 이름에는 탑을 만든 백제의 석공인 아사달과 그의 부인 아사녀의 아름다운 사랑이야기가 깃들어 있다.

신라의 경덕왕(景德王, 미상~765년) 때 높은 관직에 오른 김대성(金大城, 700년~774년)은 부모를 위해 불국사를 크게 확장하기로 결심하고 훌륭한 재능을 가진 석공들을 모으기 시작하였다. 그 당시 백제 땅에는 이름난 석공인 아사달이 살고 있었다. 아사달은 아사녀와 결혼한 지 얼마 되지 않았지만 불국사에 석탑을 만들어 주기 위해 경주로 떠났다.

경주로 온 아사달은 고향을 떠나 3년 동안 석탑 만드는 일에 온 정성을 기울였다. 시간이 지나자 석탑도 조금씩 완성되어 가기 시작하였다. 한편 남편을 기다리던 아사녀는, 3년 동안이나 남편이 돌아오지 않자 경주로 남편을 찾아갔다. 하지만 탑이 완성되기 전까지는 절 안으로 여자를 들일 수 없다는 금기 때문에 남편을 만나지 못하였다. 남편을 만나지 못한 아사녀는 크게 실망하고 불국사 주위를 서성거리며 멀리서나마 남편을 보고 싶어 하였다. 그때 이를 보다 못한 스님이 아사녀에게 말하기를, 얼마 떨어지지 않은 곳에 조그만 연못이 있는데, 탑이 완성되면 탑의 그림자가 연못에 비칠 터이니 그때 남편을 볼 수 있을 것이라고 하였다. 아사녀는 스님의 말을 듣고 연못에 탑의 그림자가 비치기만을 기다렸지만, 아무리 기다려도 연못에는 탑의 그림자가 비치지 않았다. 상심한 아사녀는 고향으로 되돌아갈 힘도 없고 남편에 대한 그리움은 점점 깊어져 남편의 이름을 부르며 그만 연못에 몸을 던지고 말았다.

한편 아내가 경주로 자신을 찾아왔다는 사실을 모르는 채 탑을 완성하기 위해 노력하던 아사달은, 우연히 스님으로부터 아내가 찾아왔다는 소식을 듣게 되었다. 아사달은 그 말을 듣고 바로 스님이 알려준 연못으로 찾아갔지만 아내는 이미 물에 빠진 뒤였다. 아사달이 아내를 부르며 울고 있을 때 연못 근처에서 사는 할머니가 아사달에게 다가와 아내가 연못에 탑 그림자만 떠오르기를 기다리다 끝내 연못에 몸을 던졌다고 알려 주었다. 아사달은 아내를 그리며 연못 주변을 방황하였다. 그때 앞산의 바위에 아내의 모습이 인자한 부처님의 모습으로 어렸고, 아사달은 그 바위에 아사녀의 모습을 새기기 시작하였다. 그 후 사람들은 끝내 그림자를 비추지 않은 석가탑을 '무영탑'이라고 부르게 되었다.

석가탑

제 10 장

도교사상과 한국문화

1. 한국 도교의 역사
2. 한국 도교사상의 특징
3. 한국의 대표적 도교 사상가
4. 한국문화 속의 도교

연도	시대	사건
576년	삼국시대	■ 신라 화랑제도 시행
600년경	삼국시대	■ 신라 세속오계 설파(원광법사)
624년	삼국시대	■ 고구려, 중국 당으로부터 도교 도입
704년경	남북국 시대	■《화랑세기》(김대문)
887년경	남북국 시대	■〈난랑비서〉(최치원)
1120년경	고려시대	■ 복원궁 건립 (1392년 폐지) ■ 소격전 건립
1447년	조선시대	■〈몽유도원도〉(안견)
1610년	조선시대	■《동의보감》(허준)
1860년	조선시대	■ 동학 창시(최제우)

1. 한국 도교의 역사

한국의 도교(道教, Taoism)는 종교적인 단체를 만들거나 교리가 체계화되지는 않았지만 한국인의 가치 형성에 많은 영향을 끼쳤다. 한국 도교는 종교적 성격이 약하기 때문에 종종 도가(道家) 혹은 선가(仙家)라고 불리기도 한다. 하지만 유교와 불교 그리고 민간신앙과 자연스럽게 결합하면서 도교는, 자연의 질서에 순응하는 삶이야말로 가장 아름다운 삶이라고 믿는 한국적 가치의 사상적 원형이 되어 왔다.

도교는 민간신앙으로 생겨난 동아시아의 자연종교(自然宗教) 중 하나이다. 이러한 도교는 신선사상(神仙思想)을 기본으로 하면서 노장사상(老莊思想)·유교·불교·민간신앙 등이 결합되어 종교적인 형태를 띠게 되었다. 다만 한국에서는 중국과 달리 종교화된 도교가 정착되지 못하였다. 상위 계층에서는 노자와 장자의 사상적 경향을 학문적으로 따르는 노장사상이 적극 수용되었고, 이와는 달리 민간(民間)에서는 건강하게 오래 살기 위한 의학적인 내용이 널리 수용되었다. 따라서 한국 도교는 대자연과 하나가 되어 자연의 순리를 따르는 신선사상이나 늙지 않고 오래 살기를 바라는 불로장생사상(不老長生思想)이 발전하였다.

한국에서 도교사상의 전통은 오랜 역사를 가지고 있다. 한국의 건국신화인 단군신화를 보면 단군이 죽어 신선이 되었다는 기록이 나온다. 이러한 기록을 통해 알 수 있는 것은, 한국의 도교는 중국의 도교가 유입되기 전부터 고유 신앙(信仰)의 형태로 전해지고 있었다는 사실이다. 이처럼 상고시대(上古時代)부터 한국에는 신선의 도가 있었으며 마음과 몸을 단련하는 양생법(養生法)이 전해지고 있었다. 이러한 도교사상이 크게 영향을 끼친 조직으로는 신라의 청소년 수련단체인 화랑도(花郎徒)를 꼽을 수 있다. 화랑도는 신선의 도를 따른다는 뜻에서 국선(國仙), 또는 바람과 달의 주인이라는 뜻에서 풍월주(風月主)라고도 불리는데, 청소년 집단이었던 화랑들은 유명한 산과 강을 찾아다니며 자연의 기운을 받으며 수련을 하였다.

고려시대에 접어들자 국가가 주관하는 도교행사가 생겨나고 도교에 대한 관심이 점차 확대되었다. 특히 당시 도교는 국가의 종교였던 불교

노자(老子, 생몰 연도 미상)
중국 고대의 철학자이자 도가(道家)의 창시자. 세상에 있는 모든 것의 근원인 도(道)를 좇아서 살 것을 주장하였다. 또한 사람의 힘을 더하지 않은 있는 그대로의 자연을 존중하였다.

장자(莊子, 생몰 연도 미상)
중국 고대의 도가사상(道家思想)의 중심인물. 유교의 예교(禮教)가 지닌 인위적 성격을 부정하고, 모든 것을 있는 그대로 받아들이는 자연철학을 주장하였다.

양생법(養生法)
건강을 잘 보살펴 병에 걸리지 않고 오래 살기를 꾀하는 방법.

나 통치이념이었던 유교와 결합되면서 다양한 방식으로 한국인의 가치 형성에 영향을 미치게 되었다.

조선시대에는 소격전(昭格殿, 후에 소격서(昭格署)로 이름이 바뀜)이라는 관청을 두어 하늘과 별자리 등에 제사를 지내는 제천행사를 담당하게 하였다. 비록 유교를 숭상하던 조선이지만 이처럼 자연에 제사를 지내는 도교적 전통은 계속 유지하였다. 그러나 유학자들이 이러한 도교행사에 대해 심하게 반발하자, 도교적인 행사는 양반사회에서 점차 위축되고 서민계층에서만 은밀히 성행하게 되었다. 하지만 조선 중기에는 당파 간의 싸움이 심해지자 중앙 정계에서 밀려난 유학자들이 노장사상을 받아들이게 되어 도교사상은 양반문화에 영향을 끼치게 된다. 이들 유학자들은 자연과 하나가 되어 삶을 즐기는 노장사상을 적극적으로 수용하여 도교의 흐름을 이어나갔다.

구한말에 이르러 전통적 기반이 흔들리고 세상이 혼란스러워지자 신흥 민족종교인 동학(東學)이 새롭게 생겨났다. 서양에서 들어온 서학(西學)에 반대하여 생긴 동학은, 유교·불교·도교의 세 종교에 고유 신앙을 융합시킨 민족종교라 할 수 있다. 신흥 종교인 동학에 도교적인 요소가 반영되어 있듯이, 근대로 접어들면서 도교는 점차 유교·불교·기독교 등의 기성종교가 아닌 신흥종교와 결합하면서 그 명맥(命脈)을 유지해 가게 되었다. 오늘날 도교사상은 한국인에게 종교라기보다는, 산업화와 도시화된 생활방식이 자연과 점점 멀어지게 되자 이러한 삶의 방식을 비판하며 자연의 소중함을 일깨우는 동양적인 전통적 사유방식의 하나로 인식되고 있다.

2. 한국 도교사상의 특징

한국 도교의 중심 사상으로는 자연에 순응하는 삶을 가치있게 생각하는 신선사상과 노장사상을 꼽을 수 있다. 이 두 사상에는 신선에 대한 동경이 담겨 있다. 신선이란 도(道)를 닦아서 현실의 인간 세계를 떠나 자연과 벗하며 살아가는 상상의 사람을 말한다. 한국인들은 신선을 세

김은호의 〈신선도〉

속적인 것에 얽매이지 않고 자유로우며 고통이나 질병이 없는 인물이라고 생각하였다. 또한 누구나 수련을 통해 신선이 될 수 있다고 생각하면서 신선이 되고자 하는 신선사상이 널리 수용되었다. 신라의 화랑도도 이러한 신선사상의 영향을 많이 받은 조직으로 볼 수 있다. 신선사상은 점차 자연의 기운을 인간의 몸에 흡수하는 수련법으로 발전하였고, 오늘날에는 병에 걸리지 않도록 건강관리를 잘하여 오래 살기를 바라는 건강 수련 방법으로 전해지고 있다. 이러한 도교적인 의학은 조선시대에 이르러 한국의 고유한 의학인 한의학(韓醫學)의 기본체계를 확립시켰는데, 그 대표적인 예가 허준이 쓴 《동의보감(東醫寶鑑)》이다.

동의보감(東醫寶鑑)
허준(許浚, 1539년~1615년)이 1610년에 완성한 한의학 백과사전으로서, 당시 동아시아 의학을 체계적으로 정리하여 완성했다는 평가를 받고 있다.

노장사상은 삼국시대부터 부분적으로 수용되면서 조선시대에는 점차 지식인이 갖추어야 할 교양(教養)이 되었다. 이러한 노장사상은 도가의 중심인물인 노자와 장자의 사상만을 가리키는 것은 아니다. 일반적

한국사 로그인
십장생(十長生)

십장생이란 동양에서 예부터 늙지 않고 오래 산다고 믿었던 열 가지 상징물을 말한다. 여기에는 해, 산, 물, 돌, 구름, 소나무, 불로초, 거북, 학, 사슴이 포함되어 있다. 동양인들은 십장생을 글, 그림, 조각 등의 소재로 많이 사용해 왔다. 한국의 경우, 고려시대부터 십장생을 그리는 것이 유행하였다. 십장생은 보통 열 가지의 자연물이지만 이보다 적거나 많게 그려진 경우도 있다. 어떤 십장생도(十長生圖)에는 대나무, 복숭아가 추가되어 실제로는 십이장생도가 되어 있다. 늙지 않고 오래 살고 싶은 인간의 욕망이 신선사상(神仙思想)을 배경으로 상징화된 것이 십장생도라 할 수 있다. 사람들은 처음에는 신선을 신(神)으로 생각하였지만, 시간이 지나면서 도가사상(道家思想)을 받아들여 인간도 수행을 통해 신선이 될 수 있다고 생각하게 되었다. 한국의 십장생도는 신선이 사는 상상 속의 세계에 십장생을 그려넣은 그림으로 한국의 대표적인 민화의 한 종류이다.

십장생도

으로 노장사상은 노자와 장자가 추구한 철학적 경향을 바탕으로 하여, 자연에 합일되는 삶을 추구하는 사상적 경향을 말한다. 이 사상은 사회가 유지되기 위해 만든 인위적(人爲的)인 질서를 비판함으로써 공동체보다는 개인을 우위에 두는 성향이 강하다. 또한 여기에서는 사회적 성공이나 물질적 풍요보다는 욕심 없고 순수하게 살아가는 소박한 삶을 가치 있게 평가한다. 따라서 오늘날 노장사상은 한국인들에게 욕심을 버리고 소박하게 살아가는 개인적 윤리나 자연스러운 아름다움에 대한 예술적 상상력을 자극하는 미적 가치로 수용되고 있다.

3. 한국의 대표적 도교 사상가

한국에서 도교는 독립적으로 발전하기보다는 유교와 불교 혹은 민간신앙과 결합되면서 발전해 나갔다. 따라서 대표적 도교 사상가는 유교와 불교에서도 중요한 인물이라 할 수 있다. 또한 한국의 도교는 종교적

한국사 로그인
최치원의 〈난랑비서문(鸞郎碑序文)〉

통일신라시대 말기의 학자로 중국에까지 이름을 떨쳤던 최치원은 당시 화랑이었던 '난랑'을 위해 세운 비석에 비문을 남겼다. 이 〈난랑비서문〉에는 신라의 화랑도가 어떤 사상적 세계를 지향했는가가 잘 나타나 있다. 여기에서 최치원은 한국의 고유한 종교를 '풍류'라고 하면서, 이는 유교·불교·도교를 모두 포함하고 있다고 보았다. 최치원의 글을 통해 한국적 가치의 다종교적인 면을 찾아볼 수 있다.

우리나라에 현묘(玄妙)한 도(道)가 있으니 이를 풍류(風流)라고 한다. 이 풍류사상은 유교·불교·도교를 모두 포함한 것으로서 많은 사람들을 교화시켰다. 가정에서 부모에게 효도를 다하고 나라에 충성을 다하는 것은 공자의 가르침과 같으며, 모든 일을 순리에 따라 실행하는 것은 노자의 가르침과 같으며, 악한 행동을 하지 않고 착한 행동만을 하며 열심히 살아가는 것은 부처의 가르침과 같다.

- 최치원의 〈난랑비서문〉 중에서 -

인 성격이 강하지 않았고 지배적인 종교가 아니었기 때문에 고유한 학설을 발전시킨 인물이 별로 없었다. 하지만 최치원, 김시습, 권극중은 한국 도교의 역사에서 중요하게 언급되며 널리 알려진 인물이다.

최치원(崔致遠, 857년~미상)은 신라 말기의 대표적인 학자로서, 그의 이름은 중국에까지 널리 알려졌다. 그는 유교와 불교뿐만 아니라 도교에 대해서도 이해가 깊었다. 《삼국사기》에 인용된 〈난랑비서(鸞郎碑序)〉에는 그가 유교 · 불교 · 도교에 대해 깊이 이해하고 있었다는 사실이 잘 나타나 있다.

김시습(金時習, 1435년~1493년)
조선 전기의 학자. 유교 · 불교 · 도교사상을 아우르는 포괄적인 사상을 가졌으며, 시와 문장을 잘 지은 것으로 유명하다.

금오신화(金鰲新話)
김시습이 지은 한국 최초의 한문소설집으로, 사회의 제도나 인간의 운명 등에 대결하는 인간의 의지를 표현하였다.

김시습(金時習, 1435년~1493년)은 조선 초기에 천재로 이름을 널리 알린 대표적인 문인(文人)이다. 그는 한국 최초의 한문소설인 《금오신화(金鰲新話)》를 지은 이로도 유명하다. 김시습은 유교사회인 조선의 문인이면서도 유교사상에만 치우치지 않고 유교 · 불교 · 도교라는 세 가지 사상을 조화시켜 자신만의 세계를 만들어 나갔다. 이를 위해 그는 당시 불교가 보이는 미신(迷信)적인 면은 멀리하면서도 불교의 핵심적인 사상인 자비심(慈悲心)으로 만물을 이롭게 하고 탐욕을 없앤다는 점은 적극적으로 받아들였다. 또한 비합리적인 도교의 신선술(神仙術)은 부정하면서도, 도교가 갖고 있는 '하늘의 뜻인 천명(天命)을 따르고 기운을 다스리는 것'

한국사 로그인

한국의 민족종교

한국에서는 서구 종교가 유입되고 일본제국주의가 한반도를 식민지로 만들려고 했던 구한말에 단군을 교조로 하는 민족종교인 대종교(大倧教)가 생겨났다. 대종교는 단군 숭배사상을 기초로 하여, 민속신앙을 발전시켜 '한얼님'을 신앙적 대상으로 삼는 한국 고유의 민족종교이다. 1909년에 나철(羅喆, 1863년~1916년)이 '단군교'라는 이름으로 처음 활동하기 시작하였고, 1년 후에 '대종교'로 이름을 바꾸었다. 대종교는 종교로서의 의미보다는 단군을 통해 오랜 역사를 가진 한국인의 자부심을 일깨우고, 이를 바탕으로 항일독립운동을 전개하는 데에 더 큰 의미가 있었다. 대종교는 만주로 세력을 확장하여 항일독립운동을 전개하였는데, 1920년에 만주에서 한국의 독립군이 일본군을 크게 물리친 전쟁으로 알려진 청산리전투에 참여한 대부분의 한국병사가 대종교를 믿고 있었다. 민족종교인 대종교를 통해 알 수 있듯이, 일본의 식민지를 경험한 한국인들에게 민족은 종교적인 신념의 대상이 될 만큼 강한 애정을 가지는 대상이다. 오늘날까지 한국인이 강한 민족주의 성향을 보이는 것은 이러한 전통이 계승된 결과이다.

은 가치가 있다고 생각하여 적극적으로 수용하였다.

권극중(權克中, 1585년~1659년)은 조선 중기의 대표적인 도교 사상가이다. 그는 어린 시절 유교 교육을 받았으나 관리의 길을 포기하고 인격을 닦고 학문에 몰두하며 평생을 도교의 수련가로 살았다. 유교 · 불교 · 도교를 조화시키며 현실에 대한 애정을 버리지 않았던 그는, 정신 수련을 통해 육체의 근원적인 힘을 이끌어내는 내단(內丹)을 체계적으로 완성한 인물로 평가받고 있다.

단학(丹學)
사람의 몸안에 흐르는 기운을 자연의 순환법칙에 일치시킴으로써 건강을 유지하고 생명의 참된 모습을 깨닫고자 하는 수련법.

4. 한국문화 속의 도교

한국문화 속에는 도교의 영향을 받은 예술작품이 많이 남아 있다. 자연과의 합일(合一)을 지향한 도교사상은 예술에 있어서는 자연미(自然美)로, 일상적인 삶에서는 자연에서 이상향을 추구하는 방식으로 표출되었다.

조선 초기의 대표적인 화가인 안견(安堅, 생몰 연대 미상)이 그린 〈몽유도원도(夢遊桃園圖)〉에는 자연의 웅장함과 신선이 살 것 같은 환상적인 산수(山水)가 아름답게 형상화되어 있다. 이 그림 속의 세계를 보면 동양적 이상향인 무릉도원(武陵桃源)을 저절로 떠올리게 된다. 무릉도원은 신선이 살았다는 전설적인 곳으로 이 세상과는 다른 세계를 말한다. 안견이 무릉도원을 떠올리게 하는 이상 세계를 작품에 담아낸 것은 도교

안견의 〈몽유도원도〉

허균(許筠, 1569년~1618년)
조선 중기의 문신이자 작가. 당시 사회제도의 모순과 정치적 부패상을 비판하고 이에 대한 개혁방안을 제시하는 등 실천적인 삶을 살았다.

홍길동전(洪吉童傳)
허균이 지은 한국 최초의 한글 소설. 《홍길동전》은 본처가 낳은 아들과 첩이 낳은 아들을 차별하는 사회제도의 문제점을 폭로하고 부패한 정치를 개혁하고자 하는 의지를 표현한 소설이다.

율도국
허균의 소설 《홍길동전》에 나오는 이상적인 국가를 말한다. 소설의 주인공 홍길동은 부패한 양반들이 모은 재물을 도둑질하여 가난한 양민에게 나누어 주다가, 율도국이라는 이상적 왕국을 건설한다.

의 신선사상으로부터 영향을 받은 것으로 볼 수 있다. 또 최초의 한글 소설인 허균의 《홍길동전(洪吉童傳)》에도 '율도국'이라는 도교적인 이상향이 그려져 있다. 이처럼 한국의 미술 작품과 문학 작품은 도교사상의 영향을 많이 받았다.

오늘날 도교는 새롭게 주목받고 있는데, 한국인들이 즐기는 심신수련법(心身修練法)인 기공(氣功)이나 단학(丹學), 그리고 기과학(氣科學) 등은 병에 걸리지 않도록 건강을 관리하는 도교의 양생법에 그 기원을 두고 있다. 몸속에 흐르는 기(氣)의 흐름을 자연의 순환에 맞추어 건강을 회복하려는 도교적인 수련법은 바쁜 일상에 찌든 한국인들에게 많은 사랑을 받고 있다.

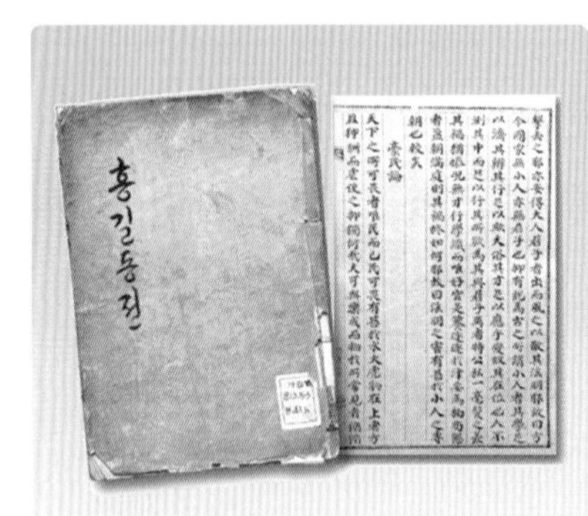

허균의 《홍길동전》

단전호흡하는 모습

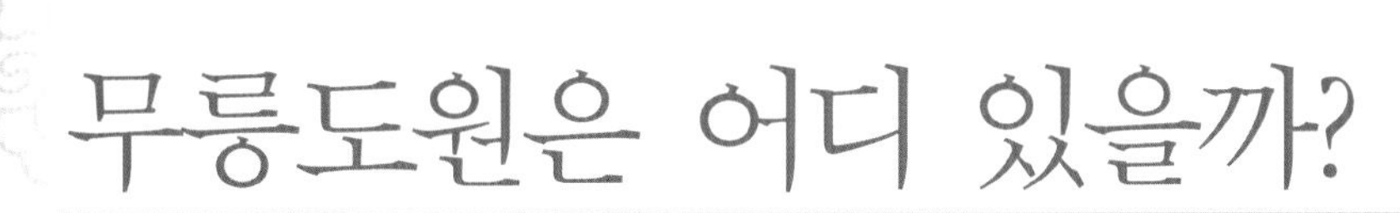

무릉도원은 어디 있을까?

중국의 시인 도연명(陶淵明, 365년~427년)이 쓴 《도화원기(桃花源記)》라는 책에는 복숭아꽃이 아름답게 피어 있는 이상적인 마을이 그려져 있다. 이곳은 동양에서 하나의 이상향으로 기억되고 있는데, 흔히 무릉도원(武陵桃源)이라 불린다. 《도화원기》의 내용을 간략하게 살펴보면 다음과 같다.

어느 날 한 어부가 고기를 잡기 위해 강을 거슬러 올라가다 물 위로 복숭아 꽃잎이 떠내려 오는 것을 보았다. 그 향기에 취해 꽃잎을 따라가다 큰 산에 도착했는데, 이 산의 양쪽으로 복숭아꽃이 만발하였다. 길가에는 복숭아나무에 복숭아꽃이 피어 있고, 자세히 보니 계곡 밑으로 작은 동굴이 하나 뚫려 있었다. 그 동굴은 안으로 들어갈수록 조금씩 넓어지더니, 한참을 들어가니 갑자기 확 트인 밝은 세상이 나타났다. 그곳에는 이 세상 어느 곳에서도 볼 수 없는 아름다운 풍경이 펼쳐져 있었다. 이때 놀란 어부에게 사람들이 다가왔다. 그들은 이 세상 사람들과는 다른 옷을 입고 있었으며, 얼굴에 모두 미소를 띠고 있었다. 어부가 그들에게 궁금한 것을 묻자, 그들은 이렇게 대답했다.

"우리 조상들이 진(秦)나라 때 난리를 피해 이곳으로 온 이후로 우리는 한 번도 이곳을 떠난 적이 없습니다. 지금이 어떤 세상입니까?" 어부는 그들의 궁금증을 풀어주고 좋은 대접을 받으며 그곳에서 며칠간을 머물렀다. 어부가 그곳을 떠나려 하자 그들은 어부에게 부탁을 하였다. "우리 마을 이야기는 다른 사람에게 하지 말아 주십시오."

그러나 어부는 너무 신기한 나머지 길목마다 표시를 하고 돌아와서는 즉시 마을의 높은 관리에게 이 사실을 알렸다. 어부의 말을 들은 마을의 관리는 이상하게 여겨, 아랫사람을 시켜 그곳을 찾으려 했으나 표시해 놓은 것이 모두 없어져 찾을 수 없었다. 이후로 사람들은 그곳을 찾으려 하지 않았고 무릉도원은 이야기로만 전해졌다.

제11장

기독교사상과 한국문화

1. 한국 기독교의 역사
2. 한국 기독교의 특징
3. 한국 기독교의 대표적 인물
4. 한국 기독교의 대표적인 의식과 문화

1645년	■ 소현세자, 가톨릭교 관련 서양서적 수입
1784년	■ 이승훈, 천주교 세례 받음
1786년	■ 천주교 금지령 발표
1791년	■ 천주교 박해 사건
1831년	■ 천주교 조선교구 설치
1846년	■ 김대건 신부 순교
1866년	■ 천주교 탄압(프랑스 신부 등 9명 희생)
1885년	■ 광혜원 개원 ■ 배재학당 설립
1886년	■ 이화학당 설립 ■ 육영공원 설립
1897년	■ 평양 숭실학교 설립
1898년	■ 명동성당 설립
1904년	■ 세브란스 병원 설립
1908년	■ 구세군 선교 시작
1915년	■ 연희전문학교 설립
1945년	■ 베다나 전도교회 설립 (1945년 영락교회로 개칭)
1958년	■ 여의도 순복음교회 설립

1. 한국 기독교의 역사

한국에 기독교(基督教, Christianity)가 처음 소개된 것은 17세기 초이지만 종교로서 유입된 시기는 18세기 후반이다. 기독교는 예수를 세상을 구원할 구세주(救世主, messiah)로 믿으며 그의 가르침을 따르는 종교로, 크게 로마 가톨릭교 · 동방 정교회 · 개신교로 나누어진다. 이 가운데 한국에 들어온 것은 로마 가톨릭교와 개신교이다. 한국에서 로마 가톨릭교는 천주교(天主教, Catholicism)라고 부르며, 개신교(改新教, Protestantism)는 기독교라고 부르는 것이 일반적이다. 한국의 기독교는 18세기에 먼저 천주교가 전래되었고, 19세기에는 개신교가 전래되어 오늘날까지 꾸준히 교세(教勢)를 확장하고 있다.

이승훈

한국의 천주교는 18세기 후반에 조선의 학자인 이승훈(李承薰, 1756년~1801년)이 중국의 북경에서 천주교 의식인 세례(洗禮)를 받고 한국으로 돌아와 천주교를 널리 알리면서 유입되었다. 조선은 유교 국가였기 때문에 이질적인 사상을 가진 천주교에 대하여 약 100년 동안 종교적 탄압을 하였다. 처음 천주교가 들어왔을 때에는 몰락한 사대부(士大夫)나 사회적으로 높은 지위에 오르기 어려운 신분에 있는 서자(庶子) 출신의 양

한국사 로그인

천주교 박해사건

천주교가 전파되기 시작한 시기의 한국은 철저한 신분제사회로, 중국 이외의 나라를 오랑캐라 부르며 다른 나라와의 통상과 교역을 금지하는 쇄국정책(鎖國政策)을 펴고 있었다. 이러한 사회 분위기 속에서 인간의 평등을 주장하고 유일신만을 믿는 천주교는, 당시 한국 사회의 지배층에게는 받아들여지기 어려운 종교였다. 따라서 천주교는 당시 통치자들로부터 심한 박해를 받아야 했다. 하지만 모진 박해를 견디면서 한국의 천주교는 그 교세를 점차 확대해 오늘날에 이르렀다. 조선시대의 대표적인 천주교 박해사건으로는 신유박해, 기해박해, 병오박해, 병인박해가 있다.

신유박해(1801년)는 순조(純祖, 1790년~1834년) 때 일어난 천주교 박해사건으로 정약종, 이승훈, 주문모 등이 순교하고 정약용, 정약전이 유배당하는 아픔을 겪어야 했다.

기해박해(1839년)는 헌종(憲宗, 1827년~1849년) 때 일어난 두 번째 천주교 박해사건으로 프랑스 신부 샤스탕, 앙베르, 모오방 주교가 순교하였다. 당

반들, 그리고 사회적으로 차별받는 여성이나 노비(奴婢)들이 주로 믿었다. 이들은 신분을 차별하지 않는 천주교의 사상에 깊이 감명 받아 이를 적극적으로 수용한 것이다. 한국인들이 천주교를 자발적으로 받아들인 것은 한국의 전근대사회가 가진 사회적 모순을 비판하고 이를 극복하고자 한 의지가 있었기 때문이다.

19세기 외국 선교사의 선교활동 사진

한국의 개신교는 19세기 말에 미국과 캐나다 등에서 온 선교사들에 의해 전래되었다. 이들 선교사들은 의료사업과 교육사업을 중심으로 활동하면서 한국이 근대문명을 수용하는 데 큰 영향을 끼쳤다. 특히 일제강점기에는 기독교 계열의 많은 인사들이 한국의 독립운동과 계몽운동에 적극 참여하기도 하였다. 해방 이후, 한국의 개신교는 한국의 정치인들 가운데 이를 믿는 인사들이 많아지면서 교세를 더욱 확장해 나갔다. 특히 한국전쟁(韓國戰爭, 1950년~1953년)으로 인해 남한으로 내려온 북한의 개신교도들은 남한에 많은 교회(教會, church)를 세웠다. 왜냐하면 이들에게 교회는 고향을 상실한 자신들의 고통과 아픔을 치유하는 공간이었기 때문이다. 또한

한국사 로그인

천주교 박해사건

시 정부에서는 서양의 세력을 막고자 서양학문을 사악한 학문으로 보았고, 한 집에서 천주교 신자가 나오면 이웃의 네 집도 함께 처벌해 백성들이 서로 감시하도록 하였다.

병오박해(1846년)는 헌종 때 일어난 사건으로 외국 선교사들이 안전하게 입국할 비밀 항로를 개척하다가 불법적으로 서양 선박을 국내로 불러들였다는 죄로, 한국 최초의 천주교 사제인 김대건 신부 등 천주교 신도 9명이 처형당한 사건이다.

병인박해(1866년)는 조선 말기 흥선대원군(興宣大院君, 1820년~1898년)이 집권한 시기에 일어난 사건으로 가장 많은 희생자를 낳은 박해사건이다. 이 박해사건으로 프랑스 선교사 12명 중 9명이 학살당하고 한국인 신도 8천 명이 죽었다. 그리고 이때 탈출에 성공한 리델 신부가 중국 톈진(天津)에 있는 프랑스 해군사령관 로즈 제독에게 이 사실을 알림으로써 같은 해에 프랑스 함대가 강화도에 침입한 병인양요(丙寅洋擾)가 일어나게 되었다.

구호물자(救護物資)
자연재해나 전쟁 등의 재난으로 인해 어려움에 처한 사람을 돕고 보호하기 위해 마련한 물질적 지원.

전쟁 이후 한국인들은 다른 개신교 국가에서 대량의 구호물자(救護物資)를 제공받아 전쟁으로 삶의 터전을 잃은 슬픔을 극복하고, 물질적 · 정신적 안정을 찾는 데 도움을 받았다. 이 시기부터 한국 개신교는 빠른 속도로 교세를 확장하며 한국의 인권문제 해결과 군부독재에 저항하는 민주화운동을 적극적으로 도왔다.

대형 교회 전경

1980년대 이후 한국 개신교는 교단이 중심이 되기보다는 대형화된 교회가 중심이 되어 발전해 가고 있다. 산업화와 함께 급성장한 개신교는 오늘날 전 세계 개신교 국가가 놀랄 정도로 빠른 성장을 보이며 한국적 토착화에 성공하면서 한국의 대표적인 종교가 되고 있다.

2. 한국 기독교의 특징

오늘날 한국에서는 어디를 가나 십자가(十字架, The Cross)를 볼 수 있을 정도로 기독교가 널리 교세를 떨치고 있다. 그렇다면 이러한 한국 기독교의 특징은 무엇일까?

첫째, 한국 기독교는 근대적인 가치와 문명을 한국에 소개하면서 한국의 근대화를 이끈 대표적인 종교이다. 지난 백 년 동안 한국 기독교는 인간의 존엄함과 남녀가 평등하다는 사실을 한국인들에게 심어주어, 한국인이 전통적인 계급사회에서 벗어날 수 있도록 정신적인 자극을 주었다. 또한 학교와 병원을 세워 한국인들에게 근대적인 문명의 혜택을 받을 수 있도록 하였다. 따라서 한국 사회에서 기독교는 근대문화를 전파한 대표적인 종교라고 할 수 있다. 이러한 사회적 공로로 인해 한국 기독교는 세계 기독교사에서 손꼽힐 정도로 빠르게 교세를 확장해 나갈 수 있었다.

제중원(濟衆院)
1885년 조선의 제26대 왕 고종(高宗, 1852년~1919년)이 미국의 선교사이자 의사인 알렌(Allen, Herace Newton, 1858년~1932년)의 건의로 설립한 한국 최초의 근대식 국립 병원.

명동성당
1898년 서울의 중구 명동에 세워진 한국 천주교의 대표적인 교회당 건물.

둘째, 한국 기독교는 한국의 민주화운동과 깊은 연관성을 갖고 있다. 한국인이라면 누구나 '명동성당'이 한국 민주화운동의 상징적 공간이라는 사실을 기억한다. 1960년대부터 1980년대까지 한국에서 활발하게 일어난 민주화운동은 한국 기독교의 적극적인 지원을 받으며 진행되었다. 즉 한국 기독교는 현실적인 사회 문제에 적극적으로 개입하면서 종교의 사회적 실천을 중요하게 생각하는 종교라는 특징이 있다.

명동성당

셋째, 오늘날 한국 개신교는 대형화된 교회를 중심으로 발전하는 특징을 보인다. 한국 개신교가 이처럼 대형화될 수 있었던 이유는 한국적인 공동체의식과 기독교가 결합되면서 조직적인 형태를 갖게 되었기 때문이다. 그러나 한국 개신교가 종교의 기본적인 자세를 망각한 채, 지나치게 큰 교회를 짓거나 부(富)를 축적(蓄積)하는 일을 하고 있다는 비판도

한국사 로그인

이화학당을 세운 스크랜튼 여사

조선 왕조가 서서히 몰락해 가던 구한말에는 서양에서 많은 선교사들이 한국으로 와 기독교를 전파하였다. 이들은 주로 근대적인 학교나 병원을 설립하여 한국인에게 교육과 의료의 혜택을 주며 기독교를 선교하였다. 이들 가운데 대표적인 인물이 스크랜튼(Mary Fletcher Benton Scranton, 1832년~1909년) 여사이다. 그녀는 한국의 대표적인 여자대학인 이화여대가 된 이화학당(梨花學堂, 1886년 창설)을 세운 설립자이다.

스크랜튼 여사는 그녀가 52세 되던 해인 1884년에 미국의 선교사로 아들 내외와 함께 한국에 왔다. 얼마 후 자신의 집에서 학생들을 가르치기 시작하였는데, 처음에 이 학당에 온 학생들은 가난하고 소외된 여성들이었다. 점차 학생 수가 늘어나자 정부에서 '이화학당'이라는 학교 이름을 지어주었다. 기독교를 통해 더 나은 한국인을 양성하는 것을 목표로 한 이화학당은 근대 한국 여성 교육의 선구자적 역할을 하였다. 그녀의 아들 윌리엄 스크랜튼(William B. Scranton, 1856년~1922년)은 예일대학과 뉴욕 의과대학을 졸업한 인재로 미국 클리블랜드에서 병원을 개업해 편안한 삶을 살던 중 그의 어머니의 영향을 받아 한국에 선교사로 왔다. 그는 한국에서 의료 봉사활동을 하며 병원과 교회를 설립하였다. 이처럼 근대 초에 한국에서 활동한 많은 외국인 선교사들은 한국의 교육과 의료 발전에 큰 영향을 끼쳤다.

적지 않다.

3. 한국 기독교의 대표적 인물

김수환

문익환

한경직

목회자(牧會者)
교회에서 설교를 하거나 그 교회에 다니는 사람들의 신앙생활을 지도하는 성직자.

순위	교회명
1위	여의도순복음교회(한국)
⋮	⋮
7위	남부순복음교회(한국)
8위	은혜와진리교회(한국)
⋮	⋮
12위	영락교회(한국)
⋮	⋮
15위	숭의교회(한국)

세계 대형 교회 순위 (교인 수 기준)

한국 기독교의 대표적 인물로는 김수환 추기경(金壽煥, 1922년~2009년), 문익환 목사(文益煥, 1918년~1994년), 한경직 목사(韓景職, 1902년~2000년) 등을 꼽을 수 있다.

김수환은 해방 이후 한국 천주교를 대표하는 사제(司祭, priest)로 동양 최초로 가장 높은 성직인 추기경(樞機卿, cardinal)이 되었다. 그는 군사독재 정권이 통치하던 시절에 인간의 존엄과 양심을 지키기 위해 싸우는 많은 민주인사들을 적극적으로 도왔다. 특히 그는 종교의 사회적 의미를 다하고자 '명동성당'을 민주화 투쟁의 장으로 시민들에게 개방하였다. 또한 그는 항상 겸손한 자세로 고통 받는 이들과 함께 함으로써 진실한 종교인의 자세를 보여준 대표적인 성직자이다. 그가 보인 성직자로서의 태도는 한국 천주교가 지닌 종교적 포용력으로 해석되면서 많은 한국인들의 존경을 받고 있다.

문익환은 진보적 성향의 한국 개신교를 대표하는 목사로, 독재정권하에서 민주화운동과 통일운동을 이끈 대표적인 민주인사이다. 특히 그는 남한과 북한으로 나누어진 한반도의 평화적인 통일을 위해 1989년 북한을 방문하여 평화통일의 방향을 제시하기도 하였다. 그는 통일운동과 민주화운동에 앞장서면서 여러 차례 감옥에 갇히기도 하였다. 이처럼 문익환은 목회자의 길을 걸으면서 동시에 분단체제 극복과 한민족의 통일을 위해 평생을 바침으로써 많은 한국인의 존경을 받고 있다.

한경직은 한국 개신교를 이끈 대표적인 목사로, 한국 개신교의 대표적인 교회인 '영락교회'를 세우고 목사로 활동하며 교육과 복지 분야에

근대 초기에 기독교에서 설립한 학교

서 활발한 사회활동을 하였다. 1992년에는 종교 분야의 노벨상(Nobel Prize)으로 일컬어지는 템플턴상(The Templeton Prize)을 받아, 한국 개신교를 훌륭하게 이끈 지도자로 세계인의 주목을 받기도 하였다.

4. 한국 기독교의 대표적인 의식과 문화

구세군과 자선냄비

한국 기독교의 대표적인 행사 및 문화로는 성탄절(聖誕節, Christmas), 여름성경학교, 십일조(十一租, tithe) 등을 꼽을 수 있다.

성탄절은 예수의 탄생을 축하하는 날로 세계적인 경축일의 하나이다. 한국에서는 12월 25일인 성탄절이 공식적인 휴일이며, 이 날이 가까워오면 길거리에서 구세군(救世軍, Salvation Army)이 자선냄비를 걸어두고 불우이웃을 돕기 위한 모금활동을 하는 모습을 볼 수 있다. 또한 전국의 성당과 교회에서는 성탄절 전날 저녁인 크리스마스 이브(Christmas Eve)에 예수가 제자들과 함께 열었던 최후의 만찬을 기념하는 제사의식인 성탄 미사(Mass)와 예배를 거행한다.

성탄절(聖誕節)
12월 25일로, 예수 그리스도의 탄생을 기념하는 날.

구세군(救世軍)
1865년에 영국에서 창시된 기독교 교파의 하나로, 군대식의 조직을 갖고 있다. 구세군은 하나님의 말씀을 전파하는 전도와 사회에서 소외된 계층을 돌보는 봉사활동을 중요하게 생각한다.

여름성경학교(vacation bible school)는 여름방학의 짧은 기간 동안 교회에서 기독교 교리를 교육하는 학교를 말한다. 1922년에 정동교회에서 처음으로 시작한 여름성경학교는 해방 이후 한국 기독교를 대표하는 행사로 자리잡고 있다. 이 행사는 방학 기간을 이용하여 학생들에게 기독교를 집중적으로 알리는 기회를 제공하고 있다.

십일조(十一租)는 기독교 신자가 수입의 10분의 1을 교회에 바치는 것을 말한다. 이 의식은 유태인(猶太人, Jew)의 종교인 유대교(Judaism)에서 교인에게 수입의 10분의 1을 야훼(Yahweh)께 바칠 것을 의무화한 구약성서(舊約聖書)의 율법(律法)에서 비롯하였다. 오늘날 십일조는 대부분의 나라에서 폐지되었지만 한국의 기독교에서는 여전히 지켜지는 헌금문화이다.

율법(律法)

신(神)의 이름과 권위를 빌어 종교적 · 사회적 · 도덕적 생활과 행동의 기준을 정한 규범. 기독교에서는 하나님이 예언자인 모세를 통해 이스라엘 민족과 맺은 언약을 가리킨다.

안중근 의사 이야기

안중근

한국인들은 의로운 일을 하다 죽음을 맞이한 사람에게 의사(義士)라는 칭호를, 나라를 위해 충성을 다해 싸우다 죽음을 맞이한 사람에게 열사(烈士)라는 칭호를 붙여준다. 일본의 식민통치 시기에는 일본에 저항한 많은 한국인 의사와 열사가 있었다. 안중근 의사(安重根, 1879년~1910년), 윤봉길 의사(尹奉吉, 1908년~1932년), 유관순 열사(柳寬順, 1902년~1920년) 등은 이 시기에 유명한 의사와 열사이다. 이 가운데 안중근 의사는 기독교 사상에 영향을 받아 민족의식을 갖게 된 대표적인 인물이다.

안중근은 구한말에 황해도 해주에서 태어났다. 그의 아버지는 근대적인 신문물을 받아들여야 한다는 필요성을 인식하고 있었다. 안중근은 이러한 아버지의 영향으로 근대적 개화사상을 접하게 되었고, 천주교에 입교하여 '토마스'라는 세례명을 받았다. 안중근은 천주교의 수용을 통해 민족의식을 갖게 되었고 한국의 독립을 위해 일본에 대항하여 독립운동을 전개하였다. 1909년에 안중근은 만주의 하얼빈(哈爾濱)을 방문한 일본의 정치인 이토 히로부미(伊藤博文, 1841년~1909년)를 하얼빈 역에서 저격하였다. 이토 히로부미는 한국을 일본의 식민지로 만드는 데 앞장선 인물로, 당시 한국인에게 원수와 같은 인물이었다. 안중근은 이토 히로부미를 사살한 후, 그를 죽인 이유를 다음과 같이 밝혔다.

재판장 : 그대가 믿는 천주교에서도 사람을 죽이는 것은 죄악이 아닌가?
안중근 : 그렇다.
재판장 : 그렇다면 종교적 윤리를 어긴 행위를 한 것이 아닌가?
안중근 : 《성서》에도 사람을 죽이는 것은 죄악이라고 했다. 그러나 남의 나라를 빼앗

고 사람의 생명을 함부로 죽이는 자가 있는데도 모른 체하는 것은 더 큰 죄악이므로 나는 그 죄악을 제거한 것뿐이다.

1910년 2월 14일 안중근은 사형 선고를 받고 중국의 감옥에서 죽었다. 그는 죽음을 앞두고 동생에게 "우리나라가 독립하기 전에는 고향에서 장례를 지내지 말라. …… 대한독립의 소리가 천국에 들려오면 나는 마땅히 춤을 추며 만세를 부를 것이다."라고 유언하였다.

제 12 장

민간신앙과 한국문화

1. 한국 민간신앙의 역사
2. 한국 민간신앙의 주요 사상
3. 한국 민간신앙의 대표적인 의례
4. 현대 한국문화 속의 민간신앙

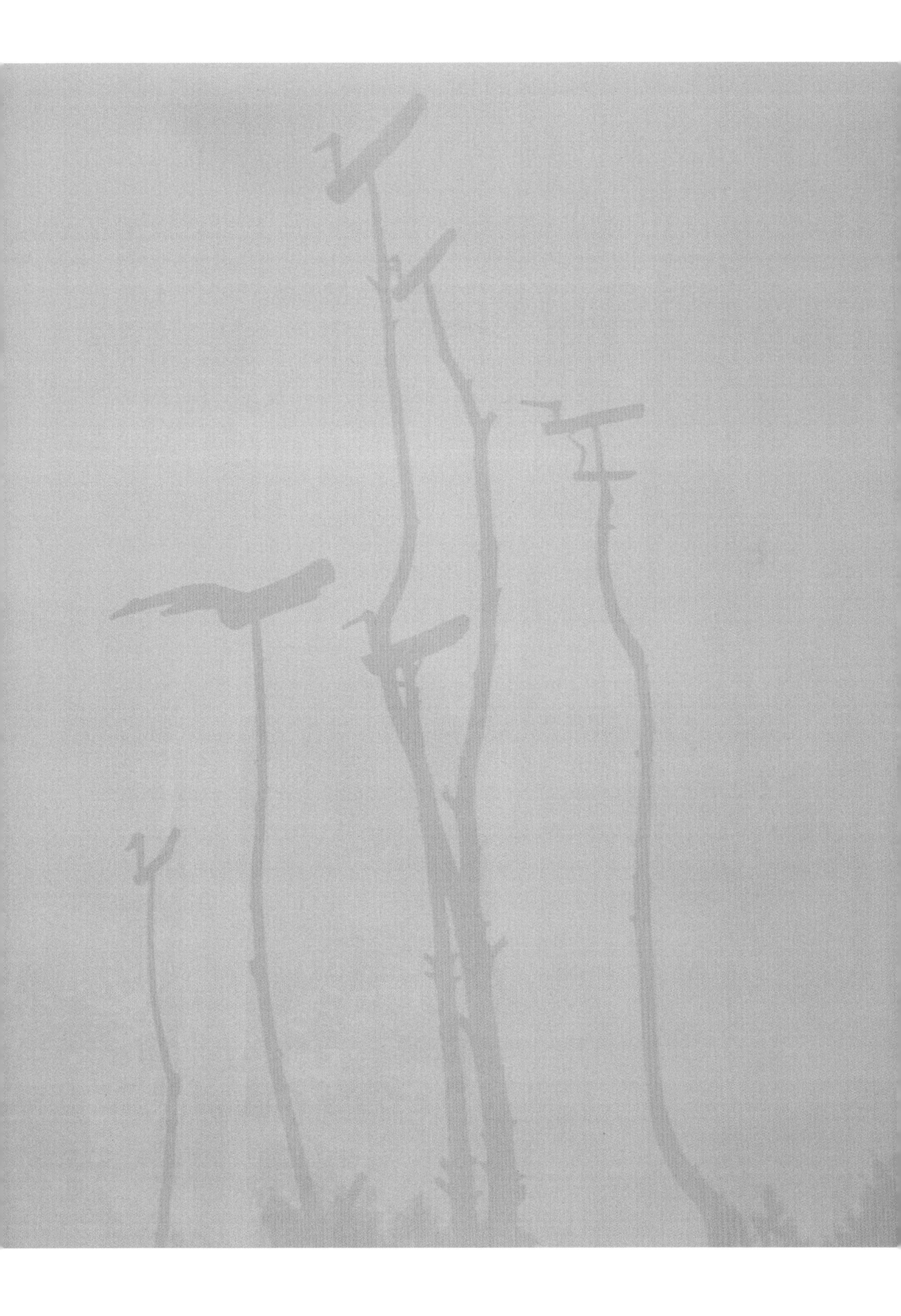

1. 한국 민간신앙의 역사

민간신앙(民間信仰, Folk-beliefs)이란 민간에서 예로부터 전해져 내려오는 신앙으로, 신앙체계를 만든 교조(敎祖)나 종교적인 원리인 교리(敎理)가 없을 뿐만 아니라 종교적인 조직도 제대로 갖추어져 있지 않은 신앙의 형태를 말한다. 한국의 대표적인 민간신앙으로는 무속신앙(巫俗信仰)·점복예언(占卜豫言)·풍수지리(風水地理) 등을 꼽을 수 있다. 이들 민간신앙은 오랜 시간에 걸쳐 한국인들이 믿어온 자연신앙으로서, 한국문화의 원형(原型)을 간직하고 있다.

무속신앙이란 인간과 신의 중간에서 이 둘을 연결해 주는 사람인 무당이 신의 힘을 빌려 액(厄)을 없애고 복(福)을 기원하는 신앙을 말한다. 4세기경에 유교와 불교가 한반도에 들어오기 훨씬 전부터 한국의 무속신앙은 독특한 문화를 형성하며 존재하고 있었다. 일반적으로 샤머니즘(Shamanism)이라고 불리는 이 신앙은 한국만의 고유한 신앙은 아니며, 한국을 포함하여 동북아시아 일대에 광범위하게 퍼져 있었던 공통된 원시종교(原始宗敎)였다. 이러한 원시종교가 한반도에 들어온 외래종교(外來宗敎)와 결합하면서 한국적인 고유성을 갖추게 되었다.

점복예언은 흔히 '점'이라 부르는데, 인간의 알 수 없는 미래를 주술에 의지하여 예언하는 행위를 말한다. 이 신앙은 한편으로는 인간의 운명이란 이미 정해져 있다는 숙명론적 믿음에 기대고 있지만, 다른 한편으로는 미래에 대해 미리 알면 이를 대비할 수 있다는 믿음에 기대고 있다. 한국인들은 오늘날에도 자식을 결혼시키거나 중요한 시험을 치를 때면 점집을 찾아가 점을 보곤 한다.

풍수지리는 인간의 거주지 혹은 죽은 사람의 묏자리 주변의 자연환경이 갖는 모양이나 형세가 인간의 운명에 영향을 미칠 수 있다고 믿는 신앙이다. 따라서 한국인들은 주택이나 묘지의 터를 잡을 때 좋은 자리를 잡아야 복을 받을 수 있다고 생각하곤 한다. 오늘날에도 한국인들은 집을 사거나 묘지를 마련할 때, 좋은 터에 있는 명당자리를 찾기도 한다. 이는 자신과 후손에게 복을 주는 기운이 이 명당자리에 있다고 생각하기 때문이다.

액(厄)
모질고 사나운 운수.

복(福)
삶에서 누리는 좋고 만족스러운 행운. 또는 거기서 얻는 행복.

숙명론(宿命論)
모든 일은 미리 정해진 길이 있기 때문에 인간의 의지와 노력으로 바꿀 수 없다는 이론이다. 운명론이라고도 한다.

명당자리
풍수지리에서 후손에게 장차 좋은 일이 많이 생기게 된다는 묏자리나 집터를 일컫는 말.

이러한 한국 민간신앙의 역사적 변천과정을 살펴보면 다음과 같다. 민간신앙은 인류의 원시신앙이 보여주는 일반적인 형태이기 때문에 한국역사가 시작될 때부터 존재하고 있었다. 한국의 건국신화인 〈단군신화〉의 단군이 무당이었다는 주장이 있을 정도로 민간신앙은 오랜 역사를 갖고 있다. 기록에 따르면, 삼국시대에는 무당이 굿을 하거나 사람의 운(運)이 좋고 나쁨을 점치기도 하였다. 또한 고려를 건국한 태조(太祖) 왕건(王建, 877년~943년)이 나라를 세울 때, 풍수지리와 점복을 중시했다는 이야기가 전해지고 있다. 조선시대에는 점복을 맡아서 하는 관상감(觀象監)이라는 관청을 둘 정도로 점복예언이 중요한 사상으로 인정받기도 하였다.

그러나 이러한 민간신앙은 새로운 종교가 들어오면서 점점 미신으로 생각되어 억압과 탄압의 대상이 되었다. 고려시대에는 불교가 국교가 되자 무속에 대한 탄압이 있었고, 조선시대에는 유교가 국가를 운영하는 중심 사상이 되면서 무속·점·풍수지리에 대한 신앙을 점점 미신으로 생각하였다. 근대에 접어들어 서구적 근대문명이 유입되자 미신타파운동이 전개되면서 민간신앙은 점차 힘이 약화되어 갔다. 하지만 한국인의 생활에 녹아있는 민간신앙은 그 의식이 조금씩 변형되면서도 강한 생명력을 가지고 전해져 내려와 오늘날까지 한국의 세시풍속이나 생활풍습에 많은 영향을 끼치고 있다.

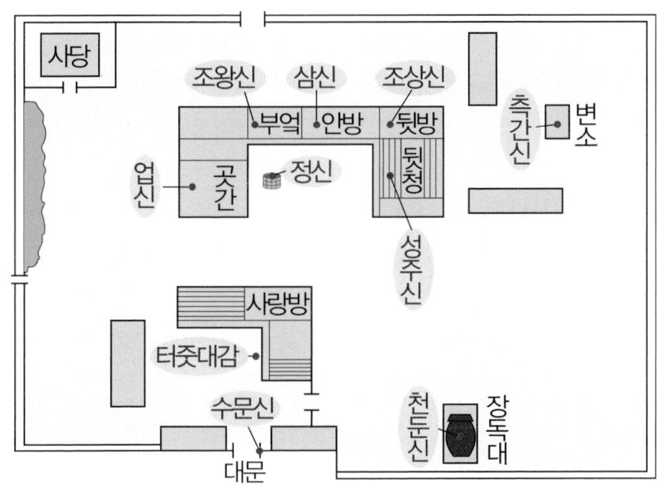

가택신앙

운(運)
인간의 힘으로는 바꿀 수 없는 하늘이 정한 운명.

미신(迷信)
비과학적이고 비합리적인 맹목적 믿음.

장승

세시풍속(歲時風俗)
계절에 따라 관습적으로 반복되는 생활풍속.

터줏대감
민간신앙에서 집터를 지키는 지신(地神)을 높여 부르는 말. 일반적으로는 집단의 구성원 가운데 가장 오래된 사람을 이르는 말이다.

조왕신
부엌에 있으면서 모든 길흉을 판단하는 신.

성주신
집을 다스리는 신.

삼신
아기를 갖게 해주고 산모와 아기를 돌보는 신.

2. 한국 민간신앙의 주요 사상

한국 민간신앙 속에 흐르는 기본 사상은, 자연에 신이 깃들어 있다고 생각하여 자연을 신성하게 생각하는 자연관(自然觀)과 인간의 영혼이 영원하다는 영혼관(靈魂觀)으로 나누어 살펴볼 수 있다.

한국적인 종교의 기초가 되는 민간신앙에 따르면, 세상에 존재하는 천지만물(天地萬物)은 모두 하나로 연결되어 있다. 또한 민간신앙에서는 산이나 강, 동물과 식물에도 신이 산다고 생각하여 다양한 신을 인정하고 이를 숭배한다. 이러한 생각 때문에 한국인들은 아무리 하찮은 것이라도 함부로 다루지 않고 살아있는 것을 존중하는 경향이 있다. 또한 풍수지리 사상에서는 자연을 살아 숨 쉬는 생명체로 인식한다. 인간의 몸 속에 피가 흐르는 것처럼 자연도 그 속에 기운이 흐르고 있다고 보기 때문에, 한국인들은 자연의 기운과 인간의 기운이 잘 소통할 수 있도록 해

천지만물(天地萬物)
하늘과 땅 사이에 존재하는 세상의 온갖 사물과 현상.

한국사 로그인
관상

관상(觀相)은 사람의 얼굴 모양, 눈 모양, 코 모양 등 사람의 생김새를 보고 그 사람의 성격이나 운명 따위를 판단하는 일을 말한다. 예부터 한국인들은 관상을 통해 사람의 운명을 점치는 일을 즐겼다. 관상에서 가장 중요하게 여기는 것은 눈이다. '눈은 마음의 창'이라는 말이 있듯이, 눈을 통해 그 사람의 성격을 판단한다. 예컨대 눈이 너무 크면 겁이 많고, 눈이 위로 올라간 사람은 성격이 별로 좋지 않다고 여겼다.

또한 코는 관상에서 돈과 관련된 모든 운세를 판단하는 대상이다. 코의 크기가 크면 재산이 많다고 보았고, 콧구멍은 자신의 금전과 재물을 지켜주는 것으로 보았다. 그래서 코가 아무리 크고 예뻐도 콧구멍이 보이면 재산을 지키기 어렵다고 보았다. 이 외에도 이마가 넓은 사람은 마음이 착하고 넓으며, 귀가 큰 사람은 오래 산다고 하였다. 눈, 코, 귀, 입 등의 생김새, 얼굴 모양, 손금의 모양 등을 통해 사람의 운명을 점쳐보는 관상은, 오늘날에도 한국인이 사람의 운명을 점쳐보는 근거가 되곤 한다. 한국어에서 '인상이 좋다'나 '인상이 나쁘다'라는 표현과 '복이 있는 얼굴'이나 '복 없는 상' 등의 표현은 모두 관상을 중요하게 생각하는 한국문화를 보여주는 예이다.

야 한다고 생각한다. 과학이 발달한 오늘날에는 이러한 자연관은 점차 사라지고 있지만, 자연을 사랑하고 자연의 질서에 따르려는 경향은 한국사상이 갖는 특징이 되어 오늘날까지 전해지고 있다.

한국의 민간신앙에는 인간의 육체는 죽어서 없어져도 영혼은 영원히 산다는 생각이 깔려 있다. 이러한 생각은 착한 마음을 갖고 옳은 행위를 하는 사람에게 행복이 찾아온다는 믿음이 되어 한국윤리의 기본적 인식이 되었다. 영혼이란 말은 '혼'이나 '넋'이라고도 불리는데, 전통적으로 한국인들은 사람이 죽은 후에도 이 영혼은 살아있다고 믿어 왔다. 사람이 죽으면 저승이라는 곳으로 가는데, 그곳에 도착하면, 사람이 살아있을 때 잘한 일과 잘못한 일에 대해 심판을 받아 다음의 운명이 결정된다고 생각하였다. 이처럼 한국의 민간신앙에서는 생명이란 한번 태어나서 죽으면 끝나는 것이 아니라 되풀이하여 순환(循環)된다고 생각하는 경향이 강하다.

한국사 로그인

소도와 서낭단

고대 삼한에서는 매년 제단을 만들고 방울과 북을 단 큰 나무를 세워 산과 하늘에 제사를 올렸다. 여기에서 큰 나무는 신이 하늘에서 내려올 수 있게 하는 안내판 또는 신의 영역임을 표시하는 것으로, 이곳을 소도(蘇塗)라고 불렀다. 오늘날 민속신앙에서 사용하는 솟대가 삼한의 소도에 세우는 큰 나무에서 유래되었다는 설이 있다. 또한, 마을 공동체와 구성원의 안전을 위해 마을의 토지와 마을을 지켜주는 신(神)인 서낭신에게 단을 세워 제사를 지냈다. 이 단을 서낭단이라 부르는데, 보통 고갯마루나 마을 입구에 세워졌다. 사람들은 서낭단을 표시하기 위해 작은 돌을 무더기로 쌓고 나무에 헝겊들을 달아두었다. 예로부터 서낭신은 마을을 지켜주는 신이기 때문에 멀리 여행을 가거나 외부인들이 마을로 들어오기 전에 돌을 주워 서낭단에 던지거나 침을 뱉었다. 이를 통해 한국인들은 개인의 건강과 행운을 빌거나 마을로 악귀가 들어오지 않도록 기원하였다.

솟대

서낭당

3. 한국 민간신앙의 대표적인 의례

무당이 굿하는 모습

정월대보름 달집태우기

무속신앙에서 가장 중요한 제의는 굿이다. 평범한 인간의 눈에는 보이지 않는 신령(神靈)과 대화할 수 있는 능력을 가진 무당이 신에게 음식을 바치고 노래와 춤으로 소원을 비는 의식을 굿이라 한다. 무당은 죽은 이의 영혼을 위로하거나 병을 낫게 하고 복을 기원하려고 굿판을 벌인다. 전통사회에서는 굿이 집에서 자주 행해졌지만 오늘날에는 무당이 신령을 모시고 굿을 하는 곳인 굿당이 따로 있어서 그곳에서만 할 수 있다. 또 예전에 비해 오늘날에는 굿을 하는 사람도 크게 줄어들었다.

민간에서 널리 행해지는 굿의 하나로는 살풀이굿을 꼽을 수 있다. 살(煞)이란 사람을 해치거나 물건을 깨뜨리는 나쁜 기운을 말한다. 따라서 살풀이굿은 타고난 나쁜 기운을 없애기 위해 하는 굿을 말한다. 이러한 살풀이굿을 춤으로 만든 살풀이춤은 한국무용의 대표적인 춤으로 널리 알려져 있다.

점은 과거를 알아맞히거나 미래의 좋은 일과 나쁜 일을 미리 알아보는 것을 말한다. 흔히 '점을 보다' 혹은 '점을 치다'라고 말하는 점보기는 한국인들이 즐기는 신앙행위이다. 이러한 점치기와 관련한 세시풍속에는 달의 빛깔이나 모양 등을 보고 한 해의 농사를 점치는 달점치기나 윷으로 한 해의 운수를 점치는 윷점치기 등이 있다. 오늘날 점보기는 불안한 현대인들에게 정신적 위로를 주는 일종의 심리상담 같은 역할을 한다.

풍수지리 혹은 풍수란 땅의 기운이 인간의 길흉화복(吉凶禍福)에 영향을 준다는 믿음과 행위를 말한다. 이는 하늘과 땅의 기운을 잘 아는 사람이 주택이나 묘지 등으로 쓰일 좋은 터를 잡기 위해 방위(方位)나 지형(地形) 등을 보는 의식이다.

오늘날에는 아파트와 공원묘지가 일반화되어 풍수를 보는 일이 많

무당
인간과 신을 연결해 주는 사람으로, 굿을 통하여 신에게 인간의 복(福)을 기원함.

달집태우기
음력 정월 대보름날에 달집을 태우며 한 해 농사의 풍요를 기원하고 나쁜 귀신을 내쫓는 세시풍속.

길흉화복(吉凶禍福)
운이 좋고 나쁨, 그리고 재앙과 행운.

지는 않다. 그러나 아직도 많은 한국인들은 좋은 기운이 흐르는 곳이 있다고 생각하고 있어, 풍수지리 사상은 한국인의 일상생활에 여전히 영향을 끼치고 있다.

4. 현대 한국문화 속의 민간신앙

현대 한국문화 속에 남아있는 전통적인 민간신앙의 예로는 고사(告祀) 지내기와 부적(符籍) 붙이기를 꼽을 수 있다. 고사란 주부가 중심이 되어 간단히 상을 차려 두고 집 안에 있는 신을 향해 소원을 비는 행위를 말한다. 제사가 유교문화의 의례라면 고사는 민간신앙의 대표적인 의례이다. 오늘날에는 주술적인 의미보다는 이사를 하거나 사무실을 여는 등 새로운 일을 시작할 때 사람들에게 이를 알리고 행운을 빌기 위해 고사를 지낸다.

부적(符籍)
잡귀를 쫓고 재앙을 물리치기 위하여 붉은색으로 글씨를 쓰거나 그림을 그린 종이.

부적은 무당이나 점쟁이 등이 종이에 글씨나 그림 등을 그려 액을 막

한국사 로그인
굿과 관련된 속담

굿이란 무속신앙에서 하는 제의로 무당이 음식을 차려 놓고 노래하고 춤추며 귀신에게 인간의 길흉화복을 조절해 달라고 비는 의식이다. 볼거리와 먹을거리가 부족했던 서민들에게 굿판이 벌어지는 날은 마을의 잔칫날과 같았다. 한국어에는 이러한 굿과 관련된 속담이 많다. '굿이나 보고 떡이나 먹는다.', '굿에 간 어미 기다리듯', '굿하고 싶어도 맏며느리 춤추는 꼴 보기 싫다.' 등이 있다.

'굿이나 보고 떡이나 먹는다.'라는 말은 굿판에서 구경하며 차려 놓은 떡이나 먹지 쓸데없이 잔소리하지 말라는 말로, 남의 일에 쓸데없는 간섭을 하지 말고 되어 가는 형편을 보고 있다가 자신의 이익이나 얻도록 하라는 말이다. 또 '굿에 간 어머니 기다리듯'이라는 말은 굿판을 구경 간 어머니가 떡을 얻어 가지고 올 것이므로 몹시 기다려진다는 의미에서, 어떠한 일을 몹시 기다릴 때 쓰는 속담이다. '굿하고 싶어도 맏며느리 춤추는 꼴 보기 싫다.'는 말은 무엇을 하려고 할 때에 미운 사람이 따라 나서서 기뻐하는 것이 보기 싫어, 하기를 꺼려하는 것을 비유적으로 이르는 말이다. 이처럼 한국문화에서 굿이 얼마나 중요한 의미를 가지는가 하는 점은 굿과 관련한 한국의 속담을 통해서도 알 수 있다.

부적

매달아 놓은 북어

주술(呪術)
주문을 외워 불행이나 재해를 막고 술수를 부리는 일 또는 그 술수.

흥(興)
재미나 즐거움을 일으키는 열정적인 감정.

아준다고 하는 주술적인 도구이다. 붉은색으로 글씨를 쓰거나 그림을 그린 종이를 가리키는 부적은 나쁜 기운을 막는다고 하여 가게나 선박 등에 붙이거나 몸에 지니고 다니기도 한다.

전통적인 민간신앙의 영향은 한국인의 말 속에서도 찾아볼 수 있다. 한국문화의 특징을 흔히 '신명의 문화'라고 한다. 여기에서 신명이라는 말은 무속에서 사용되는 말로, 무당이 신과 내통하여 신의 뜻을 전달하는 것을 '신명난다'라고 한다. 한국어의 '신명'이란, 무당에게 신이 내린 것과 같은 상태를 말하며, 어떤 일에 흥미나 열정이 생겨 기분이 좋을 때 주로 사용한다. 기분이 매우 좋을 때 한국인들은 '신난다' 혹은 '신명난다'라고 말한다. 이는 무속신앙의 영향이 한국어에 남아있는 대표적

고사상

인 예이다. 이러한 전통적인 민간신앙은 오늘날 많이 사라져가고 있지만, 민간신앙의 오랜 역사와 전통으로 인해 한국의 현대문화에도 다양한 형태로 영향을 미치고 있다.

김동리의 〈무녀도〉

일제강점기인 1936년에 발표된 김동리(金東里, 1913년~1995년)의 〈무녀도(巫女圖)〉는 한국의 무속신앙을 소설로 형상화한 작품으로 한국 근대 대표 소설 중 하나이다. 이 소설은 무당인 어머니와 기독교를 받아들인 아들 사이의 갈등이 불행한 결말로 치달아, 결국 어머니가 아들을 죽이고 자신도 굿을 하며 죽어간다는 끔찍한 이야기를 다루고 있다. 한국 소설사에서 샤머니즘과 기독교의 대립을 그린 대표적인 작품으로 평가받는 이 소설은, 한국의 전통신앙과 서구로부터 유입된 기독교신앙의 충돌을 통해 근대란 한국인에게 어떤 의미인가를 되묻고 있다. 소설의 줄거리를 자세히 들여다 보자.

경주 근처의 한 마을에 사는 모화는 무녀였다. 그녀는 세상 만물에 귀신이 있다고 믿으며 굿을 하여 생활하고 있었다. 그녀의 가족은 모두 네 명이었다. 남편은 해물장수를 하러 떠났고 무당의 아들이라는 사실이 싫었던 아들 욱이는 무작정 마을을 떠나 버렸다. 그래서 집에는 그녀와 딸 낭이만이 남아 외롭게 살아가고 있었다. 낭이는 귀머거리 소녀였다. 그러나 그녀는 그림을 매우 잘 그렸다. 낭이는 언제나 방에서 그림만 그렸다. 그러던 어느 날 오랫동안 소식이 없던 아들 욱이가 돌아왔다. 모화는 기뻐서 욱이를 안고 울었다. 하지만 아들 욱이가 예수교(기독교)에 귀의했다는 것을 알자 그녀는 매우 놀랐다. 그때부터 모화는 욱이에게 귀신이 붙었다고 생각하고 아들을 위해 귀신을 멀리할 수 있는 주문을 외우기 시작하였다. 하지만 욱이는 욱이대로 어머니에게 마귀가 붙었다고 걱정하였다. 욱이는 동생 낭이가 귀머거리가 된 것도 어머니에게 붙은 마귀 때문이라고 생각했다. 그는 하느님께 어머니와 누이를 구해 달라고 기도했다. 그는 잘 때도 성경책을 가슴에 품고 잤다.

어느 날 밤, 욱이는 잠결에 가슴이 허전함을 느껴 깨어보니 자신이 안고 있던 성경책이 없어졌다는 사실을 알게 되었다. 어머니는 주문을 외우며 욱이의 성경책을 부엌에서 불태우고 있었다. 그는 부엌으로 달려가 성경책을 뺏으려 하자 욱이의 머리 위로 식칼이 날아왔다. 모화의 눈에는 욱이가 예수 귀신으로 보였기 때문이다. 욱이는 세 곳에 칼을 맞고 쓰러졌다. 정신이 든 모화는 그때부터 집밖을 나가지 않고 아들을 간호하였다.

그 사이 이 마을에는 욱이의 요청으로 교회가 세워져 기독교가 전파되기 시작하였다. 그리고 기독교 신도들은 무속을 미신이라 욕하며 돌아다녔다. 이런 상황에서 병석에 누워 있던 욱이는 결국 죽고 말았다. 모화는 예수 귀신이 욱이를 잡아갔다고 생각하고 매일같이 귀신 쫓는 주문을 외웠다.

한 달 후, 모화는 물에 빠져 죽은 젊은 여인의 혼백을 건지는 굿을 맡게 되었다. 외아들을 잃고 기독교도로부터 비난을 받으며 살아가던 모화는, 다른 때보다 신명나게 굿판을 벌였다. 그날 그녀는 괴로운 세상을 떠나 신에게 귀의할 결심을 하고 있었다. 그녀는 여인의 혼백을 건지기 위해 여인이 죽은 못 속으로 넋대를 쥐고 들어갔다. 봄철에 꽃 피거든 낭이더러 찾아 달라는 마지막 말을 남기고 모화는 물속에 빠져 죽고 말았다.

모화가 죽은 지 열흘이 지난 날, 낭이의 아버지는 나귀 한 마리를 몰고 모화의 집으로 왔다. 그는 낭이를 나귀에 태우고 길을 떠났다. 슬픔에 겨운 낭이는 무녀의 그림을 그리며 아버지와 함께 이곳저곳으로 정처 없이 돌아다녔다 한다.

KOREAN HISTORY AND CULTURE

III

한국의 세계문화유산

제 13 장

한국의 세계유산

1. 경주 역사 지구 | 석굴암과 불국사
2. 해인사 장경판전
3. 종묘 | 창덕궁 | 조선왕릉 | 화성 | 한국의 역사마을 : 하회마을과 양동마을
4. 고인돌 유적 : 고창 · 화순 · 강화
5. 제주 화산섬과 용암동굴

시대	유산
선사시대	■ 제주 화산섬과 용암동굴(BC 180만 년경) ■ 고창 · 화순 · 강화 고인돌 유적(BC 4000년경)
삼국시대	■ 경주 역사 유적 지구
남북국 시대	■ 석굴암 · 불국사
고려시대	
조선시대	■ 조선왕릉 ■ 안동 하회마을과 경주 양동마을 ■ 종묘 ■ 창덕궁 ■ 화성 ■ 해인사 장경판전

유산(遺産)이란 과거의 조상들로부터 물려받아 앞으로 우리 후손들에게 물려주어야 할 귀중한 자산(資産)을 말한다. 유네스코(UNESCO)는 인류의 보편적 가치를 지닌 자연유산 및 문화유산들을 발굴하고 보호하고자 1972년에 세계의 문화유산 및 자연유산을 보호하는 협약(Convention concerning the Protection of the World Cultural and Natural Heritage; 약칭 '세계유산협약')을 채택하였다. 여기에서 세계유산(世界遺産, World Heritage)이란 세계유산협약이 규정한 탁월하면서도 보편적 가치를 지닌 유산으로서, 그 특성에 따라 자연유산, 문화유산, 복합유산으로 분류한다. 한국에는 12개의 세계유산이 있다(2017년도 기준).

1. 경주 역사 지구 | 석굴암과 불국사

첨성대(瞻星臺)

신라 선덕여왕(善德女王, 미상~647년) 때 세운 천문 기상 관측대로, 동양에 현존하는 관측대 중 가장 오래되었다.

첨성대

천마도(天馬圖)

신라 때 무덤인 천마총(天馬塚)에서 나온 승마 장비의 뒷면에 그려진 그림으로, 머리에 뿔이 하나 달린 흰말이 입에서 불을 뿜으며 하늘로 날아가는 모양을 그린 것.

경주는 천년 동안 왕조를 이어 온 신라의 수도로, 신라의 역사와 문화를 고스란히 간직한 도시이다. 이러한 경주에는 신라시대의 불교 유적과 신라 왕조가 남긴 유적 등 다양한 유물과 유적이 남아 있으며 한국 정부에서 지정한 문화재가 무려 52개나 있다. 도시 전체가 거대한 박물관인 경주는 주제에 따라 다섯 개의 지역으로 나뉘는데, 불교문화유산이 많이 남아 있는 남산지구, 신라 왕조의 유적지인 월성지구, 당시 왕조와 귀족들의 무덤이 남아 있는 대능원지구, 대표적인 신라의 절터인 황룡사지구, 당시 왕궁의 방어시설인 산성지구가 그것이다.

남산지구는 신라인들의 불교 신앙과 예술성을 엿볼 수 있는 유산이 남아 있는 곳이다. 남산에는 수많은 절터와 불상들이 온 산을 뒤덮고 있다. 월성지구에는 신라 왕궁이 자리하고 있던 궁궐터가 있어 신라의 궁궐 규모를 짐작할 수 있다. 또한 아시아에서 가장 오래된 천문 시설로 널리 알려진 첨성대가 있어, 신라인들의 과학 기술을 엿볼 수 있다. 대릉원지구에는 신라의 왕과 왕비, 그리고 귀족 등 높은 신분 계층의 무덤들이 모여 있다. 신라문화의 정수를 보여주는 금관과 천마도, 그리고 유리잔과 각종 토기 등 무덤에서 출토된 유물을 통해 당시의 생활상을 파악할 수 있다. 황룡사지구에는 황룡사 터와 분황사가 있다. 황룡사는 고려 때

경주 대릉원

몽골의 침입으로 불에 타 없어졌지만, 그 흔적만으로도 당시 절의 웅장했던 규모를 짐작할 수 있다. 산성지구에는 당시 경주를 방어하는 데 큰 구실을 한 명활산성이 있다. 이 산성은 다듬지 않은 돌을 사용해 성벽을 쌓았는데, 이를 통해 신라인의 축조 방식이 매우 뛰어났음을 알 수 있다.

도시 전체가 유적지인 경주에서도 가장 널리 알려진 유적지로 손꼽히는 곳이 석굴암과 불국사이다. 석굴암(石窟庵)은 불교예술이 전성기를 맞이했던 통일신라 때 세워진 절이다. 석굴암은 김대성(金大城, 700년~774년)

한국사 로그인

혜초의 인도기행

혜초(慧超, 704년~787년)는 통일신라시대의 승려로 인도여행기인 《왕오천축국전(往五天竺國傳)》의 저자로 널리 알려져 있다. 《왕오천축국전》은 혜초가 727년에 쓴 책으로서, 고대 인도의 다섯 개 나라와 인근의 여러 나라를 10년 동안 순례하고 중국으로 돌아와 자신의 여행에 대해 적은 글이다. 혜초가 언제 한국에서 중국으로 건너갔는지는 정확하지 않다. 하지만 이 여행기를 보면 그는 19세에 중국의 광저우(廣州)를 출발하여 수마트라와 스리랑카, 우즈베키스탄과 아프가니스탄, 파미르 고원 부근 그리고 카슈가르와 쿠차 등 고대 인도와 이슬람 국가들을 여행한 것으로 보인다. 이 책에는 당시 인도 및 중국의 서쪽에 있던 서역(西域) 각국의 종교, 풍속, 문화 등에 관한 기록이 실려 있어 중요한 역사적 자료가 되고 있다. 또한 당시에 중국과 인도의 여행길 및 교역로를 아는 데에도 중요한 자료로 활용되고 있다. 이 책은 1908년에 프랑스의 학자 펠리오가 중국의 둔황(敦煌)에서 발견하여, 현재 파리 국립 박물관에 보관되어 있다. 통일신라의 승려인 혜초가 인도까지 여행한 기록으로 볼 때, 한국이 세계의 여러 나라와 교류를 한 것은 매우 오랜 역사를 가지고 있음을 알 수 있다.

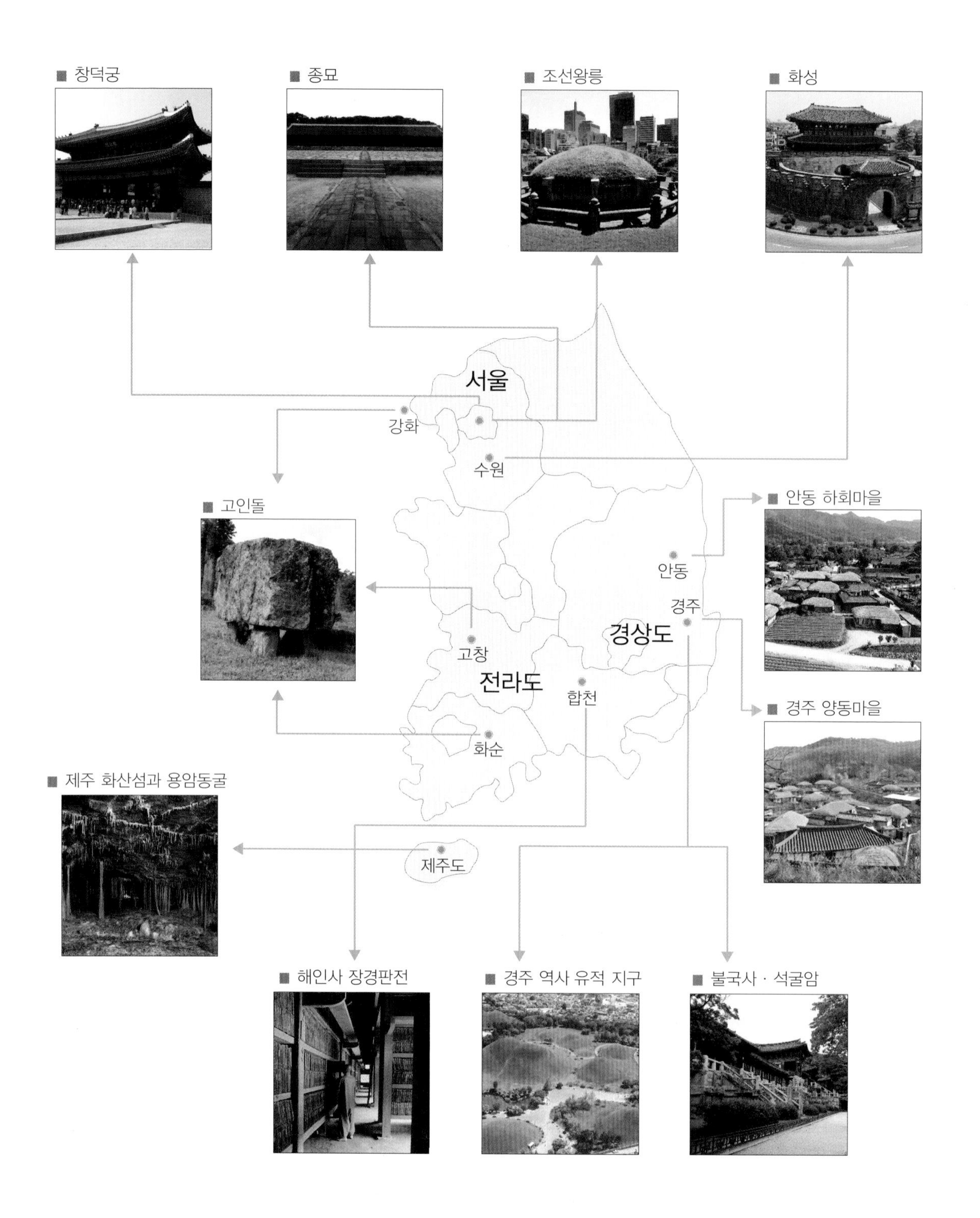
■ 창덕궁
■ 종묘
■ 조선왕릉
■ 화성
서울
강화
수원
■ 고인돌
■ 안동 하회마을
안동
경주
경상도
고창
전라도
합천
■ 경주 양동마을
화순
■ 제주 화산섬과 용암동굴
제주도
■ 해인사 장경판전
■ 경주 역사 유적 지구
■ 불국사 · 석굴암

세계유산의 위치

이 태어나기 전의 세상인 전생(前生)의 부모를 위해 세웠다고 전해진다. 당시 사람들은 토함산 중턱까지 돌을 날라서 인공적으로 석굴을 만들고, 그 내부에는 석가여래불상을 포함하여 40개의 불상을 조각하였다. 이 불상들은 불교의 세계를 아름답게 표현한 것으로, 조각의 기법이 매우 뛰어나 동아시아 불교 조각의 걸작(傑作)으로 손꼽힌다. 석굴암의 네모난 입구를 지나면 둥근 방이 나오는데 이곳의 천장은 360여 개의 돌을 쌓아 올려 둥글게 만든 것이다. 이러한 건축기법은 매우 독창적인 기법이라는 평가를 받고 있다.

불국사(佛國寺)는 신라시대 때 지은 절로, 불교의 교리가 사찰 건축물을 통해 형상화된 절이다. 신라인들은 신라가 부처님이 사는 불국토(佛國土)이기를 기원하였는데, 불국사라는 이름은 '부처님이 사는 땅'이라는 의미를 담고 있다. 불국사는 크게 비로전, 극락전, 대웅전 세 공간으로 나뉜다. 비로전은 큰 빛을 내비치어 중생을 구원한다는 비로자나 부처님이 사는 세계이고, 극락전은 불교에서 사람이 죽으면 간다고 하는 서쪽의 깨끗한 땅인 극락에 머물며 설법을 하는 아미타불이 사는 세계이며, 대웅전은 석가모니 부처님이 살고 있는 현실 세계를 상징적으로 나타낸 것이다. 이 절에는 석가탑, 다보탑 등 한국문화의 상징이 되고 있는 많은 문화유산이 남아 있다.

극락(極樂)
불교의 이상향으로 아미타불이 살고 있는 깨끗한 땅. 일반적으로 안락하고 편안한 상태를 가리킨다.

2. 해인사 장경판전

해인사 장경판전(海印寺 藏經版殿)은 고려시대에 만들어진 8만여 장의 대장경판을 보관하기 위해 조선시대에 세워진 건물이다. 이곳은 고려대장경의 부식을 방지하고 온전한 보관을 위해 건축된 세계 유일의 대장경판 보관용 건물로 알려져 있다. 여기에 보관되어 있

해인사 장경판전

해인사(海印寺)
신라 애장왕(哀莊王, 788년~809년) 때 순응(順應), 이정(利貞)이라는 두 스님이 경상남도 합천군 가야산에 세운 절로, 고려대장경판을 소장하고 있다.

는 대장경판은 나무로 만들어져 화재, 습기, 벌레에 약한데도 불구하고 750년이 지난 오늘날까지 원래 상태로 보존되고 있어 세계인의 관심을 끌고 있다. 이처럼 장경판전이 대장경판을 온전히 보관할 수 있었던 것은 자연조건을 잘 이용한 결과이다. 장경판전은 햇빛과 바람의 양을 적절하게 조절할 수 있도록 설계되어, 나무가 눅눅해지거나 썩는 일이 없도록 하였다. 또한 이곳에는 바닥에 숯을 깔아 습기와 곤충의 번식을 막을 수 있도록 하였다. 이처럼 해인사 장경판전은 과학적인 설계와 자연조건을 완벽하게 활용하여 대장경판을 보존했다는 점에서 조선시대 사람들의 지혜를 느낄 수 있는 문화유산으로 인정받고 있다.

숯
나무를 불에 구워 만든 검은 덩어리. 숯의 표면에는 많은 구멍이 있어 주변의 습기를 조절하고 냄새와 균을 제거하는 기능을 가지고 있다.

3. 종묘 | 창덕궁 | 조선왕릉 | 화성 | 한국의 역사마을 : 하회마을과 양동마을

종묘(宗廟)는 조선시대의 왕과 왕비가 죽은 뒤, 이들을 기리는 신주를 모시고 제사를 지내기 위해 만든 사당(祠堂)이다. 조선을 건국한 태조 이성계(李成桂, 1335년~1408년)가 1394년에 경복궁의 동쪽에 세웠다. 이곳은 돌아가신 왕과 왕비의 혼(魂)이 머무는 공간인 만큼 궁궐과는 다른 건축적 특징을 보여준다. 궁궐이 화려한 아름다움을 드러낸다면, 종묘는 조용하고 단아한 아름다움을 보여준다.

신주(神主)
돌아가신 분의 이름을 적어 놓은 작은 나무패. 예로부터 한국인들은 신주에 조상의 영혼이 깃들어 있다고 생각하고, 신주를 모시고 제사를 지내왔다.

불교국가였던 고려와는 달리 조선은 유교를 통치이념으로 내세운 국가였다. 유교에서는 부모에 대한 효(孝)를 중시하고, 그것을 실천하는 것을 으뜸으로 여겼다. 왕은 이러한 유교적 가치를 실천하기 위해 돌아가

한국사 로그인
불교의 교리체계

불교의 경전에는 경(經)·율(律)·논(論)의 세 가지가 있다. 석가모니의 가르침을 경이라고 하고, 석가모니가 가르친 윤리적인 실천규범을 율이라 하며, 석가모니의 가르침을 논리적으로 설명한 것을 논이라고 한다. 대장경이란 이들 불교 경전을 모두 합친 것을 말한다. 일반적으로 해인사 대장경판은 고려시대에 만들어졌기 때문에 고려대장경이라 부른다. 또한 판의 개수가 8만여 판에 이르고 8만 4천 법문을 수록하고 있어 팔만대장경이라고도 한다.

신 조상에게 제사를 지냄으로써 백성에게 모범을 보이고자 하였다.

창덕궁(昌德宮)은 1405년에 완성된 조선의 대표적인 궁궐로, 주위의 자연 경관과 건축물이 조화롭게 어우러진 것으로 유명하다. 이곳은 자연과의 조화를 중요하게 생각하는 한국인의 가치관이 잘 반영되어 있어 한국인들에게 많은 사랑을 받고 있다. 특히 유교의 실천윤리인 덕(德)을 빛낸다는 뜻을 가진 창덕궁은, 왕이 사는 궁궐이지만 화려하거나 사치스럽지 않고 소박한 아름다움을 드러내고 있어 조선시대의 유교적 가치가 건축에 잘 나타난 것으로 평가된다.

조선왕릉(朝鮮王陵)은 조선시대를 통치했던 총 27대의 왕과 왕비들의 무덤을 일컫는다. 조선의 왕릉은 총 42기로, 북한에 있는 2기를 제외하고 한국에 있는 40기가 세계문화유산에 등재되었다. 이들 왕릉은 조상을 숭배하는 조선시대의 유교문화를 잘 보여주고 있다. 또한 풍수지리 사상의 영향으로 왕릉의 터는 주변의 아름다운 자연을 훼손하지 않고 지형이 허용하는 범위 안에서 최소한의 인공적인 시설을 설치하였다. 왕릉은 산으로 둘러싸인 신성한 공간에 자리잡았으며, 봉분과 조각 등이 조화와 질서를 이루고 있어 동아시아인들의 묘에 대한 인식을 잘 보여준

종묘

창덕궁

조선왕릉

화성

정조(正祖, 1752년~1800년)

조선 제21대 왕인 영조(英祖, 1694년~1776년)가 시행한 탕평책(蕩平策)을 계승하여 인재를 고르게 선발하고 실학(實學)을 발전시킨 제22대 왕. 왕실의 도서관이자 학문 연구 기관인 규장각(奎章閣)을 만들고, 재능 있는 학자를 뽑아 학문과 기술 연구를 하게 하였다.

관혼상제(冠婚喪祭)

한 사람이 태어나서 죽을 때까지 거치는 과정에서의 통과의례(通過儀禮). 관례는 성인이 되었을 때 행하는 예법, 혼례는 혼인하는 예법, 상례는 사람이 돌아가셨을 때 상을 치르는 예법, 제례는 제사를 지내는 예법을 말한다.

안동 하회마을

경주 양동마을

다는 평가를 받고 있다.

수원 화성(水原 華城)은 조선의 제22대 왕인 정조가 불행하게 죽은 아버지 사도세자(思悼世子, 1735년~1762년)의 묘를 수원으로 옮기면서 만든 성이다. 이곳은 정조의 효심이 만들어 낸 공간으로, 방어기능과 상업적 기능을 두루 갖춘 실용적인 구조로 되어 있다. 또한 당대 최고의 지식인들이 참여하여 동서양의 군사 시설 관련 이론과 과학기술을 총결집하여 만들었기 때문에, 성곽과 주변 시설이 과학적으로 설계되었다는 평을 받고 있다.

한국의 역사마을인 안동의 하회마을과 경주의 양동마을은, 14~15세기에 조성된 한국의 대표적인 전통 마을이다. 이곳은 자연과 조화를 중시한 조선시대의 유교적 가치를 잘 보여주고 있으며, 한국적인 주거문화 공간을 잘 보존하고 있다. 또한 조선시대 유교 교육의 중심지답게 유교적 삶의 양식과 전통문화가 현재까지 계승되고 있으며, 오늘날까지 양반과 서민들이 즐겨하던 놀이나 전통적인 관혼상제가 전승되고 있다.

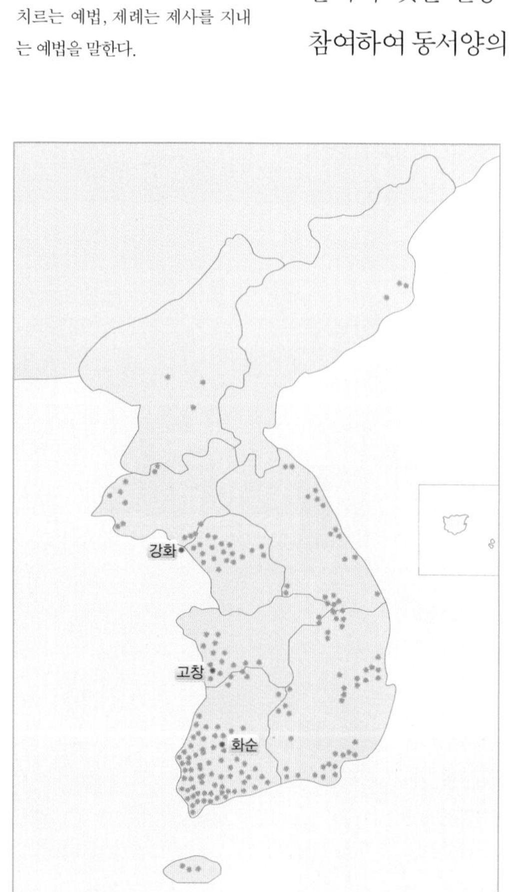

고인돌 분포도

4. 고인돌 유적 : 고창 · 화순 · 강화

고인돌은 청동기시대의 대표적인 무덤으로

한반도 전역에서 널리 발견되고 있다. 동북아시아에서 고인돌이 집중적으로 분포되어 있는 지역인 한반도는, 약 3만여 기에 가까운 고인돌이 있는 세계적인 고인돌 국가이다. 특히, 고창 · 화순 · 강화의 고인돌은 숫자가 많고 모양이 다양하여 고인돌의 형성과 발전 과정을 규명할 수 있는 단서가 되고 있다. 한국의 고인돌은 한반도에 살았던 선사시대 사람들의 삶을 가장 잘 보여주는 유적이다.

5. 제주 화산섬과 용암동굴

제주도는 약 180만 년 전부터 바다 밑의 화산이 분출하여 서서히 생겨난 화산섬으로 아름다운 자연경관을 자랑하는 한국의 대표적인 섬이다. 한국 최초로 세계자연유산에 등재된 제주 자연유산은, 빼어난 자연경관뿐만 아니라 다양한 화산 지형이 있어 지질학적 측면에서도 연구 가치가 높다. 이러한 점이 높이 평가되어 2010년에는 유네스코로부터 세계지질공원으로 지정을 받았다. 또한 다양한 희귀생물(稀貴生物) 및 멸종위기(滅種危機)에 처한 동물이 살고 있어 생태계 연구에도 중요한 가치가 있는 곳으로, 2002년도에는 생물권보존지역으로 지정되기도 하였다.

생물권보존지역
자원을 자연 상태 그대로 보존하고 이에 대한 연구를 추진하기 위해 유네스코가 1971년 이후에 지정한 지역.

제주도의 중심에 우뚝 솟아 있는 방패모양의 한라산(漢拏山)은 남한에서 가장 높은 산으로 정상에는 백록담(白鹿潭)이라는 아름다운 호수가 있다. 또한 제주도에는 작은 산봉우리 모양을 한 '오름'이 약 360여 개가 있

오름
산봉우리의 제주도 방언으로, 큰 화산의 주위에 생긴 작은 화산을 말한다.

한라산 백록담

용암동굴

고, 모양이나 규모에 있어서 세계적인 용암동굴들이 있어 화산섬이 갖는 아름다움을 가장 잘 보여주는 섬으로 평가받고 있다. 인간의 삶과 자연이 조화를 이루고 있는 제주도는 섬 전체가 하나의 박물관이라고 할 수 있다.

	한국의 세계유산	등재 연도		한국의 세계유산	등재 연도
1	석굴암과 불국사	1995	7	고인돌 유적: 고창·화순·강화	2000
2	해인사 장경판전	1995	8	제주 화산섬과 용암동굴	2007
3	종묘	1995	9	조선왕릉	2009
4	창덕궁	1995	10	안동 하회마을과 경주 양동마을	2010
5	화성	1995	11	남한산성	2014
6	경주 역사 유적 지구	2000	12	백제 역사 유적 지구	2015

세계유산 선정 연도

한국사 로그인

삼다도와 돌하르방

돌하르방

제주도는 한반도의 남쪽에 위치한 화산섬으로, 예부터 돌과 바람, 여자가 많다고 해서 세 가지가 많은 섬이라는 뜻인 삼다도(三多島)라고 불리기도 한다. 제주도는 육지와 떨어진 섬이기 때문에 육지와는 다른 고유의 문화를 가지고 있는데, 특히 돌하르방이 유명하다. 돌로 만들어진 돌하르방은 제주도 사람들에게 안녕과 질서를 지켜주는 수호신으로 받들어지고 있다. 하르방이란 말은 제주도 방언으로 할아버지란 뜻이다. 즉 돌하르방은 돌할아버지라는 의미로, 오늘날 제주도를 상징하는 문화재이다.

박혁거세 이야기

오늘날 한국에는 270여 개의 성씨(姓氏)가 있다. 오늘날 한국인의 성씨는 중국의 성씨를 받아들인 것이 많지만, 한국에서 생겨난 성씨도 적지 않다. 고대국가에 대한 기록을 보면, 한국에서는 고대 부족사회 때부터 성씨를 사용하고 있었음을 알 수 있다. 다만 중국문화의 유입이 활발해지면서 성씨의 사용이 널리 퍼진 것으로 볼 수 있다. 한국의 대표적인 성씨 가운데 하나인 '박(朴)'씨의 유래를 알 수 있는, 알에서 태어나 신라를 세운 박혁거세의 이야기 속으로 들어가보자.

신라를 세우고 왕이 된 사람은 박혁거세이다. 그는 '나정'이라는 전설을 간직한 우물가에서 태어났다. 그가 신라를 세우기 전에는 여섯 명의 마을 대표들이 경주 지역을 나누어 다스리고 있었다. 이 중 한 사람이 흰 말 한 마리가 우물가에서 무릎을 꿇고 울고 있는 것을 발견하고, 그곳으로 갔더니 빛이 나는 큰 알이 하나 있었다. 그 후 알 속에서 남자아이가 태어나자 사람들은 하늘에서 보내준 아이라고 생각하여 그를 잘 키웠다. 이 남자아이는 박처럼 생긴 알에서 태어났다고 해서 성(姓)을 박(朴)이라 하고, 세상을 밝게 한다는 뜻에서 이름을 혁거세(赫居世)라고 하였다. 박혁거세는 그가 열세 살이 되던 해인 기원전 57년에 왕의 자리에 올라 나라를 세웠는데, 이 나라가 바로 나중에 신라가 된 서라벌이다.

제14장

한국의 인류무형문화유산

1. 종묘제례 및 종묘제례악 | 영산재 | 제주 칠머리당 영등굿 | 강릉단오제
2. 판소리 | 가곡 | 처용무
3. 강강술래 | 남사당놀이
4. 대목장 | 매사냥

시대	무형문화유산
선사시대	■ 강릉단오제
삼국시대	■ 제주 칠머리당영등굿(시대 미상) ■ 대목장 ■ 매사냥
남북국 시대	
고려시대	■ 처용무(유행) ■ 영산재
조선시대	■ 종묘제례 및 종묘제례악 ■ 강강술래 ■ 판소리 ■ 남사당놀이 ■ 가곡

무형문화유산(無形文化遺産, Intangible Cultural Heritage)이란, 형태나 형체가 눈에 보이지는 않지만 과거에서부터 오늘날까지 공동체 내에서 재창조되며 전승되어 온 문화적 자산을 말한다. 여기에는 입에서 입으로 전해져 온 구전(口傳)전통, 전통음악, 전통무용과 같은 공연예술, 집단적인 의식과 의례, 전통 놀이와 전통 기술 등이 포함된다. 2001년부터 유네스코(UNESCO)는 소멸될 위기에 처한 무형문화유산의 보존과 재생을 위하여 인류의 독창적인 구전유산 및 무형유산을 '인류무형문화유산'으로 지정해 오고 있다. 한국은 총 19건이 인류무형문화유산으로 등재되어(2017년도 기준), 고유한 문화를 간직한 문화강국으로서의 면모를 보여주고 있다.

1. 종묘제례 및 종묘제례악 | 영산재 | 제주 칠머리당 영등굿 | 강릉단오제

한국의 무형문화유산 가운데 고유한 집단의식이나 제의로 인류문화유산에 등재된 유산으로는 종묘제례 및 종묘제례악, 영산재, 제주 칠머리당 영등굿, 강릉단오제가 있다.

종묘제례(宗廟祭禮)란 왕실의 사당인 종묘에서 행하는 제사로, 조선시대에 나라에서 지낸 제사 중 가장 규모가 큰 의식이었다. 조선은 유교가 국가를 통치하는 근본이념이었기 때문에 조상에 대한 숭배를 인간의 도리이자 나라를 다스리는 기본으로 생각하였다. 따라서 왕과 왕실의 조상과 국가 발전에 공헌한 고위 관리들에게 제사를 올리는 일은 국가적 행사가 되었다. 조선 왕조는 한 해에 다섯 차례 종묘제례를 올렸다. 이 의례

한국사 로그인
종묘제례의 절차

제사 준비 → 제사가 시작되기 전에 제사를 모실 제관(祭官)들이 정해진 자리에 앉음 → 조상신을 맞이함 → 왕이 향을 피워 신을 맞아들임 → 음식과 고기를 드림 → 첫 번째 잔을 올리는 제관이 술을 올리고 절한 뒤 축문을 읽음 → 두 번째 술잔을 올림 → 마지막 술잔을 올림 → 제사에 쓴 술이나 음식을 나누어 먹음 → 제상에 놓인 고기나 과일을 거둠 → 조상신을 보냄 → 제례에 쓰인 물건을 태움 → 제사 정리

는 왕실에서 거행하는 장엄한 국가 제사였기 때문에 임금이 직접 제사를 지냈다. 종묘제례에는 제사를 지내는 절차에 따라 기악, 노래, 춤이 함께 어우러졌는데, 의식을 장엄하게 치르기 위하여 연주하는 이 기악과 노래와 춤을 종묘제례악(宗廟祭禮樂)이라 한다. 이때 연주되는 음악은 조선의 제4대 왕인 세종(世宗, 1397년~1450년)이 직접 만든 것으로, 지금까지 600년이 넘게 그 전통을 이어오고 있는 한국의 대표적인 궁중음악이다. 음악에 조예가 깊었던 세종은 "우리 조상들은 살아서 한민족의 전통음악인 향악(鄕樂)을 들으셨는데, 돌아가신 후에 중국음악으로 제례를 올리니 이치에 맞지 않는다."며 제례악을 새로 만들었다. 이 음악에는 역대 왕의 공덕을 찬양하는 내용이 담겨 있는데, 특히 웅장함과 장엄함이 돋보인다는 평을 받고 있다.

향악(鄕樂)
삼국시대부터 조선시대까지 사용되던 궁중음악의 한 갈래. 삼국시대에 당(唐)나라의 음악인 당악(唐樂)이 들어오면서 과거부터 내려온 토속음악을 당악과 구별하여 향악이라 하였다.

영산재(靈山齋)는 죽은 사람이 좋은 곳에 가도록 기원하는 불교의식이다. 이 의식은 사람이 죽은 지 49일이 되는 날 치러진다. 이 제의는 재를 올려 죽은 이의 영혼이 이상적인 세계인 극락(極樂)에서 다시 태어나도록 기원하는 의식이다. 영산재를 지내면서 연주되는 음악과 춤은 한국의 전통적인 민속음악과 민속무용의 형성에 큰 영향을 미쳤다. 불교적 전통이 강한 한국문화의 특징을 보여주는 영산재는 장엄한 불교의식을 잘 보존하고 있어 세계적인 문화유산으로서의 가치를 갖고 있다고 평가된다.

제주 칠머리당 영등굿은 제주의 칠머리당에서 어부들이 지내는 민속제례의식이다. 이 의식은 바다의 평온과 물고기가 많이 잡히기를 바라는 풍어(豊漁)를 기원하며 매년 음력 2월에 굿의 형식으로 진행된다. 무당은 굿을 하며 바람의 신, 바다의 신, 산의 신에게 바치는 여러 의식을 주관한다. 정기적인 의례인 이 의식에는, 섬에서 살아가는 제주사람의 바다를

종묘제례악

영산재

공경하면서도 두려워하는 복합적인 감정이 담겨 있다. 또한 여기에는 제주도 특유의 해녀신앙(海女信仰)과 민속신앙(民俗信仰)이 나타나, 섬의 생활문화를 연구하는 데 있어 학술적 가치가 높은 것으로 알려져 있다.

해녀신앙(海女信仰)
해녀들의 안전과 해산물의 풍요, 공동체의 하나됨을 기원하는 무속신앙.

강릉단오제(江陵端午祭)는 강원도 강릉에서 매년 태양이 가장 높게 떠오르는 날인 단오(端午, 음력 5월 5일)에 행해지는 축제이다. 단오제는 농사와 깊은 관련이 있는 행사이다. 한국에서는 논과 밭에 농작물 심기를 마친 시기가, 바로 음력 5월 5일 무렵이다. 따라서 한국인들은 한해의 농사 준비를 마치고, 풍년이 들기를 바라면서 여러 가지 놀이를 즐기는 휴식의 시간을 가졌는데 이를 단오제라 한다. 시간이 흐르면서 이 의례에는 험준한 대관령을 안전하게 다니게 해달라는 기원, 마을의 안전과 태평을 기원하는 제사 등으로 그 의미가 확대되면서 강릉의 대표적인 축제가 되었다. 단오제는 동아시아 대부분의 국가에서 치러지는 축제이지만, 강릉단오제는 행사의 규모나 전통계승 의식이 가장 돋보이는 축제라 할 수

강릉단오제

제주 칠머리당 영등굿

한국사 로그인
단오제(端午祭)

단오는 음력으로 5월 5일이다. 예부터 한국인들은 홀수가 두 번 겹치는 날을 좋은 날로 여겼다. 그래서 음력 1월 1일(설), 음력 3월 3일(삼짇날), 음력 7월 7일(칠석), 음력 9월 9일(중양절)처럼 홀수가 겹친 날을 명절로 삼아, 계절에 어울리는 음식을 만들고 여러 가지 놀이를 즐겼다. 이 가운데 단오는 만물이 활동하는 기운이 가장 강한 날이라 하여 설, 추석과 함께 큰 명절로 생각하였다. 단오에는 수리취떡을 만들어 먹고, 부채를 주고받는 풍속이 있는데, 부채를 주고받는 것은 곧 다가올 여름을 대비하라는 뜻이다.

신윤복의 〈단오풍경〉

있다. 이 축제에는 제례, 단오굿, 가면극, 농악 등 다양한 의례와 공연이 펼쳐지고 그네뛰기, 씨름, 창포에 머리감기 등 한국의 대표적인 민속놀이가 벌어진다. 천여 년의 역사를 갖고 있는 강릉단오제에는 한국인의 오랜 역사와 삶이 녹아 있고, 고대 제의의 축제적 모습이 계승되고 있어 세계적인 문화로 인정받고 있다.

2. 판소리 | 가곡 | 처용무

한국의 전통적인 공연예술문화 가운데 판소리, 가곡, 처용무는 세계적으로 독창성과 예술성을 인정받고 있는 문화유산이다.

판소리는 소리꾼이 북을 치는 고수(鼓手)의 장단에 맞춰 소리(창)와 말(아니리)과 몸짓(발림)을 섞어가며 구연(口演)하는 한국 고유의 민속 음악이다. 조선의 제19대 왕인 숙종(肅宗, 1661년~1720년) 말기에서 제21대 왕인 영조(英祖, 1694년~1776년) 초기에 걸쳐 충청도와 전라도를 중심으로 발달해 왔다. 판소리는 '판'과 '소리'의 합성어로, '소리'는 '음악'을 뜻하고 '판'은 '여러 사람이 모인 곳' 또는 '어떤 일이 이루어지는 곳'을 뜻한다. 따라서 판소리란 많은 청중이 모인 놀이판에서 부르는 노래라는 의미를 갖는다. 판소리는 서민의 정서를 담아내는 전통예술로, 서민들의 희로애락(喜怒哀樂)을 익살스럽지만 품위 있게 표현한다. 특히 판소리는 청중이 적극적으로 참여할 수 있고 소리꾼이 다양한 이야기를 덧붙일 수도 있는 개방적인 특징을 가지고 있어 전 세계 공연예술사에서 매우 높은 가치를 인정받고 있다.

가곡(歌曲)은 조선시대에 시조시(時調詩)를 관현악 반주에 맞추어 부르

한국사 로그인

판소리 다섯마당

판소리에서는 작품 하나를 '한마당'이라고 한다. 조선 후기에는 그 종류가 매우 많았는데, 그 가운데서 대표가 될 만한 열두 가지를 골라 '판소리 열두마당'이라 불렀다. 이후 충, 효, 의리, 정절 등 조선시대의 가치관을 담은 〈춘향가〉, 〈심청가〉, 〈수궁가〉, 〈흥부가〉, 〈적벽가〉가 보다 예술적인 음악으로 가다듬어져 판소리 다섯마당으로 정착되어 오늘날까지 불리고 있다.

판소리 공연

가곡 공연

처용무 공연

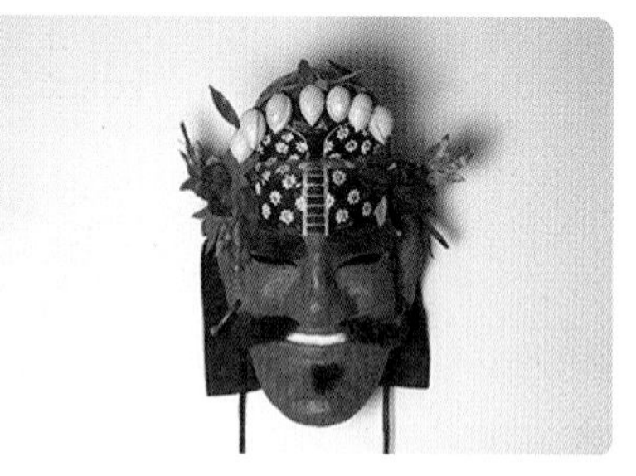
처용탈

는 한국의 전통 성악곡이다. 판소리와 민요가 서민들이 즐기던 음악이라면 가곡은 양반들이 즐기던 음악으로, 당시 양반들의 풍류의식(風流意識)을 엿볼 수 있다. 특히 가곡은 격조 높은 예술성을 가진 유산으로 평가받고 있다.

풍류의식(風流意識)
멋스럽고 풍치 있는 삶을 즐기려는 인생의 태도나 가치관.

처용무(處容舞)는 궁중잔치에서 처용의 탈(假面, mask)을 쓰고 추던 춤이다. 이 춤은 나쁜 귀신을 쫓고 평화를 기원하거나 새해 전날 한 해의 행운을 빌기 위한 의식에서부터 시작되었다. 처용은 통일신라시대의 헌강왕(憲康王, 재위 875년~886년) 때 살았다고 전해지는 설화적인 인물로, 그는 아내를 범하려던 역신 앞에서 노래를 부르며 춤을 추어 그 역신을 물리

역신(疫神)
전염병을 옮기는 신.

한국사 로그인
벽사진경(辟邪進慶)

처용탈은 검붉은 색의 탈로서 복숭아 열매와 모란꽃이 달려 있다. 처용탈의 색깔인 검붉은 팥죽색과 탈에 매달려 있는 복숭아 열매는 나쁜 귀신을 물리친다는 벽사(辟邪)의 의미를 담고 있다. 또 모란꽃에는 값이 나가는 재물(財物)을 불러오고 경사로운 일을 맞이한다는 진경(進慶)의 의미가 담겨 있다. 이처럼 벽사진경이란 말은 사악한 기운을 쫓고 경사로운 일을 맞이한다는 의미이다.

쳤다고 한다. 이때부터 한국에서는 처용의 모습을 그린 부적을 문에 붙여놓으면 병마를 쫓을 수 있다는 믿음이 생겨 지금까지 전해져 내려온다. 처용무는 5명이 처용의 탈을 쓰고 활기차고 화려하게 춤을 추는데, 가면과 의상, 음악과 춤이 잘 어우러진 수준 높은 무용예술로 평가받고 있다.

병마(病魔)
병을 악마에 비유해 이르는 말.

3. 강강술래 | 남사당놀이

한국의 전통적인 놀이문화인 강강술래와 남사당놀이는 구경꾼의 참여를 유도하여 보는 이를 신명나게 하는 대표적인 놀이문화이자 공연문화이다.

강강술래는 주로 한국의 남부 지방에서 행해지는 추석 민속놀이로, 노래, 무용, 음악이 하나로 어우러진 부녀자들의 집단 놀이이다. 강강술래를 할 때는 밝은 보름달 아래 부녀자들이 둥글게 모여서 손을 잡고, 춤을 추는 여성 가운데 한 사람이 앞소리를 하면, 놀이를 하는 일동은 '강강술래'라는 후렴을 부르며 노래를 한다. 그리고 노랫소리에 맞춰 둥글게 원을 그리며 춤을 춘다. 오늘날 전해지는 전라도 지방의 강강술래는 임진왜란(壬辰倭亂, 1592년~1598년) 당시 이순신 장군이 왜군(일본군)에게 조선의 군사가 많아 보이도록 하기 위해 산 중턱에 모닥불을 피워놓고 부녀자들이 떼를 지어 돌며 '강강술래'라는 노래를 부르게 하면서 시작되었다고 한다. 이순신의 지혜를 엿볼 수 있는 이 놀이는, 밝은 달밤에 진행되어 환상적인 아름다움을 보여주고 여성의 공동체 참여를 유도하였다

후렴
노래 곡조 끝에 붙여 같은 가락으로 되풀이하여 부르는 짧은 몇 마디의 가사.

강강술래

남사당놀이

는 점에서 문화유산으로서의 가치가 매우 높다.

남사당놀이는 남자로 구성된 직업적 연예인인 유랑광대들이 벌이는 놀이이다. 이 놀이는 조선 후기부터 여기 저기 떠돌며 공연하던 유랑연예집단인 남사당패가 시작한 놀이이다. 남사당패는 농어촌을 돌아다니며 서민들에게 즐거운 볼거리를 제공해 왔는데, 그들은 관객 앞에서 농악, 대접 돌리기, 땅재주, 줄타기, 탈놀음, 꼭두각시놀음의 여섯 가지 놀이를 순서대로 보여주었다. 남사당패는 서민들에게 삶의 즐거움을 선사하고, 노래, 춤, 음악을 통해서 흥과 신명을 불어넣어 주었다. 또한 남사당패는 탈춤과 인형극을 통해 양반사회의 위선(僞善)과 부도덕성(不道德性)을 풍자하였다. 이처럼 남사당놀이는 정치적 영향력이 없는 서민들이 만든 놀이로, 이 놀이를 통해 인간의 자유와 평등에 대한 의식을 일깨우는 역할을 하였다는 점에서 근대적인 인식이 담겨 있는 놀이로 평가받고 있다.

유랑광대
정해진 거처가 없이 떠돌아다니면서 가면극, 인형극, 줄타기, 땅에서 펼치는 묘기, 판소리 따위를 하던 직업적 예능인을 말한다.

꼭두각시놀음
한국의 민속 인형극. 여러 인형을 무대 위에 번갈아 내세우며 인형의 동작을 무대 뒤에서 조종한다. 이 때 무대 뒤에 있는 사람이 인형의 연기에 맞추어 대사를 한다.

4. 대목장 | 매사냥

한국의 전통적인 기술문화유산 가운데 대목장과 매사냥은 수준 높은 기술력을 세계적으로 인정받고 있는 문화유산이다.

대목장(大木匠)은 큰 건축물을 잘 짓는 목수를 일컫는 말로, 그는 나무를 재료로 하여 건축물을 짓는 전 과정의 책임을 맡는다. 오늘날 건축가에 해당하는 한국의 전통 명칭이라 할 수 있다. 대목장이 세계무형문화유산으로 등재된 것은 한국의 전통건축이 보여준 기술의 우수함을 세계

장인(匠人)
손으로 물건을 만드는 일을 직업으로 하는 사람. 예술가를 두루 이르는 말로도 쓰인다.

대목장

매사냥

	한국의 인류무형문화유산	등재 연도		한국의 인류무형문화유산	등재 연도
1	종묘제례 및 종묘제례악	2001	11	매사냥	2010
2	판소리	2003	12	줄타기	2011
3	강릉단오제	2005	13	택견(한국의 전통 무술)	2011
4	강강술래	2009	14	한산(韓山) 모시짜기	2011
5	남사당놀이	2009	15	아리랑(한국의 서정민요)	2012
6	영산재	2009	16	김장(김치를 담그고 나누는 문화)	2013
7	제주 칠머리당 영등굿	2009	17	농악(農樂)	2014
8	처용무	2009	18	줄다리기	2015
9	가곡	2010	19	제주해녀문화	2016
10	대목장	2010			

인류문화유산 선정 연도

가 인정한 것이라 할 수 있다. 이는 한국 최초의 기능 분야 등재라는 점에서 그 의미가 크다고 할 수 있다.

매사냥은 매를 길들여 토끼나 꿩 등을 잡는 사냥법을 뜻하는데, 그 역사가 4000년 이상 지속되고 있다. 이 사냥법은 아시아에서 시작하여 문화교류를 통해 다른 지역으로 확산된 것으로 추정되고 있다. 처음에 매사냥이 시작된 것은 식량을 확보하기 위한 것이었으나, 오늘날은 자연과의 융화를 추구하는 인간 활동의 하나가 되었다. 이 문화는 현재 60여 개의 국가에 전승되고 있는 세계적인 문화이기도 하다. 매사냥은 한국을 포함하여 아랍에미리트(UAE), 몽골(Mongol) 등 11개국이 공동의 노력으로 세계무형문화유산으로 등재하였다. 이러한 노력은 인류의 공통문화에 대한 각국의 관심을 하나로 모았다는 점에서 높은 평가를 받고 있다.

한국사 로그인

시치미를 떼다

'시치미를 떼다'라는 말은, 자기가 하고도 하지 않은 체하거나 알고도 모르는 체하는 태도를 이르는 관용적인 표현이다. 시치미란 매사냥을 할 때, 매의 주인이 누구인지 알기 위해 주소를 적어 매의 꽁지 속에 넣어둔 네모난 뿔을 말한다. 한국에서 매사냥은 선사시대부터 시작되었으며 고려시대 때 널리 행해졌다. 처음에는 주로 왕실과 귀족층에서 이를 즐겼으나 시간이 흐르면서 민간에도 널리 매사냥이 퍼지게 되었다. 그러자 길들인 사냥매를 도둑맞는 일이 생기고 다른 사람의 매와 바뀌는 일도 생겼다. 따라서 사람들은 소의 뿔을 얇게 깎아 만든 '시치미'를 달아 주인을 표시하게 되었다. 그러나 이 시치미를 떼어버리고 자신의 매인 것처럼 행세하는 일이 벌어지기도 하였다. 이런 일에서 '시치미를 떼다'라는 말이 생겨났다.

처용설화

통일신라시대의 헌강왕(憲康王, 미상~886년)이 하루는 신하들과 함께 동해로 놀러갔다. 그런데 대낮에 갑자기 하늘이 어두워져 왕과 신하들은 매우 놀랐다. 이때 한 신하가 "이것은 동해에 사는 용의 짓이므로 좋은 일을 해서 용의 분노를 풀어주어야 합니다."라고 말하였다. 이 말을 들은 헌강왕은 동해에 사는 용을 위하여 절을 짓도록 하였다. 그러자 어두운 구름이 걷히고 용이 일곱 아들을 데리고 나와 춤을 추었다. 헌강왕이 동해에서 놀다 궁으로 돌아올 때, 용의 일곱 아들 중 하나가 왕을 따라왔는데 그가 바로 처용이다. 왕을 따라온 처용은 달밤이면 거리에 나와 노래를 부르며 춤을 추며 놀았다. 헌강왕은 처용에게 아름다운 미모를 가진 여자와 결혼하게 하였다. 처용의 아내는 매우 미인이어서 귀신조차 반할 정도였다. 하루는 처용이 밖에 나가 놀고 있는 동안 그의 아내를 탐내고 있던 역신(疫神)이 인간으로 변하여 아내와 함께 잠을 자게 되었다. 그날 밤 처용이 돌아와 이 광경을 보게 되었는데, 화를 내지도 않고 오히려 노래(처용가)를 부르며 물러나왔다.

> 서울 밝은 달 아래
> 밤 깊도록 놀다가
> 들어와 잠자리를 보니
> 다리가 넷이로구나.
> 둘은 내 것이었는데
> 둘은 누구 것인가?
> 원래 내 것이지마는
> 빼앗아 간 것을 어찌하리오.
>
> \- 〈처용가〉

이 노래를 들은 역신은 처용의 관대한 행동에 매우 감동하였다. 그리하여 역신은 앞으로 처용의 얼굴이 그려져 있는 곳이면 멀리 피해 가겠노라고 맹세하고 물러났다. 그 후 신라인들은 처용의 얼굴을 그려 문에 붙임으로써 역신의 침입을 물리치게 되었다.

자신의 아내가 다른 남자와 잠을 자는 모습을 보고 태연하게 노래를 부른 처용의 이야기는 관대한 한국 남성의 모습을 보여주는 대표적인 설화이다. 처용설화는 고려시대로 전해져 처용의 탈을 쓰고 춤을 추며 귀신을 쫓는 〈처용무〉로 발전하였다.

제 15 장

한국의 세계기록유산

1. 훈민정음 | 동의보감
2. 조선왕조실록 | 승정원일기 | 조선왕조의궤
3. 직지 | 해인사 고려대장경판과 제경판

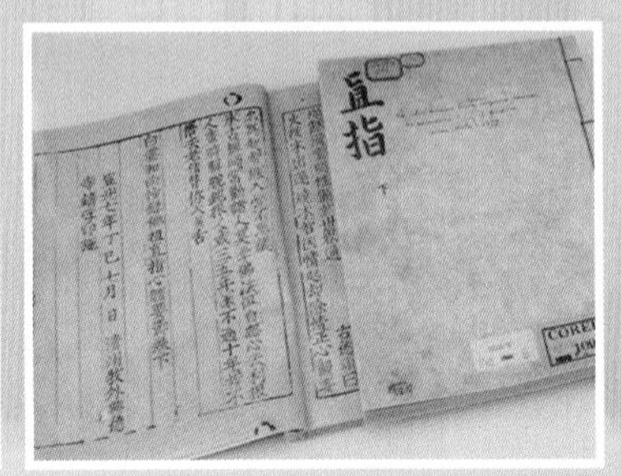

선사시대

삼국시대

남북국 시대

고려시대

- 《직지》
- 해인사 고려대장경판과 제경판

조선시대

- 《조선왕조의궤》
- 《조선왕조실록》
- 《훈민정음》
- 《승정원일기》
- 《동의보감》

세계기록유산(世界記錄遺産, Memory of the World)은 인류의 기록유산 가운데 미적・사회적・문화적 가치가 높아 미래세대에 남길 수 있도록 이를 보존하고 보호할 필요가 있는 유산을 말한다. 기록유산에는 단독 기록과 기록들을 모은 것(archival fonds) 모두가 포함된다. 유네스코(UNESCO)는 1995년부터 인류의 문화를 계승하는 중요한 유산 가운데 훼손되거나 사라질 위험이 있는 기록유산의 보존과 이용을 위하여 세계기록유산사업을 시작하였다. 한국의 기록유산 가운데 총 16건이 세계기록유산으로 등재되면서(2017년도 기준), 한국은 역사와 삶을 충실하게 기록으로 남겨온 대표적인 국가로 평가받고 있다.

1. 훈민정음 | 동의보감

한국의 세계기록유산 가운데 기록내용이 보여주는 과학성과 체계성에 있어서 매우 높은 평가를 받고 있는 유산으로는 《훈민정음(訓民正音)》과 《동의보감(東醫寶鑑)》을 꼽을 수 있다. 이 두 권의 저서는 세계 언어학 분야와 의학 분야에서 학술적 가치가 대단히 높은 것으로 평가받고 있다.

《훈민정음》은 한글을 만든 원리를 설명하는 한문 해설서로, 조선 제4대 임금인 세종의 뜻에 따라 궁궐 안에 있던 학문 연구 기관인 집현전(集賢殿) 학자들이 만든 책이다. 세종은 당시에 사용되던 중국 글자인 한자(漢字)가 백성들이 배우기 어렵다고 생각하여 배우고 사용하기에 쉬운 문자 체계를 완성하여 이를 '훈민정음'이라 하였다. 따라서 훈민정음은 글자의 이름이면서 동시에 훈민정음을 해설한 책의 이름이기도 하다. '백성을 가르치는 바른 소리'라는 뜻을 가진 '훈민정음'에는 백성을 사랑하는 왕의 마음이 잘 나타나 있다. 《훈민정음》에는 글자를 만든 배경과 과정, 글자를 만든 원리 등이 적혀 있어서, 한글이 얼마나 독창적이고 과학적인 방식으로 만들어졌는지를 알 수 있다. 특정한 시기에 특정한 사람이 새로운 문자를 만들어 한 국가의 공용 문자로 사용하게 한 일, 그리고 새 문자에 대한 해설을 책으로 출판한 일은 세계적으로 유례가 없는 일이다. 특히 이 책에는 문자를 만든 원리와 문자 사용에 대한 설명이 체계적으로 제시되어 있어 세계의 언어학자들이 매우 높은 학술적 가치를 가진 유산으로

세종(世宗, 1397년~1450년)
한글을 창제한 조선의 제4대 왕. 그는 과학기술의 발전에도 관심을 기울여 측우기, 해시계 따위의 과학 기구를 제작하게 하였다.

집현전(集賢殿)
궁중에 설치된 학문 연구 기관.

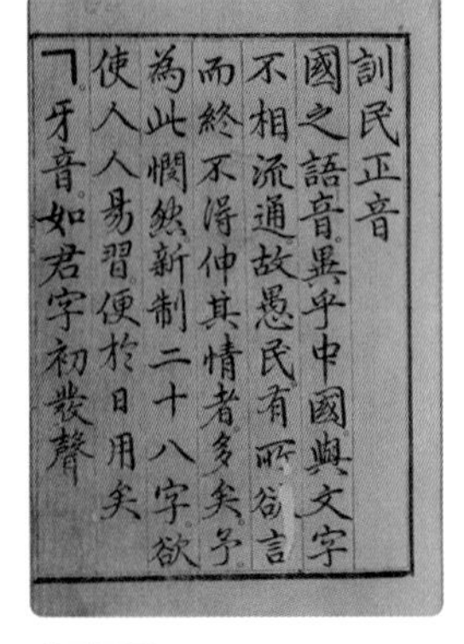
訓民正音
國之語音異乎中國與文字
不相流通故愚民有所欲言
而終不得伸其情者多矣予
為此憫然新制二十八字欲
使人人易習便於日用矣
ㄱ牙音如君字初發聲

훈민정음

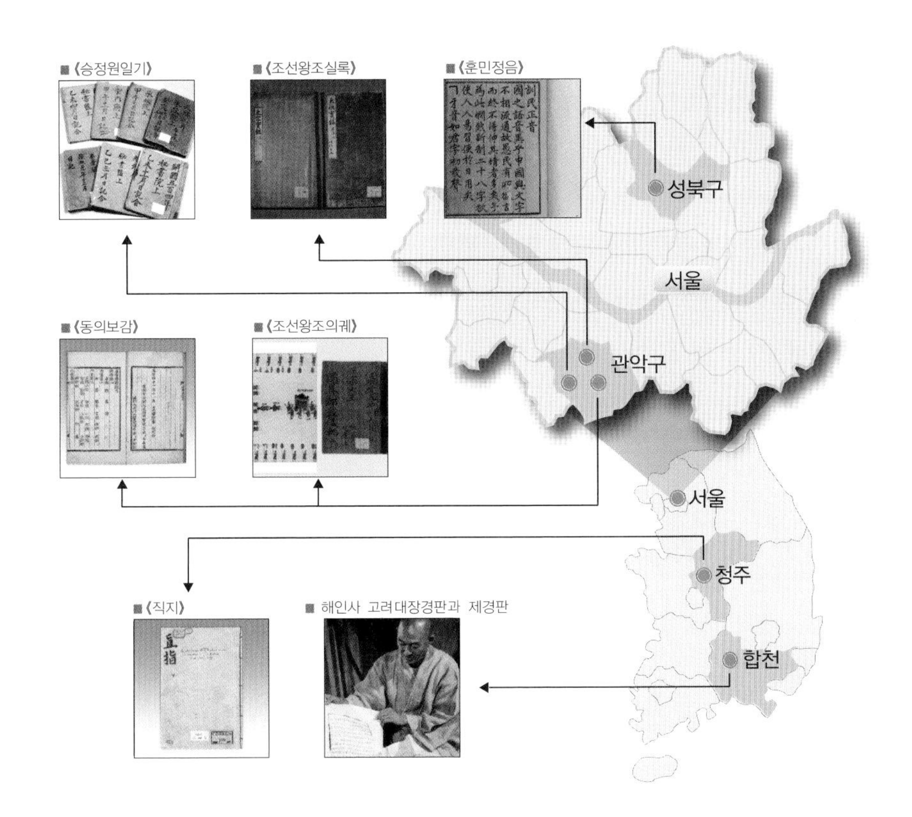

세계기록유산 위치

평가하고 있다.

《동의보감》은 조선 제14대 왕인 선조(宣祖, 1552년~1608년)의 명을 받아,

한국사 로그인

동의보감

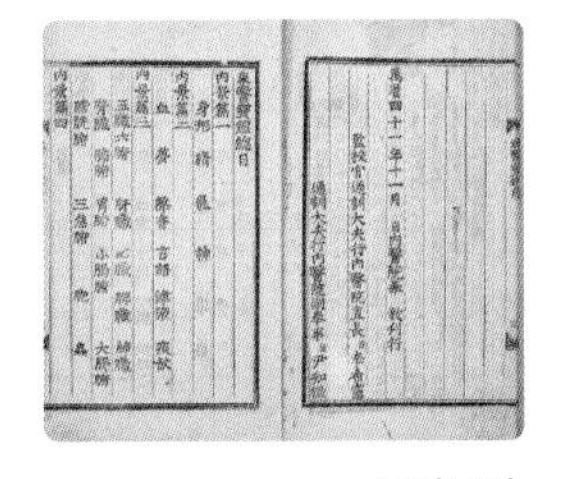

동의보감

조선의 선조 때에 일본의 침략으로 일어난 임진왜란(壬辰倭亂, 1592년~1598년)은 한반도의 전 국토를 황폐하게 만들었다. 또한 많은 한국인들은 이 전쟁으로 인해 목숨을 잃거나 몸을 다치게 되었다. 하지만 당시의 의원들은 의학 서적에 나와 있는 처방을 제대로 해석하지 못해 약을 잘못 짓는 경우가 많았다. 이러한 현실을 보고 선조는 새로운 의학 서적을 편찬하라는 명령을 내렸고, 이에 따라 《동의보감》이 편찬되었다. 이처럼 《동의보감》을 편찬한 배경에는 국민을 사랑하고 국민의 의료에 대한 책임을 국가가 지고자 하는 의도가 놓여 있다. 이 책은 당시의 동아시아에 유통되던 의학 지식을 체계적으로 정리하면서도, 한국만이 가진 고유한 의학적 지식을 제시하고 있어 중국과 일본에서도 여러 차례 간행되었다.

허준(許浚, 1537년~1615년)
조선의 제14대 왕인 선조(宣祖, 1552년~1608년)와 15대 왕인 광해군(光海君, 1575년~1641년)을 보살폈던 의사로, 동아시아의 대표적인 의학서적인《동의보감》을 완성했다.

당시 뛰어난 의사로 이름이 높았던 허준이 1613년에 완성한 의학 서적이다. 이 책은 17세기의 동아시아 의학을 체계적으로 집대성하여 편찬한 대표적인 의학 전문 서적으로, 총 25권으로 이루어져 있다. 또한《동의보감》은 일반 백성이 쉽게 사용할 수 있도록 병의 증상에 따른 치료 방법과 처방이 자세히 기록되어 있다. 특히 약 이름을 한글로 적어놓아 백성들이 쉽게 알아볼 수 있게 하였다. 이 책은 현재까지 한국에 남아 있는 의학서 중 가장 오래된 것으로, 동아시아 의학 발전을 연구하는 데 있어서 중요한 자료로 평가되고 있다.

2. 조선왕조실록 | 승정원일기 | 조선왕조의궤

조선왕조실록

조선시대는 나라의 중요한 일에 대해서는 반드시 기록을 남기는 문화가 있어, 왕과 왕실에 관한 상세한 기록이 오늘날에도 전해지고 있다. 특히 왕이 나라를 다스리는 일과 왕실의 의례에 대해서는 자세한 기록을 남겼는데, 이 기록물의 양이 매우 많고 체계적이어서 세계유산으로서의 가치가 매우 높은 것으로 평가받고 있다. 대표적인 조선 왕조의 기록유산으로는《조선왕조실록(朝鮮王朝實錄)》,《승정원일기(承政院日記)》,《조선왕조의궤(朝鮮王朝儀軌)》가 있다.

실록(實錄)
사실을 있는 그대로 적은 기록이라는 의미. 한 임금이 왕의 자리에 있는 동안에 있었던 일을 기록한 문서이다.

《조선왕조실록》은 조선을 세운 제1대 왕인 태조(太祖, 1335년~1408년)부터 제25대 왕인 철종(哲宗, 1831년~1863년)까지 25명의 왕이 재위한 472년 동안의 역사를 연월일(年月日) 순서에 따라 기록한 책으로, 총 1,893권 888책으로 되어 있는 방대한 양의 역사서이다. 이 기록에는 조선시대의 정치, 외교, 군사, 법률, 경제, 교통, 사회, 예술 등 각 방면의 역사적 사실이 담겨 있다.

조선시대에 실록을 책으로 만드는 일은 한 사람의 왕이 죽고 난 뒤에 시작되었으며, 역사를 기록하는 사관(史官)이 적은 기록은 왕이라 해도 함부로 읽어볼 수 없었다. 사관은 역사 기술에 대한 비밀을 제도적으로 보장받았기 때문에,《조선왕조실록》은 객관적인 사료(史料)로서 진실성과 신뢰성이 높다.

승정원(承政院)은 조선 제3대 왕인 태종(太宗, 1367년~1422년) 때 설치된 이래 제26대 고종(高宗, 1852년~1919년)에 이를 때까지, 왕이 내리는 모든 명령과 지시를 전달하고 왕에게 보고되는 행정적인 일을 처리하는 기관이었다. 《승정원일기》는 승정원이라는 관청에서 매일매일 처리한 업무를 적은 기록이다. 왕의 곁에서 나라의 정치 전반에 걸쳐 많은 정보를 취급했던 곳이 승정원이고, 《승정원일기》는 승정원에서 처리한 업무를 기록한 책인 만큼 이 책에는 조선시대의 왕과 조정(朝廷)에 관한 자세한 정보가 담겨 있다. 이 일기는 날짜와 날씨의 기록으로 시작하고 승정원 관리들의 이름과 출근 상황을 표시한 뒤에 임금의 하루 일과를 장소와 시간대별로 기록하였다. 기록 담당자를 밝혀 국가 공식 기록 작성에 대한 책임감과 사명감을 부여한 점이나 하루도 빠짐없이 기록한 사실도 주목할 만하다.

승정원일기

《조선왕조의궤》는 유교적 원리에 따라 조선 왕실 또는 국가가 거행한 의례나 행사에 대하여 그 내용을 적은 기록물로, 후손들이 이와 같은 의례와 행사를 치를 때 참고하게 하기 위해 남긴 문서를 말한다. 같은 유교문화권에 속하는

한국사 로그인

사고(史庫)

사고는 고려시대와 조선시대에 나라의 역사기록이 담긴 중요한 서적과 문서를 보관한 서적 보관소이다. 조선 왕조는 실록의 편찬을 마치면 갑자기 일어날 수 있는 뜻밖의 일에 대비하기 위해, 모두 네 부를 인쇄하여 네 군데 사고에 각각 따로 보관하였다. 임진왜란(壬辰倭亂, 1592년~1598년) 때에는 사고 세 곳이 불에 타 역사적 기록물이 소실되는 위기를 맞기도 하였다. 따라서 임진왜란이 끝나자 사고는 모두 다섯 곳으로 늘어났다. 이처럼 나라의 역사기록물을 후세에 안전하게 전해지도록 한 점은, 조선시대 사람들이 높은 역사의식과 문화의식을 갖고 있었음을 알려주는 대목이다. 한국은 찬란한 기록문화를 가진 나라이다. 그 대표적인 예가 세계기록문화유산으로 등재된 《조선왕조실록》과 《승정원일기》이다. 《조선왕조실록》에 수록된 글자 수는 6,400만 자로, 총 지면이 7만여 장에 이른다. 한 왕조가 남긴 역사기록물로는 세계에서 가장 길다. 《승정원일기》는 288년 동안 하루도 빠짐없이 기록으로 남겨 수록된 글자 수가 2억 4250자에 이른다. 이는 《조선왕조실록》의 4배 분량으로 세계 최대 규모이다.

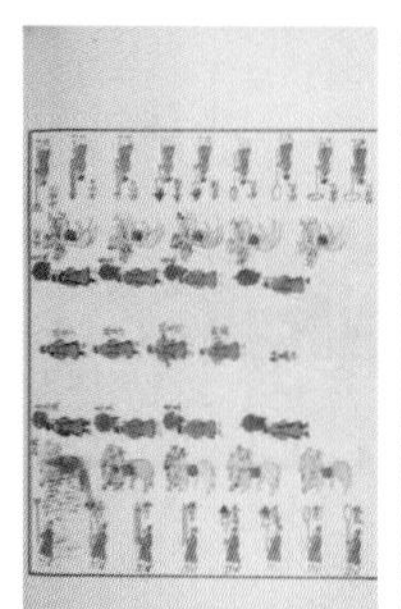
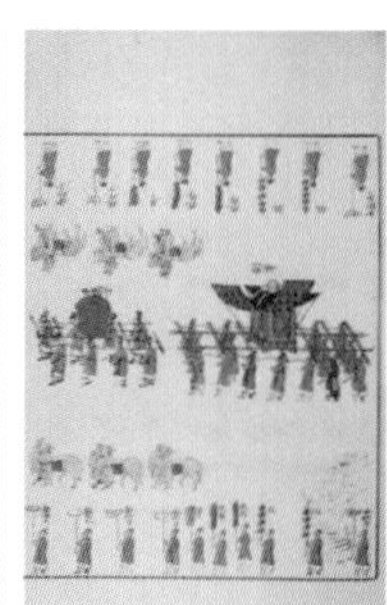
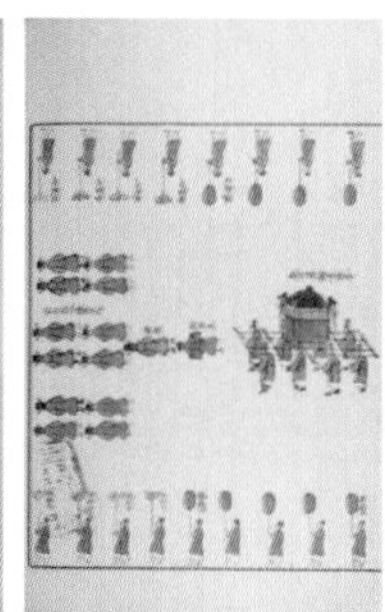
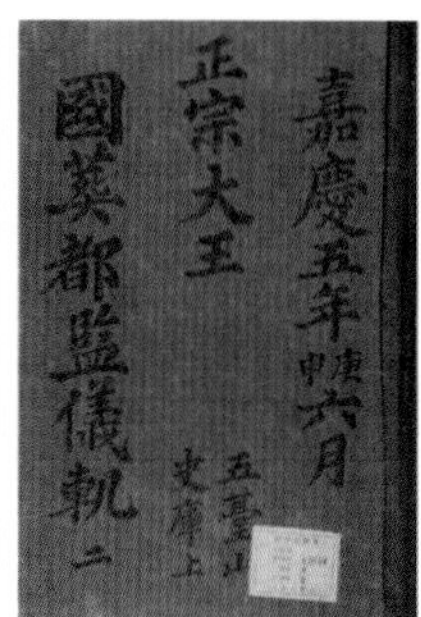

조선왕조의궤

의궤(儀軌)
과거에 국가의 중요한 의식이나 행사를 치를 때 그것의 형식과 절차를 상세히 기록한 책을 말한다.

중국, 일본, 베트남 등에서는 국가의 의례나 행사에 대하여 조선왕조의궤와 같은 체계적인 기록이 아직 확인되지 않고 있다. 특히 이 기록에는, 행사의 진행 과정을 날짜순으로 적고, 행사에 참여한 사람들의 명단, 행사에 쓰인 재료 및 비용 등을 자세히 기록해 놓고 있으며, 의식에 쓰인 주요 도구와 행사 장면을 천연색 그림으로 그려 놓아 시각적 효과와 현장성까지 살리고 있다. 이는 조선시대의 기록문화가 갖는 사실성과 정확성을 잘 보여주는 대표적인 한국의 기록유산이라 할 수 있다.

3. 직지 | 해인사 고려대장경판과 제경판

직지

흥덕사(興德寺)
세계에서 가장 오래된 금속활자 인쇄본인 《직지(直旨)》가 간행되었던 사찰. 충북 청주시에 있다.

한국은 13세기에 세계 최초로 금속활자를 만들어 인쇄술의 발전에 있어서 획기적인 업적을 남겼다. 금속활자가 발명되기 이전부터 목판 인쇄술을 발전시켜 왔던 한국은, 금속활자를 만들어 널리 책을 보급하였다. 이는 당시의 문화적 수준이 매우 높았음을 알려주는 중요한 자료이다. 이러한 인쇄기술로 발간된 《직지(直指)》는 고려시대의 불교문화를 대표하는 기록문화유산으로 널리 알려져 있다.

《직지》는 금속활자로 찍은 세계에서 가장 오래된 책으로, 고려 후기에 활동했던 백운화상(白雲和尙, 1299년~1374년)이 부처와 여러 고승(高僧)들의 말씀을 뽑아 정리한 책이다. 이 책은 고려 우왕(禑王, 1365년~1389년) 때 충청북도 청주의 흥덕사에서 금속활자를 이용하여 인쇄되었다. 금속활자는 인쇄를 보다 편리하고 경제적으로 할 수 있으며 교정도 쉽게 할 수 있도록 고안이 되었다. 따라서 책이 빠르게 인쇄되는 데 많은 도움이 되었다. 한국의 금속활자를 이용한 활판인쇄술은 동양의 인쇄술 발전에 지대한 영향을 끼쳤고, 유럽 등지로 전파된 것으로 알려져 있다.

흥덕사

경남 합천 해인사에 보관되어 있는 고려대장경판과 제경판은 대장경이 한자로 새겨져 있는 세계 유일의 목판본이다. 대장경은 부처가 설법한 불교의 가르침을 모아놓은 불교 경전이다. 이 대장경을 인쇄하기 위해 나무에 글자를 새긴 것을 '대장경판'이라고 하는데, 《고려대장경》을 인쇄하기 위해 만든 고려대장경판은 16년에 걸쳐 만들어졌다. 고려대장경판은 판의 수가 8만여 판에 이르고, 8만4천 번뇌에 해당하는 8만4천 법문이 수록되어 있다. 그래서 고려대장경은 팔만대장경이라고도 불린다. 몽골의 침입을 부처의 힘으로 막아내기 위해 고려는 나라를 지키고자 하는 염원을 담아 대장경판을 만들었다.

제경판
여러 경판을 통칭하여 부르는 이름.

백팔번뇌(百八煩惱)
사람이 지닌 108가지의 괴로움. 일반적으로 사람의 마음속에 집착으로 인해 생겨나는 엄청난 괴로움을 뜻한다.

한국사 로그인
고려대장경

나무에 새긴 고려대장경이 오늘날까지 전해 내려올 수 있는 이유는, 고려 사람들의 지혜가 숨어 있기 때문이다. 이 경판은 글자를 새기기 전에, 우선 목판을 소금물에 2년쯤 담가 두었다가 소금물에 삶아 바람에 1년 정도를 잘 말렸다. 이는 나무의 뒤틀림을 막고 해로운 벌레와 곰팡이를 없애기 위해서였다. 또한 목판 표면에는 옻칠(lacquering)을 하여 글자의 새김이 생생한 상태로 남아 있어서 오늘날에도 인쇄를 할 수 있을 정도이다. 또한 고려대장경은 목판에 글자를 새긴 이들이 이 글자를 새기기 전에 먼저 목욕을 하고, 글자 하나하나를 새길 때마다 부처님의 말씀이라 하여 절을 올렸다고 한다. 현재 전해지는 8만 1350판을 모두 쌓으면 한국에서 가장 높은 산인 백두산(2744m)보다 그 높이가 높다고 한다. 이 경판은 부처님의 힘을 빌어 몽골의 침략으로부터 나라를 지키고자 한 고려 사람들의 애국심이 얼마나 간절했던 것인가를 잘 보여준다.

해인사 고려대장경판과 제경판

고려대장경판과 제경판은 불교 경전을 한자로 새겨 한자 문화권에서 불교가 지속적으로 포교되는 데 기여하였다. 특히 여기에 새겨진 수천 만 개의 글자는 하나같이 고르게 새겨져 있어 목판 제작의 정교함을 보여 준다. 또한 고려대장경판은 지금도 인쇄가 가능할 정도로 훼손되지 않고 잘 보존되어 있는데, 이를 통해 고려시대의 뛰어난 목판 제작 기술을 알 수 있다. 이처럼 고려의 인쇄술은 세계 최고의 기술을 보유하고 있었으며, 이러한 인쇄술로 발간된 기록물과 판본 등은 오늘날 세계적인 기록문화유산으로 평가받는다.

	한국의 세계기록유산	등재 연도		한국의 세계기록유산	등재 연도
1	《훈민정음》	1997	9	1980년 인권기록유산 5·18 광주 민주화운동 기록물	2011
2	《조선왕조실록》	1997	10	새마을운동 기록물	2013
3	《직지》	2001	11	《난중일기》	2013
4	《승정원일기》	2001	12	한국의 유교책판	2015
5	《조선왕조의궤》	2007	13	KBS특별생방송 '이산가족을 찾습니다' 기록물	2015
6	고려대장경판과 제경판	2007	14	국채보상운동 기록물	2017
7	《동의보감》	2009	15	조선통신사에 관한 기록	2017
8	《일성록》	2011	16	조선왕실 어보와 어책	2017

세계기록유산 선정 연도

승정원 이야기

승정원은 조선시대에 왕의 명령을 전달하던 관청으로, 오늘날의 대통령 비서실에 해당하는 기관이다. 이곳은 왕과 가장 가깝게 지낼 수 있는 기관이었기 때문에, 이곳에서 일하는 관리들에게는 높은 도덕성과 행동의 신중성이 요구되었다. 승정원에 있었던 갈호배(蝎虎盃)란 술잔을 통해 그들의 생활을 엿보자.

승정원의 관리들이 술을 마실 때면 갈호배라는 술잔에 술을 부어 마셨다. 갈호배는 조선의 첫 왕인 태조(太祖, 1335년~1408년)가 승정원에 내려준 술잔의 이름이다. 갈호란 사막에 사는 벌레의 일종으로, 이 벌레는 술을 보면 죽어버린다는 전설이 전해진다. 이런 벌레의 이름을 술잔에 붙인 것은, 승정원의 관리들은 항상 자세를 바로 하여야 한다는 사실을 일깨우기 위함이었다. 이 이름에는 술을 마시면 정신이 흐려지므로 술을 마시면 죽는다는 생각을 가지고 술을 삼가야 한다는 뜻이 담겨 있다.

승정원의 관리들이 술을 조심하고, 항상 조심스럽게 행동해야 한다는 것은 조선의 제19대 왕인 숙종(肅宗, 1661년~1720년)이, 승정원에 술잔을 선물하면서 이 술잔에 새긴 시(詩)를 통해서도 알 수 있다.

술을 너무 많이 먹으면
덕을 잃고 마음이 상하게 되니
석 잔 넘게는 마시지 말아야 한다.
이 가르침을 그대들은 반드시 지켜야 한다.

KOREAN HISTORY AND CULTURE

부록 I

한국 역사와 문화 어휘 목록

가면극 얼굴을 감추거나 달리 꾸미기 위해 만든 탈을 쓰고 하는 연극.

가야 연맹 낙동강 유역에서 일어난 금관가야, 대가야, 아라가야, 소가야, 고령가야, 성산가야의 여섯 가야를 합쳐서 이르는 말.

간석기 신석기시대에 돌을 정교하게 갈아서 만든 일상생활용 도구.

갑신정변 갑신년(1884년)에 혁신적인 정부를 세우려던 사람들이 일으킨 정변.

갑오개혁 조선시대 고종(高宗) 31년(1894년) 7월부터 고종 33년(1896년) 2월 사이에 추진되었던 개혁 운동임. 조선의 정치, 사회, 경제, 교육 분야의 제도를 근대적으로 바꾸려 하였음.

강감찬 거란의 침략을 물리친 고려시대의 장군.

강강술래 정월 대보름날이나 팔월 한가위에 남부 지방에서 행하는 민속놀이로, 부녀자들이 손을 잡고 원을 그리며 빙빙 돌면서 춤을 추고 노래를 부름.

강릉단오제 강원도 강릉에서 매년 단오(端午, 음력 5월 5일)날에 열리는 마을 공동 축제로, 무당굿, 풍물놀이, 가면극, 민속놀이가 행해짐.

강화도조약 1876년에 일본이 조선과 교류하고자 군사력을 동원하여 강압적으로 맺은 불평등 조약.

개신교 16세기 종교개혁의 결과로 로마 가톨릭에서 떨어져 나와 성립된 종교로, 한국에서는 흔히 기독교라고 부름.

개화사상 낡은 사회체제에서 벗어나 새로운 사상과 제도를 받아들여 근대화를 이루려는 사상.

개화파 새로운 사상, 문물, 제도를 받아들여 근대적 개혁을 도모한 사람들의 집단.

거북선 조선시대의 이순신(李舜臣, 1545년~1598년) 장군이 임진왜란(壬辰倭亂, 1592년~1598년) 때 왜군을 무찌르는 데 사용한 거북 모양의 군함. 배의 덮개에 송곳이 꽂혀 있고, 사방에 화포가 설치되어 있음.

겁 불교에서 무한히 긴 시간을 나타내는 말.

견훤 통일신라 말인 900년, 백제를 부흥시키고자 후백제를 세운 왕.

경국대전 조선시대에 국가를 체계적으로 통치하기 위해 만든 법전으로, 1485년에 간행됨.

경복궁 1395년에 건립된 조선시대의 궁궐. 임진왜란(壬辰倭亂, 1592년~1598년) 때 대부분 불에 탔으나, 1867년에 다시 지어짐.

경제개발계획 1962년부터 1981년까지 경제를 계획적으로 발전시키기 위해 5년 단위로 추진한 경제 계획.

경주 양동마을 경상북도 경주에 위치한 한국의 대표적인 전통 마을로, 조선시대의 주거생활과 유교적 양반문화를 현재까지 간직하고 있음.

경주 역사 유적 지구 경상북도 경주 전역에 흩어져 있는 신라시대의 유적들을 유적의 성격에 따라 구분한 5개 구역을 통틀어 이르는 말.

고구려 고주몽(高朱蒙, 기원전 58년~기원전 19년)이 압록강 유역에 건국한 나라.

고려 왕건(王建, 877년~943년)이 후삼국을 통일하고 발해인을 받아들여 건국한 나라.

고려대장경 몽골이 고려를 침략했을 때 부처의 힘으로 몽골군을 물리치려는 소망을 담아 만든 《대장경》(불경을 집대성한 경전)으로, 부처의 말씀을 8만여 장의 나무판에 새겨 놓아서 팔만대장경이라고도 함.

고사 집안에서 섬기는 신(神)에게 나쁜 기운은 없어지고 행운이 오기를 기원하는 제사.

고수 판소리 공연에서 북이나 장구 따위를 치는 사람.

고인돌 큰 돌을 몇 개 둘러 세우고 그 위에 넓적한 돌을 덮어 만든 청동기시대 지배계층의 무덤.

고조선 기원전 2333년 무렵에 단군왕검(檀君王儉)이 세운 한국 최초의 국가.

고주몽 기원전 37년에 고구려를 건국한 왕으로, 작은 부족들을 통합하여 국토를 넓히고 나라의 기틀을 마련함.

골장제 한국의 고대국가 중 옥저(沃沮)에서 행해진 장례 풍속으로, 죽은 사람의 뼈를 가족 공동무덤에 함께 넣어 장례를 치르던 풍속.

골품제도 신라시대에 혈통의 높고 낮음에 따라 신분을 구분한 제도. 왕족은 성골(聖骨)과 진골(眞骨)로, 귀족은 6~4두품으로, 평민은 3~1두품으로 구분하여 신분의 등급을 매김.

공녀 원(元)나라의 요구로 바쳐야 했던 고려의 여자.

공물 백성이 국가에 바치던 지역의 특산물.

공민왕 고려 제31대 왕으로, 몽골의 간섭에서 벗어나 자주성을 회복하고자 노력함.

공자 중국 춘추시대의 사상가이자 유학의 창시자로, 여러 나라를 돌아다니면서 덕(德)으로 다스리는 정치를 강조함.

과거제도 고려시대와 조선시대에 관리로 채용할 인재를 뽑기 위해 실시한 시험 제도.

관등제 관리들의 상하 등급을 체계적으로 나눈 제도.

관료 국가의 행정을 맡은 관리로, 특히 정치에 영향력이 큰 고급 관리를 일컬음.

관상 사람의 얼굴 생김새를 보고 그 사람의 운명, 성격, 수명 등을 판단하는 일.

관세음보살 세상의 모든 소리를 살펴듣는다는 보살로, 중생들을 고통으로부터 구제해 주는 자비로운 보살.

관혼상제 성인식 때 예법인 관례, 결혼할 때 예법인 혼례, 장례식 때 예법인 상례, 제사 지낼 때 예법인 제례를 아울러 이르는 말.

광개토대왕 한국 역사상 영토를 가장 넓게 확장한 고구려 제19대 왕.

광복 '빛을 다시 되찾다'라는 의미로, 한국에서는 일제강점기 때 빼앗긴 주권을 다시 찾았다는 의미.

광혜원 1885년에 미국인 선교사 알렌(Horace Newton Allen, 1858년~1932년)이 고종(高宗, 1852년~1919년)에게 건의하여 지은 한국 최초의 근대식 병원.

교리 체계화된 종교의 원리나 이치 또는 종교를 믿는 기준이 되는 가르침.

교조 어떤 종교나 신앙체계를 처음 세운 사람.

교종 불교 경전을 바탕으로 한 교리를 중시하는 불교의 한 종파.

구석기시대 돌을 깨서 도구를 만들어 사용한 시기.

9주 5소경 통일신라시대에 나라를 효율적으로 다스리기 위해 나눈 지방 행정 구역.

국선 신라시대 화랑의 지도자.

국채보상운동 1907년 일본으로부터 빌려 쓴 1,300만원을 갚고 국권을 회복하자는 취지로 한국인들이 벌인 전국적인 모금운동.

국학 신라와 고려에서 유교를 가르친 교육기관으로, 1308년에 '성균관'으로 이름을 바꿈.

군신유의 사람이 지켜야 할 다섯 가지 도리인 오륜(五倫)의 하나로, 임금과 신하 사이의 도리는 의리에 있음을 뜻함.

군위신강 유교의 도덕에서 기본이 되는 세 가지 강령인 삼강(三綱)의 하나로, 신하는 임금을 섬기는 것이 근본임을 뜻함.

군정 전쟁으로 점령한 지역을 군대가 임시로 행정권을 행사하는 것.

굿 신(神)과 소통할 수 있는 무당이 신에게 음식을 바치고 노래와 춤으로 소원을 비는 의식.

궁예 통일신라 말인 901년, 고구려를 계승한 후고구려를 건국한 왕.

귀족 정치적, 사회적 특권을 가진 관료나 지배층 자리에 있는 사람.

규장각 조선시대 왕실의 도서관이자 학문을 연구하는 기관.

금속활자 인쇄를 편리하게 하기 위해 납이나 구리와 같은 금속으로 문자나 기호를 만든 것.

금오신화 조선 전기에 김시습(金時習, 1435년~1493년)이 지은 한국 최초의 한문 소설집으로, 사회의 제도나 인간의 운명 등에 대결하는 인간의 의지를 표현함.

기 성리학의 핵심적인 개념으로, 세상 만물 또는 우주를 구성하는 기본 요소나 힘을 말함.

기공 배꼽 아랫부분인 단전(丹田)으로 숨을 쉬는 정신수련법의 일종.

기과학 세상에 있는 모든 것이 생겨나는 근원이 되는 힘인 기(氣)의 성질을 과학적으로 분석하는 학문.

기독교 예수 그리스도의 인격과 교훈을 중심으로 하는 종교로, 예수를 인류의 구원자로 믿음.

기제사 매년 사람이 죽은 날에 지내는 제사.

길흉화복 운이 좋고 나쁨과 재앙과 행운을 아울러 이르는 말.

김수환 가톨릭 성직자로, 한국 최초로 높은 성직에 해당하는 '추기경'이 됨.

김시습 조선 전기의 학자로, 유교, 불교, 도교사상을 아우른 포괄적인 사상을 가졌으며, 시와 문장을 잘 지은 것으로 유명함.

김일성 해방 이후 조선민주주의인민공화국을 건설한 북한의 지도자.

김홍도 조선 후기의 화가로, 서민들의 생활을 묘사한 풍속화를 그린 것으로 유명함.

꼭두각시놀음 한국의 민속 인형극. 무대 뒤에서 연극을 진행하는 사람이 여러 인형을 무대 위에 번갈아 내세우며 인형의 동작을 조종하면서 동시에 대사를 말함.

나 · 당연합군 신라와 중국의 당나라가 힘을 모아 만든 군대.

나무아미타불 불교에서 염불할 때 외는 소리로, 모든 중생을 구제하는 부처인 아미타불에 돌아가 의지함을 이르는 말.

남녀칠세부동석 일곱 살 이후로는 남녀가 한 자리에 같이 앉지 않는다는 뜻으로, 남녀를 엄격하게 구별하는 유교적 윤리관을 나타내는 말.

남북국시대 남쪽의 통일신라와 북쪽의 발해가 함께 발전했던 시대.

남사당놀이 서커스단과 같은 집단으로, 조선시대에 마을을 돌아다니면서 공연을 하는 유랑놀이패인 남사당패의 민속 예능놀이.

냉전체제 직접적으로 무력을 사용하지 않고 경제 · 외교 · 정보 따위를 수단으로 하는 국제적 대립. 특히 제2차 세계대전 이후 미국을 비롯한 자본주의체제와 소비에트연방을 비롯한 사회주의체제의 대결구도를 일컫는 말.

노비 남의 집이나 국가에 몸이 매여 일을 하던 남자종과 여자종을 아울러 이르는 말.

노비안검법 고려 전기에 노비가 아니었던 양민을 본래의 신분으로 되돌려주기 위해 만든 법.

노자 중국 고대의 철학자이자 도가의 창시자로, 세상에 있는 모든 것의 근원인 도(道)를 좇아서 살 것을 주장하였으며, 사람의 힘을 가하지 않은 있는 그대로의 자연을 존중함.

노장사상 있는 그대로의 자연을 이상적인 도덕의 표준으로 하고, 허무를 우주의 근원으로 삼는 것을 주장한 노자(老子, 생몰연도 미상)와 장자(莊子, 생몰연도 미상)의 사상.

농사직설 조선 전기에 농사 방법과 기술에 대한 지식을 엮어 만든 책.

단군 신화적 인물로 기원전 2333년에 한국 최초의 국가인 고조선을 건국한 한국인의 시조.

단발령 조선 말기에 머리를 묶는 상투 풍속을 없애고 짧게 깎아 서양식 머리 모양을 하게 한 명령.

단학 신체의 기운을 조절하고 활용하여 몸과 마음을 건강하게 하는 심신 수련 방법.

당 중앙아시아를 점령하여 강력한 대제국을 건설했던 중국의 통일왕조.

당파 정치적 입장을 같이하는 사람들이 뭉쳐 이룬 단체나 모임.

대동여지도 조선 후기에 김정호(金正浩, 생몰 연도 미상)가 27년간 한반도를 직접 답사하고 실제로 측량하여 만든 지도.

대목장 나무로 궁궐이나 사찰 또는 가옥을 짓는 뛰어난 기술을 가지고 있는 사람.

대승불교 중생을 바른 길로 인도하여 부처의 경지에 이르게 하는 것을 이상으로 하는 불교. 한국, 중국, 일본 불교가 여기에 속함.

대장경 불교의 교리를 집대성한 경전.

대조영 고구려 땅을 회복하여 고구려를 계승한 발해를 건국한 왕.

대한민국임시정부 일제강점기에 일어난 3 · 1운동 후 독립운동을 체계적으로 추진하기 위해 중국 상하이에 임시로 세운 정부.

대한제국 조선의 제26대 왕인 고종(高宗, 1852년~1919년)이 국내외에 한국이 자주국가임을 알리기 위해 새로 지은 국가의 이름.

덕 사람이 갖추어야 하는 품성으로, 남을 넓게 이해하고 받아들이는 마음이나 행동을 이름.

덕치주의 덕망이 있는 사람이 도덕을 잘 모르는 사람을 지도하고 이끌며 다스리는 것.

데릴사위제 결혼 후 남자가 여자의 집에 살던 혼인제도.

도 사람이 마땅히 지켜야 할 도리.

도교 사람의 힘을 더하지 않은 그대로의 자연을 이상적인 경지로 신선사상과 노장사상의 철학을 받아들인 종교.

도산서당 조선시대에 퇴계 이황(退溪 李滉, 1501년~1570년)이 성리학을 연구하고 저술에 전념하면서 제자를 기르기 위해 지은 서당.

독립선언서 1919년에 일제로부터 독립하기 위해 벌인 3 · 1운동 때 한국의 독립을 세계에 선포한 선언서.

독립협회 1896년에 한국의 자주독립과 정치적 개혁을 위하여 개화파 지식인들이 만든 사회 정치 단체.

독재정권 어떤 정치적 결정을 할 때 특정한 개인, 단체, 계급, 정당이 독단으로 처리하는 정치상의 권력.

돌하르방 돌로 만든 할아버지라는 뜻의 제주도 방언으로, 제주도에서 사람들의 평안과 질서를 지켜준다고 믿는 신.

동방예의지국 중국에서 한국을 이르던 말로, 동쪽에 있는 예의 바른 나라라는 의미.

동예 한국의 초기 고대국가 중 하나로, 강원도 북부 동해안 지역에 있던 부족 국가.

동의보감 조선시대에 허준(許浚, 1539년~1615년)이 완성한 한의학 백과사전으로, 당시 동아시아 의학을 체계적으로 정리하여 완성했다는 평가를 받음.

동학 1860년 최제우(崔濟愚, 1824년~1864년)가 현실의 모순으로 고통 받는 백성을 구제하려고 세운 민족 종교. 민간신앙, 유교, 불교, 도교의 장점이 결합된 종교로, '사람이 곧 하늘'이라는 인내천(人乃天)사상을 교리로 삼음.

동학농민운동 1894년에 잘못된 정치를 바로잡고 외국의 침략에 대항하여 나라를 지키기 위해 동학교도와 농민들이 힘을 모아 일으킨 농민운동.

뗀석기 구석기시대에 돌을 깨뜨리거나 떼어내어 만든 일상생활용 도구.

러일전쟁 1904년에 러시아와 일본이 한반도와 만주에 대한 지배권을 둘러싸고 벌인 전쟁.

마한 고대국가인 삼한(三韓) 가운데 경기도, 충청도, 전라도 지방에 걸쳐 있던 나라로, 54개의 부족 국가로 이루어진 나라.

말갈족 6~7세기경 만주 북동부와 한반도 북부에 거주하던 민족.

매사냥 길들인 매로 꿩, 토기 등을 잡는 일.

명 몽골족이 세운 원나라를 무너뜨리고 세워진 중국의 통일왕조.

명당자리 풍수지리에서 후손에게 장차 좋은 일이 많이 생기게 된다는 묏자리나 집터를 일컫는 말.

명동성당 한국의 천주교를 대표하는 성당.

명성황후 조선의 제26대 왕인 고종(高宗, 1852년~1919년)의 아내.

몽골 칭기즈 칸이 세운 나라로, 당시 세계 최대의 제국을 건설함.

몽유도원도 조선 초기의 대표적인 화가인 안견(安堅, 생몰 연도 미상)이 그린 산수화로, 제목처럼 '꿈속에서 노닌 복사꽃 핀 마을'을 웅장하고 환상적으로 형상화한 그림.

무단통치 군대와 경찰을 앞세워 무력으로 지배하는 정치 방법.

무당 인간과 신을 연결해 주는 사람으로, 굿을 통해 신에게 인간의 복(福)을 기원함.

무릉도원 신선이 살았다는 이상적인 세계.

무속신앙 무당으로 불리는 중재자가 신령과 인간을 중재하는 종교 또는 민간에서 전승되고 있는 풍속이나 신앙을 지칭함.

무신 과거시험에서 무과시험을 치른 관리로, 주로 군사 일을 담당함.

무신정변 고려시대에 문신에게 차별적인 대우를 받자 이에 불만을 가진 무신들이 비합법적으로 권력을 빼앗은 사건.

묵호자 고구려의 승려로, 신라에 불교를 처음으로 전해줌.

문묘 유교의 창시자인 공자를 받드는 사당.

문신 과거시험에서 문과시험을 치른 관리로, 일반적인 행정업무를 담당함.

문익환 한국의 개신교를 대표하는 목사로, 한국의 통일과 민주화를 위해 평생을 헌신함.

문화재 과거 선조들이 남긴 문학, 예술, 민속, 생활양식 등 역사, 문화적 가치가 인정되는 사물 또는 그런 것.

문화통치 일제가 무력으로 억압하던 통치 방식 대신 새롭게 내세운 식민 통치 방식으로, 한국인의 자유를 부분적으로 허용하며 지배한 정치 방식.

물산장려운동 일제강점기에 한국의 기업을 발전시켜 경제력을 기르고자 벌인 운동.

미륵신앙 지상에 있는 중생을 구원해 준다는 미륵부처를 믿는 신앙.

민며느리제 며느리가 될 여자 아이를 혼례를 치르기 전에 데려와 키우다, 성인이 되면 혼례를 치르던 결혼 풍습.

민요 예로부터 일반인들 사이에 불려오던 전통적인 노래를 이르는 말로, 대개 특정한 작사자나 작곡자가 없이 사람들 사이에서 입으로 전해져 내려오며 민중들의 사상, 생활, 감정을 담고 있는 노래.

민족말살정책 식민지 상태에 있는 민족의 민족성과 민족의식을 없애고 종속관계를 지속하려고 한 지배국가의 정책.

민족실력양성운동 일제강점기에 한민족의 실력을 길러 독립을 이루고자 벌였던 민족운동.

민주공화제 주권이 국민에게 있고 군주가 존재하지 않는 정치체제.

박정희 한국의 제5~9대 대통령으로, 경제개발계획을 실시하여 한국의 경제성장을 이끌었으나 독재정치로 민주주의를 억압한 인물로 평가받음.

박지원 조선시대의 실학자로, 청나라의 발달된 문물을 받아들여 조선의 문물제도를 개혁해야 한다고 주장함.

박혁거세 신라를 건국한 왕.

반공 공산주의에 반대한다는 의미.

발림 판소리에서 노래의 가락 또는 노래의 가사인 판소리사설의 내용에 맞게 하는 몸짓이나 손짓의 동작을 이름.

발해 대조영(大祚榮, 미상~719년)이 고구려 땅에 세운 나라로, 한때 해동성국(바다 건너 동쪽의 융성한 나라라는 뜻)이라 불릴 만큼의 강력한 국가.

방생 불교에서 생명을 소중하게 여기는 뜻에서 사람에게 잡힌 물고기나 짐승을 놓아주는 일.

백운동서원 조선 중기인 1543년에 경상북도 영주시의 백운동에 세워진 한국 최초의 서원.

백운화상 고려 말의 승려로, 1372년에 《직지(直指)》라는 불교서적을 편찬함. 이 책은 세계에서 가장 오래된 금속활자본으로 유명함.

백제 온조(溫祚, 미상~28년)가 한강 유역에 세운 나라.

백팔번뇌 사람이 지닌 108가지의 괴로움. 일반적으로 사람의 마음속에 집착으로 인해 생겨나는 엄청난 괴로움을 뜻함.

법문 불교의 가르침을 적은 경전의 글.

벽란도 고려시대에 예성강 하류에 있던 국제 무역항.

벽사진경 사악한 기운을 쫓고 기쁜 일을 맞이함.

변한 고대국가인 삼한(三韓) 가운데 경상도의 서남 지방에 있던 나라로, 십여 개의 부족 국가로 이루어진 나라.

병자호란 청(淸)나라의 침략으로 일어난 조선과 청나라의 전쟁.

보살 불교에서 깨달음을 추구하는 존재로, 자비로운 마음을 가지고 남을 적극적으로 돕거나 중생을 구제하려는 사람.

복 삶에서 누리는 좋고 만족할 만한 행운. 또는 거기서 얻는 행복.

봉분 흙을 둥글게 쌓아 올려 만든 무덤.

봉오동전투 1920년에 중국 만주의 봉오동에서 홍범도 장군이 이끈 대한독립군이 일본군을 크게 무찌른 싸움.

부귀영화 재산이 많고 지위가 높으며 몸이 귀하게 되어서 이름이 세상에 드러나 많은 영광을 누림.

부농 토지나 돈 등 재산이 많은 농가나 농민.

부부유별 유학에서 사람이 지켜야 할 다섯 가지 도리인 오륜(五倫) 중 하나로, 부부 사이에는 서로 침범하지 못하는 구별이 있어야 함을 이름.

부여 한국의 초기 고대국가 중 하나로, 북만주 지역에 있던 나라.

부위부강 유교의 도덕에서 기본이 되는 세 가지 강령인 삼강(三綱) 중 하나로, 남편이 아내의 근본임을 이름.

부위자강 유교의 도덕에서 기본이 되는 세 가지 강령인 삼강(三綱) 중 하나로, 아버지가 아들의 근본임을 이름.

부자유친 유학에서 사람이 지켜야 할 다섯 가지 도리인 오륜(五倫) 중 하나로, 어버이와 자식 사이에는 친함이 있어야 함을 이름.

부적 재앙을 막고 복을 불러온다고 믿어지는 주술적 도구로, 보통 붉은색으로 종이에 글씨를 쓰거나 그림을 그려 몸에 지니거나 집에 붙임.

부족 원시사회나 미개사회를 구성하는 집단으로, 같은 혈통 · 언어 · 종교 · 문화 등을 가진 생활 공동체.

북벌론 조선을 침략했던 청(淸)나라를 정벌하자는 주장으로, 조선의 제17대 왕인 효종(孝宗, 1619년~1659년) 때 제기되었던 계획.

북진정책 북쪽 지방으로 진출하여 나라의 영토를 확장하려고 한 정책.

분단국가 본래는 하나의 국가였으나 전쟁 또는 외국의 지배 따위로 인하여 둘 이상으로 갈라진 국가.

불공 불교에서 부처 앞에 음식이나 꽃을 드리는 것.

불교 기원전 6세기경 인도의 석가모니가 창시한 종교로, 세상의 고통과 번뇌를 벗어나 진리를 깨닫는 것을 이상적인 목표로 삼음.

불국사 신라시대 때 경북 경주시 토함산에 지어진 절로, 불교의 교리를 사찰 건축물로 표현함.

붕당 조선시대에 같은 뜻을 가진 사림들의 집단. 원래 '붕'이란 같은 스승 밑에서 함께 공부한 무리를 뜻하고, '당'이란 이해관계를 중심으로 모인 집단을 뜻함.

붕우유신 유학에서 사람이 지켜야 할 다섯 가지 도리인 오륜(五倫) 중 하나로, 친구 사이에는 믿음이 있어야 함을 이름.

비파형동검 청동기시대 칼의 일종으로, 칼의 아랫부분이 넓고 둥근 비파 모양처럼 생김.

빗살무늬토기 신석기시대에 식량을 저장하기 위해 만든 그릇. 흙으로 빚었으며 겉에 빗살무늬가 새겨져 있음.

사고 고려 말기부터 조선 후기까지 국가의 역사적 사실을 적은 책을 보관하던 곳.

사군자 성품이 좋고 학문이 뛰어난 군자를 상징하는 매화, 난초, 국화, 대나무를 이름. 또는 이 식물을 그린 그림.

사관 역사를 기록하는 일을 맡은 관리.

사당 조상의 이름을 적은 작은 나무패인 신주(神主)를 모시고 제사를 지내는 집.

사대부 사회적 신분이나 지위가 높은 양반.

사료 역사를 연구할 때 필요한 문헌이나 유물 자료.

사림 유학을 깊게 공부한 선비의 무리로, 조선 중기에 정치와 사회를 주도한 새로운 정치 세력.

사서삼경 유교(儒敎)의 핵심 경전을 이르는 말로, 사서(四書)에는 《논어(論語)》, 《맹자(孟子)》, 《대학(大學)》, 《중용(中庸)》이, 삼경(三經)에는 《시경(詩經)》, 《서경(書經)》, 《역경(易經)》이 있음.

사신도 동서남북을 지키는 네 가지 상징적인 동물인 청룡(동쪽), 백호(서쪽), 주작(남쪽), 현무(북쪽)를 그린 그림.

4·19혁명 1960년 4월 19일을 전후하여 한국 국민들이 초대 대통령인 이승만(李承晩, 1875년~1965년) 정부의 독재와 부정부패, 부정선거에 항의하여 벌인 민주주의 혁명.

사화 조선 중기에 성리학을 공부한 선비 집단인 사림파(士林派)가 정치적 반대파인 훈구파(勳舊派)에 의해 죽거나 유배되는 등 참혹한 일을 당한 일.

살 사람을 해치거나 물건을 깨뜨리는 나쁜 기운.

살수대첩 612년에 고구려의 을지문덕(乙支文德, 생몰 연도 미상) 장군이 고구려를 침략한 수(隋)나라 군대를 살수에서 크게 이긴 싸움.

살생 사람이나 짐승 등 살아 있는 것을 죽임.

살풀이춤 나쁜 기운을 없애기 위해 하는 살풀이굿을 춤으로 만든 것.

삼강오륜 유교에서 기본이 되는 세 가지의 근본과 다섯 가지의 도리로, 삼강은 군위신강(君爲臣綱), 부위자강(父爲子綱), 부위부강(夫爲婦綱)을, 오륜은 부자유친(父子有親), 군신유의(君臣有義), 부부유별(夫婦有別), 장유유서(長幼有序), 붕우유신(朋友有信)을 말함.

삼국사기 한국에서 가장 오래된 역사책으로, 고려 후기인 1145년에 김부식(金富軾, 1075년~1151년)이 편찬함. 고구려, 백제, 신라의 역사가 기록되어 있음.

삼국시대 고구려, 백제, 신라가 서로 세력을 다투며 발전한 시대로, 고대국가로서 틀을 갖추기 시작한 때부터 백제와 고구려가 멸망할 때까지의 시기.

삼국유사 고려 후기인 1285년에 승려 일연(一然, 1206년~1289년)이 쓴 역사책으로, 삼국시대의 역사, 고대국가의 신화와 신앙, 불교와 승려들에 대한 이야기가 수록되어 있음. 특히 이 책에는 고조선과 단군신화에 대한 기록이 남아 있어서 한국 역사 연구의 중요한 자료가 됨.

삼별초 고려의 무신정권(武臣政權) 때 고려를 침략한 몽골에 대항하던 특수 군대.

3·1운동 1919년 3월 1일에 일본의 강제적인 식민지 통치로부터 자주 독립할 목적으로 일으킨 한민족의 독립운동.

삼팔선(38선) 한반도의 중앙부를 가로지르는 북위 38도선을 이르는 말. 한반도는 삼팔선을 경계로 남한(한국)과 북한(조선민주주의인민공화국)으로 나뉨.

삼한 한반도 남부 지역에 자리잡고 있었던 한국의 초기 국가로, 마한(馬韓)·진한(辰韓)·변한(弁韓)을 합쳐서 이르는 말.

상감청자 상감 기법을 이용하여 무늬를 넣은 비취색이 나는 도자기. 상감 기법이란 도자기 표면의 흙을 파서 다른 재료로 채워 넣는 기법으로, 이를 활용한 상감청자는 고려만의 독창적인 방법임.

상민 조선시대에 양반이 아닌 보통 백성을 이르던 말로, 농민·수공업자·상인 등의 생산층이 이에 속함.

새마을운동 1970년부터 시작된 지역 사회 개발 운동으로, 생활환경의 개선과 소득 증대를 도모함.

생물권보존지역 자원을 자연 상태 그대로 보존하고 이에 대한 연구를 추진하기 위해 유네스코가 1971년 이후에 지정한 지역.

샤머니즘 원시종교의 한 형태로, 주술사인 샤먼이 신(神)과 직접적인 교류를 하며, 예언이나 병 치료, 잡귀 퇴치 등의 행위를 함.

서당 전근대 시기에 한문 교육, 예절과 인성 교육을 맡았던 사설 교육기관.

서얼 정식으로 결혼한 아내가 아닌 여자에게서 태어난 양반의 자식. 서자(庶子)라고도 함.

서옥제 고구려의 혼인 풍습으로, 신랑이 신부의 집 뒤에 서옥(壻屋)이라 불리는 작은 집을 짓고 살다가, 자식을 낳아 어느 정도 성장하면 아내를 데리고 자신의 집으로 돌아가던 풍습.

서원 조선시대의 사립 교육 기관으로, 조선 중기부터 학식이 높은 학자의 제사를 지내고, 인재를 키우기 위해 전국 곳곳에 세움.

서학 조선시대에 넓게는 서양의 사상과 문물을 가리키는 말로 사용되었으며 좁게는 천주교를 이르던 말로 사용됨. 동학(東學)에 상대되는 개념으로 쓰임.

석가모니 불교의 창시자로, 오랜 수행을 거쳐 괴로움에서 벗어나 진리를 깨닫고 이를 중생에게 가르침.

석가탄신일 음력 4월 8일로, 불교에서 석가모니의 탄생을 기념하는 날.

석굴암 통일신라 때 만든 석굴로 된 절로, 경상북도 경주시 토함산에 있음. 석굴 안에 있는 불상은 불교의 세계를 표현한 것으로 조각 기법이 매우 뛰어남.

선불교 인간의 마음에 있는 깨끗한 마음인 불성(佛性)을 일깨워 자비로운 부처의 마음을 중생에게 전하는 불교의 한 종파.

선비 학식이 있고 행동과 예절이 바르며 의리와 원칙을 지키고 관직과 재물을 탐내지 않는 고결한 인품을 지닌 사람을 이르는 말.

선사시대 문자로 된 기록이나 문헌이 존재하지 않는 시대로, 한국에서는 석기시대와 청동기 시대를 가리킴.

선종 한순간에 깨달음을 얻는 직관적인 종교적 체험을 중요하게 생각하는 불교의 한 종파.

성균관 고려 말과 조선 시대에 유학을 가르치던 최고 교육 기관.

성덕대왕신종 통일신라 때 만들어진 범종. 이 종은 한 어린아이를 희생시켜 만들었다는 전설이 전해지고 있음.

성리학 12세기에 중국의 주자(朱子, 1130년~1200년)가 집대성한 유교의 한 학파. 인간의 본성이 선한지 악한지, 인간이 존재하는 이유는 무엇인지, 우주는 어떤 요소가 작용하여 만들어졌는지 등을 연구함.

성탄절 12월 25일로, 예수 그리스도(Jesus Christ, 미상~30년)의 탄생을 기념하는 날.

세도정치 조선 후기에 왕실과 혼인 관계를 맺은 몇몇 가문이나 특정 인물이 권력을 휘두르던 정치.

세례 기독교를 믿어 새로 구성원이 되는 사람에게 모든 죄악을 씻는 표시로 물을 이용하여 행하는 의식.

세속오계 신라 때 승려인 원광법사(圓光法師, 생몰 연도 미상)가 제시한 화랑(花郎)이 지켜야 할 다섯 가지 계율로, 사군이충(事君以忠)·사친이효(事親以孝)·교우이신(交友以信)·임전무퇴(臨戰無退)·살생유택(殺生有擇)을 이름.

세종 조선의 제4대 왕으로, 한국의 문자인 한글을 창제하였으며, 정치·경제·과학·문화 등을 발전시키는 데 큰 공헌을 함.

소격전 조선시대에 하늘과 땅, 별에 제사를 지내던 관청으로, 후에 소격서(昭格署)로 이름이 바뀜.

소도 한국의 초기국가인 삼한(三韓) 때 질병과 재앙이 없기를 기원하며 하늘에 제사를 지내던 신성한 지역을 이름.

소승불교 개인의 깨달음 또는 얽매임이나 괴로움에서 벗어나는 것을 중요하게 생각하고 사회와는 일정한 거리를 가지는 불교의 종파.

솟대 마을을 지켜주는 신 또는 경계의 상징으로 마을 입구에 세운 긴 장대.

쇄국정책 나라의 이익이나 안전을 위해 다른 나라와 교역을 금지하는 정책.

숙명론 모든 일 또는 모든 사람의 운명은 이미 정해져 있어서 마음대로 바꿀 수 없다는 이론.

순장 높은 권력을 가진 사람이 죽었을 때 살아 있는 사람을 죽은 이와 함께 묻는 장례 제도.

승정원일기 조선시대에 왕의 행정적인 업무 처리를 하는 승정원에서 처리한 업무를 매일 기록한 일기.

시조 한 국가나 집안의 제일 처음이 되는 조상.

식민지 정치적 · 경제적으로 다른 나라의 지배 아래 있어서 국가의 주권을 상실한 나라.

신라 박혁거세(朴赫居世, 기원전 69년~기원후 4년)가 경상도 지역에 세운 나라로, 후에 백제와 고구려를 멸망시키고 삼국(三國)을 통일하여 통일국가를 이룸.

신명 매우 즐거운 기분이 일어나는 감정.

신사참배 일제강점기에 일제가 한국인의 민족의식을 없애기 위해 한국인에게 일본 고유의 신앙 대상을 모신 사당에 절을 하도록 강요했던 일.

신선사상 늙지 않고 오래 사는 신선의 경지에 달하기를 바라는 사상으로, 한국에서 신선사상은 무속과 함께 원시신앙의 바탕을 이룸.

신석기시대 사람들이 돌을 갈아서 도구를 만들어 쓰던 시대.

신윤복 조선 후기의 대표적인 풍속화가로, 기생, 주막, 여성, 사랑을 소재로 한 풍속도를 많이 그림.

신주 돌아가신 분의 이름을 적어 놓은 작은 나무패로, 한국인들은 신주에 조상의 영혼이 깃들어 있다고 생각하고, 신주를 모시고 제사를 지냄.

신진사대부 고려 말에 과거시험을 통해 관리가 된 새로운 정치 세력으로, 성리학(性理學)을 공부한 양반들.

실록 사실을 있는 그대로 적은 기록이라는 뜻으로, 한 임금이 왕의 자리에 있는 동안의 사실을 적은 기록을 이름.

실학 조선 후기에 실생활에 유용한 학문을 목표로 하며, 실제적인 것을 연구하는 학문적 경향.

십일조 기독교 신자가 한 달에 자기가 번 돈의 10분의 1을 교회에 바치는 것.

십자가 기독교의 대표적인 상징으로, 예수가 모든 사람의 죄를 속죄하기 위해 십(十)자 모양의 틀에 못 박혀 죽은 데서 유래함.

십장생 동양에서 예부터 늙지 않고 오래 산다고 믿었던 열 가지 상징물로, 해, 산, 물, 돌, 구름, 소나무, 불로초, 거북, 학, 사슴이 포함됨.

씨름 한국 고유의 운동으로, 두 사람이 허리와 다리에 둘러 묶은 끈을 잡고 힘과 재주를 부려 상대방을 먼저 넘어뜨리는 경기.

아니리 판소리에서 높은 소리로 노래를 하는 중간 중간에 가락을 붙이지 않고 이야기하듯 엮어 나가는 말.

아미타불 불교에서 모든 사람을 바른 길로 인도하고 구제해 준다는 부처로, 이 부처에게 기도를 하면 죽은 뒤에 극락에 갈 수 있다고 함.

안견 조선 전기의 대표적인 화가로, 자연을 그린 산수화(山水畵)에 뛰어남.

안동 하회마을 경상북도 안동에 위치한 한국의 대표적인 역사 마을로, 조선시대의 유교적 생활양식과 전통문화가 현재까지 간직되어 있는 곳.

안시성전투 645년에 고구려가 침략한 당(唐)나라와 안시성 부근에서 벌인 전투.

애니미즘 농사에 영향을 끼치는 자연현상이나 자연물에 영혼이 있다고 믿는 원시신앙.

액 모질고 사나운 운수나 재앙.

양반 고려와 조선시대에 사회적으로 특권을 가진 지배 신분층.

양생법 건강하게 오래 살 수 있도록 몸과 마음을 잘 다스리는 방법.

억불숭유정책 조선시대에 불교를 탄압하고 유교를 숭상한 정책.

여름성경학교 여름방학 동안 교회에서 기독교 교리를 교육하는 것.

역사시대 문자로 기록된 역사적 자료인 문헌사료(文獻史料)가 있는 시대로, 한국에서는 철기문화를 받아들인 고조선 이후를 역사시대로 보고 있음.

역신 전염병을 옮기는 신.

연등회 정월 대보름(음력 1월 15일)에 등을 밝히고 복을 비는 불교 의식. 신라 때부터 시작되어 고려 때 국가적인 행사로 성행하였고, 조선 중기 때부터 석가탄신일인 음력 4월 8일에 행해짐.

연합군 둘 이상의 국가가 합쳐서 구성한 군대.

연호 한 왕이 재위한 기간 동안 연 앞에 붙이는 이름.

열반 수행을 통해 모든 괴로움과 얽매임에서 벗어나고 진리를 깨닫는 것.

열사 나라를 위해 충성을 다해 싸우다 죽음을 맞이한 사람에게 붙이는 칭호.

영남학파 조선시대에 영남 지방(경상남도와 경상북도)을 중심으로 형성되었던 성리학의 한 학파.

영산재 죽은 사람이 좋은 곳에 가도록 기원하는 불교의식으로, 사람이 죽은 지 49일이 되는 날 치러짐.

예 사람이 지켜야 할 예절과 도리를 뜻하는 유교적 개념.

예배 예의를 갖추어 절한다는 뜻. 종교에서는 신앙의 대상에게 존경하는 마음을 표현하는 것을 말함.

예학 사람이 지켜야 할 예법에 관한 학문으로, 조선시대에 성리학이 발달하면서 예법이 강조되자 이 학문이 발전함.

오름 '산봉우리'의 제주도 방언으로, 큰 화산의 주위에 생긴 작은 화산을 말함.

5 · 18민주화운동 1980년 5월 18일에 신군부 세력의 퇴진과 나라의 민주화를 요구하며 전라남도 광주에서 일어난 대규모 민주화운동.

오행사상 동양철학에서 우주만물을 이루는 금(金), 수(水), 목(木), 화(火), 토(土) 다섯 가지가 서로 조화를 이루거나 충돌하여 만물을 지배한다고 생각하는 사고방식.

옥저 한국의 초기 고대국가 중 하나로, 함경도의 함흥 지역에 있던 부족 국가.

온조 고구려 시조 고주몽의 셋째 아들로, 기원전 18년에 백제를 세운 왕.

왕건 918년에 고려를 건국한 왕으로, 후삼국을 자주적으로 통일하고 발해인을 받아들여 민족문화의 기반을 마련함.

왕오천축국전 신라의 승려 혜초(慧超, 704년~787년)가 고대 인도의 5국과 주변의 여러 나라를 10년 동안 순례한 뒤 그 행적을 적은 책.

왕조 같은 왕가에 속하는 왕의 가족 또는 친인척이 나라를 다스리는 시대 또는 같은 왕가에서 나온 왕의 계열.

왜 한국과 중국에서 일본을 일컫던 말.

왜구 고려 중기부터 조선 전기까지 한국과 중국의 바닷가 지역을 약탈했던 일본의 해적.

용암동굴 화산의 분화구에서 분출된 마그마가 흘러 자연적으로 생긴 동굴.

원 13세기 중반부터 14세기 중반까지 중국과 동아시아 전역을 지배한 몽골 제국.

유교 인(仁)과 예(禮)를 중시하는 유학의 가르침을 종교적인 관점에서 이르는 말.

유교문화권 유교를 공통된 문화적 특징으로 하는 지역으로, 중국, 한국, 일본 등 동아시아 전역이 속함.

윤회사상 수레바퀴가 끊임없이 구르는 것과 같이, 현재의 삶은 전생(前生)의 결과이며, 현생(現生)에서의 선행과 악행은 다음 세상에서 다시 결과로 나타난다고 믿는 불교사상.

율령 제도화된 법률을 이르는 말.

움집 비바람이나 추위를 막기 위해 땅을 파고 그 위에 나뭇가지 등을 얹어 지은 집.

원효 불교의 대중화에 힘쓴 신라의 승려.

위화도회군 고려 말인 1388년, 중국의 명(明)나라를 공격하기 위해 출발하였던 이성계가 위화도에서 군대를 돌려 고려의 우왕(禑王, 1365년~1389년)을 내쫓고 정권을 장악한 사건.

유랑광대 정해진 거처가 없이 떠돌아다니면서 가면극, 인형극, 줄타기, 땅에서 펼치는 묘기, 판소리 따위를 하던 직업적 예능인(藝能人).

유물 과거 인류가 남긴 역사적, 문화적 가치가 있는 물건.

유산 좁게는 앞 세대가 후대에 물려준 재산을, 넓게는 앞 세대가 남긴 사물, 문화, 자연환경 등을 이름.

유신체제 1972년에 박정희(朴正熙, 1917년~1979년) 대통령이 장기 집권을 목적으로 헌법을 개정하여 수립한 강권적인 정치체제.

6월민주항쟁 1987년 6월 10일부터 6월 29일까지 전두환(全斗煥, 1931년~현재) 정권의 독재에 대항하여 전국적으로 벌어진 민주화운동.

유적 역사적, 문화적으로 가치가 있는 건축물, 고분, 전쟁터 등 선조들이 남긴 자취.

유학 인(仁)과 예(禮)를 근본 개념으로 하는 공자(孔子, 기원전 551년~기원전 479년)의 가르침을 따르고 연구하는 학문.

6·15남북공동선언 2000년 6월 15일에 남한의 김대중(金大中, 1924년~2009년) 대통령과 북한의 김정일(金正日, 1942년~현재) 국방위원장이 남북한의 협력과 평화통일을 실현하기 위해 발표한 공동선언.

율도국 조선 중기의 문신이자 작가인 허균(許筠, 1569년~1618년)이 지은 소설 《홍길동전》에 나오는 이상적인 국가.

의례 집단 또는 개인이 일정한 방식에 따라 치르는 관행적인 의식 또는 행사.

의사 나라와 민족을 위하여 의로운 일을 하다 죽음을 맞이한 사람에게 붙이는 칭호.

이 성리학에서 우주 만물의 근본이 되는 이치나 원칙을 이름.

이산가족 전쟁이나 자연재해 등 외부적 요인으로 인해 헤어져 서로 만날 수 없게 된 가족을 말함. 한국에서는 분단과 한국전쟁으로 인하여 남한과 북한에 따로 떨어져 살게 된 가족을 가리킴.

이성계 고려 말 위화도회군을 계기로 정권을 장악하여 조선을 건국한 왕.

이순신 조선시대의 장군으로, 일본의 침략으로 일어난 임진왜란(壬辰倭亂, 1592년~1598년) 때 일본군을 물리치는 데 큰 공을 세움.

이승만 일제강점기에 중국 상하이(上海)에 세워진 대한민국임시정부의 대통령을 거쳐, 광복 후 한국에서 1대, 2대, 3대 대통령을 지낸 인물.

이이 조선 중기의 문신이자 성리학자로, 우주의 근원적인 존재를 추상적인 이(理)보다는 물질적인 기(氣)에서 구하여야 한다는 주기론(主氣論)을 주장함.

이차돈 신라에 불교를 퍼뜨리기 위해 순교한 승려.

이황 조선 중기의 성리학자로, 우주 만물은 근본적인 이치인 이(理)가 중심이 된다는 주리론(主理論)을 주장함.

인 남을 사랑하고 어질게 행동하는 것을 뜻하는 유교의 도덕 원리.

일제강점기 1910년 일본이 한국의 국권을 빼앗은 이후부터 1945년 해방이 되기까지 35년간의 시기.

임신서기석 임신년(壬申年, 552년 또는 612년으로 추정됨)에 신라의 두 젊은 화랑이 유교 경전을 열심히 공부할 것과 나라에 충성할 것을 맹세한 내용을 새긴 비석.

임진왜란 1592년부터 1598년까지 조선을 침략한 일본과 벌인 전쟁.

장경판전 고려시대에 만들어진 8만여 장의 대장경판을 보관하기 위해 조선시대에 세운 건물.

장단 춤, 노래 등에서 가락이나 빠르기를 이끄는 박자(拍子).

자비 남을 깊이 사랑하고 가엾게 여기거나 베푸는 혜택.

장원급제 고려와 조선시대에 시행된 과거(科擧)시험에서 1등으로 뽑히는 일.

장유유서 사람이 지켜야 할 다섯 가지 도리인 오륜(五倫)의 하나로, 어른과 아이 사이의 도리에는 엄격한 차례와 질서가 있음을 뜻함.

장자 중국 고대의 도가사상가(道家思想家)로, 유교의 예교(禮敎)가 지닌 인위적 성격을 부정하고, 모든 것을 있는 그대로 받아들이는 자연 철학을 주장함.

재상 근대 이전에 왕을 도와 관청에 있는 모든 관리들을 지휘하고 감독하는 일을 맡아보던 관리.

점 과거를 알아맞히거나 앞날의 운수를 미리 판단하는 일.

점복예언 앞으로 일어날 좋고 나쁜 일 등을 점을 쳐 미리 알려주는 일.

정몽주 성리학의 기초를 닦은 고려의 유학자로, 이성계(李成桂, 1335년~1408년)의 조선 건국을 막으려다 죽임을 당한 학자.

정승 조선시대 최고 관직의 하나.

정약용 조선 후기에 실학(實學)을 집대성한 학자. 수원 화성(華城)을 건축할 당시 무거운 돌을 들어 올려 이동시키는 거중기(擧重器)를 고안하기도 함.

정절 신념과 신의를 굽히지 않는 여자의 곧은 절개.

정조 조선 후기 인재를 고루 등용하고, 실학(實學)을 크게 발전시키는 등 개혁정치로 문화를 발전시킨 조선의 제22대 왕.

제관 제사를 맡아 준비하는 관리.

제물 제사를 지낼 때 바치는 음식 또는 물건이나 짐승.

제사 자연물 속에 깃든 신령이나 죽은 사람의 혼(魂)에게 음식을 바치고, 복(福)을 기원하는 의식.

제사장 제사 의식을 주관하는 사람.

제정일치 제사를 주관하는 사람과 정치를 담당하는 사람이 일치된 정치 형태.

제주 칠머리당 영등굿 매년 음력 2월에 제주도에서 어부들이 한 해의 바다의 평온과 물고기잡이가 잘되기를 빌기 위해 영등할머니에게 지내는 굿.

제천행사 하늘에 제사를 지내는 일.

조계종 한국 불교의 종파 중 직관적인 종교적 체험을 중시하는 선종(禪宗)을 통틀어 이르는 말.

조상숭배 조상의 영혼을 숭배하는 풍습이나 신앙.

조상신 자손을 보호해 준다고 믿는 조상들의 신(神).

조선 고려 말의 장군이었던 이성계(李成桂, 1335년~1408년)가 고려를 무너뜨리고 건국한 나라로 27명의 왕이 519년간 통치함.

조선민주주의인민공화국 북한의 정식 명칭으로, 1948년에 김일성(金日成, 1912년~ 1994년)이 세움.

조선왕릉 조선시대의 왕과 왕비의 무덤.

조선왕조실록 조선 제1대 왕인 태조(太祖, 1335년~1408년)부터 제25대 철종(哲宗, 1831년~1863년)까지 472년 동안의 역사적 사실을 기록한 책.

조선왕조의궤 조선시대에 국가의 중요한 행사를 치를 때 훗날 참고할 수 있도록 그 형식과 절차를 상세히 기록한 책.

조선총독부 일제강점기에 일제가 한국을 지배하기 위해 입법, 사법, 행정 및 군대 지휘권 등의 권한을 행사한 식민지 통치 기관.

조정 왕이 나라의 정치를 신하들과 의논하거나 시행하는 곳.

족보 한 가문의 계통과 혈연관계를 아버지 계열 중심으로 기록한 책.

족외혼 같은 씨족이나 종족끼리의 혼인을 금지하고 다른 집단에서 배우자를 맞아들이는 결혼 풍습.

족장 같은 혈통 · 언어 · 종교 · 문화 등을 가진 종족이나 부족의 우두머리.

종묘 조선시대의 왕과 왕비를 기리는 신주(神主)를 모시고 제사를 지내기 위해 만든 왕실의 사당(祠堂).

종묘제례 조선시대 왕실의 사당인 종묘(宗廟)에서 행하는 제사.

종묘제례악 조선시대 왕실의 사당인 종묘에서 지내는 제사 때 연주되는 음악.

주술 불행이나 재앙을 막기 위해 주문을 외우거나 술법을 부리는 일.

주자가례 중국의 유학자 주자(朱子, 1130년~1200년)가 사람이 살아가면서 누구나 겪는 출생, 성장, 결혼, 죽음의 통과의례(通過儀禮)를 유교적 관점에서 정리해 놓은 것.

주자학 성리학을 달리 이르는 말로, 중국의 유학자 주자(朱子, 1130년~1200년)가 성리학을 집대성하였기 때문에 주자학이라 불림.

중생 불교에서 모든 살아 있는 무리를 일컫는 말.

중인 조선시대에 양반과 평민의 중간 신분 계급으로, 기술직이나 사무직에 종사하던 사람들이 이에 속함.

지눌 고려의 승려로, 참선과 불경 연구를 함께 행해야 한다는 것과 수행의 중요성을 주장함.

지방자치제 지방의 행정을 그 지방의 주민이 뽑은 기관을 통해 자율적으로 처리하는 제도.

직지 고려 말의 승려인 백운화상(白雲和尙, 1299년~1374년)이 1372년에 부처와 여러 고승(高僧)들의 가르침을 뽑아 편찬한 책.

진경산수화 조선 후기에 중국의 자연을 상상하며 형식적으로 그리던 그림에서 벗어나, 조선의 실제 자연과 풍경을 그린 그림.

차례 설날(음력 1월 1일)이나 추석(음력 8월 15일) 등의 명절날 아침에 조상에게 지내는 제사.

창덕궁 1405년에 지어진 조선시대의 궁궐로, 주변에 있는 자연과 건축물의 조화가 매우 아름다움.

창포 한국, 중국, 일본 등에서 자라는 잎이 가늘고 긴 풀로, 한국에서는 명절인 단오(음력 5월 5일)에 이 풀을 넣어 끓인 물로 머리를 감거나 목욕을 하는 풍습이 있음.

책 고서(古書)에서 책의 수를 세는 단위.

처용무 신라시대 때부터 궁중잔치에서 역신(전염병을 옮기는 신)을 물리친다는 처용의 탈(假面, mask)을 쓰고 추던 가면무용으로, 악한 귀신을 쫓는 행사를 할 때 추던 춤.

척사파 조선 후기에 서양에서 들어온 종교와 사상 등에 반대하고, 성리학 중심의 전통 질서를 유지하고자 했던 세력.

천도재 죽은 사람의 영혼을 극락에 보내기 위해 치르는 불교의 의식.

천마도 정수리에 뿔이 달린 흰말이 입에서 불을 뿜으며 하늘로 날아가는 모양을 그린 그림으로, 신라 때 무덤인 천마총(天馬塚)에서 발견됨.

천민 삼국시대부터 조선시대까지 천한 일을 담당했던 계층으로, 주로 노비를 지칭함.

천주교 교황을 교회의 최고 지도자로 받드는 기독교의 한 교파로, 한국에서는 로마 가톨릭 교회를 일컫는 말.

철기시대 금속의 한 종류인 철(鐵)이 보급되어 농기구나 무기 등의 도구를 철로 만들어 사용하던 시대로, 한반도에는 기원전 500년경에 철기문화가 유입됨.

첨성대 신라시대에 별자리를 관측하기 위해 세워진 건축물로, 동양에 남아 있는 가장 오래된 천문대임.

청 중국의 명(明)나라 이후에 만주족인 누르하치(努爾哈赤, 1559년~1626년)가 세운 나라로서, 중국에서 가장 마지막으로 세워졌던 통일왕조.

청동기시대 금속의 한 종류인 청동(青銅)으로 무기나 생활도구를 만들어 사용하던 시기로, 한반도에서는 기원전 2000년경부터 기원전 1500년경의 시기에 유입됨.

최익현 조선 후기의 유학자로, 일본과의 통상조약과 머리 모양을 서양식으로 하는 단발령에 격렬하게 반대했으며, 1905년에 의병을 모아 일본군에 대항한 항일의병운동을 일으킴.

최제우 서양의 종교인 서학(西學, 천주교)에 반대하여, 민간신앙, 유교, 불교, 도교를 융합한 민족종교 동학(東學)을 창시함.

최충헌 고려 때 무신들이 일으킨 정변 이후에 권력을 잡고 무신정권을 정착시킨 인물.

충효사상 충성(忠誠)과 효도(孝道)를 중시하는 사상으로, 진정한 마음으로 왕이나 국가를 받들고, 정성을 다하여 부모를 모신다는 유교에 바탕을 둔 사상.

측우기 조선 전기에 과학자 장영실(蔣英實, 생몰 연도 미상)이 비가 오는 양을 측정하기 위해 만든 강우량 측정 기구.

탕평책 조선의 제21대 왕인 영조(英祖, 1694년~1776년)와 제22대 왕인 정조(正祖, 1752년~1800년)가 당파 간의 싸움을 해결하기 위해 각 당파(黨派)에서 인재를 골고루 뽑아 썼던 정책.

태학 고구려와 고려시대의 교육 기관으로, 귀족의 자제를 유교적 정치이념에 충실한 인재로 교육시킴.

터줏대감 민간신앙에서 집터를 지키는 지신(地神)을 높여 부르는 말. 일반적으로 집안의 구성원 가운데 가장 오래된 사람을 이르는 말.

통일신라 고구려와 백제를 무너뜨리고 676년에 삼국을 통일한 신라를 이르는 말.

판문점 남한과 북한의 군사분계선인 삼팔선에 걸쳐 있는 마을로, 한국전쟁 당시 휴전 협정이 이루어진 곳.

판소리 노래를 부르는 소리꾼이 북을 치는 고수(鼓手)의 장단에 맞추어 소리와 몸짓을 곁들여 부르는 노래.

팔관회 통일신라시대부터 고려시대까지 국가적인 종교 행사로 개최되었으며, 부처와 자연신에게 나라를 지켜 달라고 기원하거나 복을 비는 제사를 지냄.

8·15광복 1945년 8월 15일 한국이 일본의 통치로부터 벗어나 독립을 이룬 것을 일컫는 말로, 광복(光復)이란 '빛을 되찾다'라는 의미임.

8조법 백성을 다스리고 사회 질서를 유지하기 위한 고조선의 엄격한 8가지 법률.

풍수지리설 산의 형세, 물의 흐름, 땅의 형세 등을 종합적으로 판단하여, 이것을 인간의 길흉화복(吉凶禍福)에 연결시키는 이론으로, 한국인은 이 사상에 따라 산천의 형세를 살펴 집을 짓거나 무덤의 위치를 정함.

한국전쟁(6·25전쟁) 1950년에 북한이 남한을 무력으로 통일하고자 일으킨 전쟁.

한류 1990년대 말부터 드라마와 가요를 비롯한 한국의 대중문화가 아시아 전역에서 큰 인기를 얻은 현상을 일컫는 말.

한민족 한반도, 만주, 연해주, 사할린, 중앙아시아 등에 주로 살면서 같은 문화를 공유하고 한국어를 사용하는 민족을 일컫는 말.

항일의병운동 농민운동 세력과 유학자들이 주축이 되어 의병을 조직하고 일본의 식민지 침략에 저항한 운동.

해녀신앙 해녀들의 안전과 해산물의 풍요, 공동체의 하나됨을 기원하는 무속신앙.

해동성국 '동쪽에 위치한 번성한 나라'라는 뜻으로, 중국에서 광대한 영토를 차지하여 전성기를 누리던 발해를 일컫던 말.

해인사 신라 때 경상남도 합천군 가야산에 세워진 절로, 고려대장경판을 보존하고 있음.

향악 삼국시대부터 조선까지 사용되던 궁중음악의 한 갈래. 삼국시대에 들어온 당(唐)나라의 음악인 당악(唐樂)과 구별하여 이르는 말.

향약 조선시대에 각 지방마다 향촌 사회를 다스렸던 생활규범과 규칙.

허준 조선의 제14대 왕인 선조(宣祖, 1552년~1608년)와 15대 왕인 광해군(光海君, 1575년~1641년)을 보살폈던 의사로, 한국 의학 서적인 《동의보감》을 완성함.

혜초 신라의 승려로, 인도를 여행한 후 중국 당(唐)나라에 들어가 불경을 번역하는 일에 힘씀. 저서로 인도 기행문인 《왕오천축국전(往五天竺國傳)》이 있음.

호족 신라 말부터 고려 초까지 각 지방에서 권세를 누리던 세력.

혼천의 조선 전기의 과학자 장영실(蔣英實, 생몰 연도 미상)이 만든 천문 관측 기구로, 하늘에 있는 별자리의 움직임을 측정하는 천문시계.

홍건적 중국 원(元)나라에 쫓겨 고려를 침범한 도둑의 무리로, 머리에 붉은 수건을 둘렀기 때문에 홍건적이라 부름.

홍익인간 널리 인간세계를 이롭게 한다는 뜻으로, 단군이 고조선을 세운 근본 이념이자 오늘날 한국의 정치, 문화, 교육 등에서 사상의 바탕을 이루고 있는 최고 이념.

화랑 신라시대에 왕과 귀족의 자식들로 구성된 청소년 수양 단체로, 심신을 단련하고 국가에 봉사하는 것을 목적으로 함.

화백회의 신라시대에 있었던 귀족들의 회의로, 나라의 중요한 일들을 논의할 때 귀족들의 만장일치로 결정하는 제도.

화쟁사상 신라의 승려 원효(元曉, 617년~686년)의 사상으로, 모든 대립적인 것들을 서로 조화시키려는 불교사상을 이름.

황국신민서사 일제강점기에 일제가 한국인들에게 일본의 신하라는 의식을 심기 위해 강제로 외우게 한 맹세.

황희 조선 초기의 문신으로, 청렴한 관리를 대표하는 인물임.

후삼국시대 통일신라 이후에 후고구려, 후백제, 신라의 세 나라가 대립하던 시대.

훈구파 조선을 건국하는 데 공을 세운 정치 세력으로, 높은 관직과 부를 축적하여 정치적 실권을 장악함.

훈민정음 한글의 원래 이름으로, 조선의 제4대 왕인 세종(世宗, 1397년~1450년)이 1446년에 반포한 한국의 문자 또는 그 문자를 설명한 책. '백성을 가르치는 바른 소리'라는 뜻을 가지고 있음.

훈요십조 고려의 제1대 왕인 태조(太祖, 877년~943년)가 후손에게 전한 열 가지의 가르침.

흥선대원군 조선의 제26대 왕인 고종(高宗, 1852년~1919년)의 아버지로, 고종이 어렸을 때 조선의 정치권력을 장악하여 서구의 강대국과 통상을 거부하는 쇄국정책을 폄.

KOREAN HISTORY AND CULTURE

부록 II

한국사 · 세계사 연표

연대	한국사			세계사			
	연도	주요사항	시대	연도	주요사항	시대	
						중국	서양
기원전	약 70만 년 전	구석기문화의 시작	선사시대			춘추전국시대	고대사회
	8000년경	신석기문화의 시작					
				3000년경	이집트 문명의 성립		
				2500년경	중국의 황허 문명 시작		
	2333년	고조선의 건국					
	2000~1500년경	청동기문화의 보급	연맹왕국	1800년경	함무라비 왕의 메소포타미아 통일		
				6세기경	석가모니 탄생		
				551년경	공자 탄생		
	500년경	철기문화의 보급					
				334	알렉산드로스 대왕의 동방 원정		
				221	진(秦)의 중국 통일	진	
				202	한의 건국	한	
	108	고조선의 멸망					
	57	신라의 건국					
	37	고구려의 건국					
				27	로마, 제정 시작		
	18	백제의 건국					
				4	예수 그리스도 탄생		
기원후			삼국시대	25	후한의 건국		
	42	가야의 건국				삼국시대	
				220	후한의 멸망, 삼국시대 시작		
				280	진(晋)의 중국 통일	진	
	372	고구려에 불교 전래, 태학 설치					
	384	백제에 불교 전래					
				395	로마 제국의 동서 분열		
	433	신라와 백제의 동맹 결성					
				439	중국의 남북조 성립	남북조시대	
				476	서로마 제국의 멸망		
				486	프랑크 왕국의 건국		
	527	신라의 불교 공인					중세사회
	562	신라의 가야 정복					
				589	수의 중국 통일	수	
600				610	이슬람교 창시		
	612	고구려의 살수대첩					

연대	한국사			세계사		시대	
	연도	주요사항	시대	연도	주요사항	중국	서양
				618	당의 건국	당	중세사회
	624	고구려에 도교 전래					
	645	고구려의 안시성싸움		645	일본의 다이카 개신		
	648	신라와 당의 연합					
	660	백제의 멸망					
	668	고구려의 멸망					
	685	9주5소경 설치					
	676	신라의 삼국 통일					
	698	발해의 건국	남북국시대				
				771	카롤루스 대제의 프랑크 왕국 통일		
				829	잉글랜드 왕국의 성립		
900	900	견훤의 후백제 건국					
	901	궁예의 후고구려 건국					
				907	당의 멸망, 5대 10국의 시작	5대 10국	
				916	거란의 건국		
	918	왕건의 고려 건국	고려시대				
	926	발해의 멸망					
	935	신라의 멸망					
	936	고려의 후삼국 통일					
	958	과거제 실시					
				960	송의 건국	북송(요)	
				987	프랑스, 카페왕조 시작		
	992	국자감 설치					
1000				1037	셀주크 튀르크 제국의 건국		
				1054	크리스트교의 동서 분열		
				1096	십자군 원정(~1270)		
				1115	금의 건국		
				1125	금, 요를 멸망시킴		
				1127	북송 멸망, 남송의 시작	남송(금)	
	1145	김부식의 《삼국사기》 편찬					
	1170	무신정변					
				1192	일본, 가마쿠라 막부 세움		
	1196	최충헌의 집권					
	1198	만적의 난					

연대	한국사			세계사			
	연도	주요사항	시대	연도	주요사항	시대	
						중국	서양
1200			고려 시대	1206	칭기즈 칸의 몽골 통일	남송(금)	중세 사회
				1215	영국의 대헌장 제정		
	1231	몽골의 제1차 침입					
	1232	강화 천도					
	1236	고려대장경 새김(~1251)					
				1241	신성 로마 제국의 한자동맹 성립		
	1258	무신정권의 몰락					
	1270	개경으로 환도, 삼별초의 대몽항쟁		1271	원 제국의 성립	원	
				1279	남송의 멸망		
1300				1309	교황의 아비뇽 유수(~1377)		
				1338	일본의 무로마치 막부 성립		
	1359	홍건적 침입(~1361)					
				1368	원의 멸망, 명의 건국	명	
	1377	《직지》 인쇄					
	1388	위화도 회군					
	1392	고려 멸망, 조선 건국	조선 시대				
1400	1414	조선, 8도의 지방행정 조직 완성					
	1418	세종 즉위					
	1420	집현전 확장					
				1429	잔 다르크, 영국군 격파		
	1443	훈민정음 창제					
	1446	훈민정음 반포		1450	구텐베르크, 활판인쇄술 발명		근대 사회
				1453	비잔티움 제국의 멸망		
				1455	장미전쟁(~1485)		
	1485	《경국대전》 편찬					
				1517	루터의 종교 개혁		
1500	1543	백운동서원 세움		1536	칼뱅의 종교 개혁		
	1592	임진왜란(~1598)		1562	위그노전쟁(~1598)		
1600	1610	《동의보감》 완성					

연대	한국사			세계사			
	연도	주요사항	시대	연도	주요사항	시대	
						중국	서양
				1616	후금의 건국		
				1618	독일, 30년 전쟁(~1648)		
				1628	영국, 권리청원 제출	명	
	1636	병자호란(~1637)					
				1642	청교도혁명(~1649)		
				1644	명 멸망, 청의 중국 통일		
				1688	명예혁명		
1700	1725	탕평책 실시					
	1776	규장각 설치		1776	미국, 독립선언		
	1784	이승훈의 천도교 전도					
	1786	천주교 금지령 발표					
				1789	프랑스혁명, 인권 선언		
1800	1801	신유박해	조				근
	1811	홍경래의 난					
				1830	프랑스, 7월혁명		
	1839	기해박해	선	1840	청 · 영국, 아편전쟁(~1842)		대
				1848	프랑스, 2월혁명		
				1850	청, 태평천국운동		
			시	1858	무굴 제국 멸망		사
	1860	최제우의 동학 창시		1860	베이징조약		
	1861	대동여지도 제작		1861	미국, 남북전쟁(~1865)	청	
	1862	임술 농민 봉기					
	1863	고종 즉위, 흥선대원군 집권	대	1863	링컨, 노예 해방 선언		회
				1868	일본, 메이지유신		
				1871	독일 통일		
	1875	운요호 사건					
	1876	강화도조약 맺음					
	1882	임오군란					
		미국, 영국, 독일 등과 통상 조약 체결					
	1884	우정총국 설치, 갑신정변		1884	청 · 프랑스전쟁(~1885)		
	1885	광혜원 설립		1885	청 · 일 톈진조약 체결		
	1886	이화학당 설립					
	1894	동학농민운동, 갑오개혁		1894	청 · 일전쟁(~1895)		
	1895	을미사변					

연대	한국사			세계사			
	연도	주요사항	시대	연도	주요사항	시대	
						중국	서양
	1896	독립협회 설립					
	1897	대한제국 성립					
	1899	경인선 개통					
1900	1904	한·일 의정서 맺음	대한제국기	1904	러·일전쟁(~1905)	청	
	1905	을사조약 맺음					
	1906	통감부 설치					
	1907	고종 황제 퇴위					
	1910	일본의 국권 강탈					
				1911	신해혁명		
	1912	토지 조사령 공포		1912	중화민국의 성립		
				1914	제1차 세계대전(~1918)		
				1917	러시아 혁명		
	1919	3·1운동 대한민국 임시 정부 수립		1919	베르사유 조약		
	1920	청산리 대첩					
	1926	6·10만세운동	일제강점기				
	1927	신간회 조직					
	1929	광주학생항일운동					
				1931	만주 사변	중화민국	현대사회
	1934	진단학회 조직					
				1937	중·일전쟁		
	1940	한국광복군 결성		1939	제2차 세계대전(~1945)		
				1941	태평양전쟁(~1945)		
				1943	카이로회담		
	1944	건국동맹 결성					
	1945	8·15 광복 조선건국준비위원회 설립		1945	포츠담선언, 독일·일본 항복, 유엔 성립		
				1946	파리 강화 회의		
	1948	대한민국 정부 수립	대한민국				
				1949	NATO 성립		
	1950	한국전쟁					
	1953	휴전 협정 조인				중국	
	1960	4·19 혁명					
	1961	5·16 군사 정변					
	1962	경제개발 실시					

연대	한국사			세계사			
	연도	주요사항	시대	연도	주요사항	시대 중국	시대 서양
	1963	박정희 정부 출범	대한민국			중국	현대사회
	1970	새마을운동 제창					
	1972	7·4 남북공동성명, 10월 유신					
				1975	베트남전쟁 종식		
	1977	수출 100억 달러 달성					
	1979	10·26 사태		1979	이란의 회교도 혁명		
	1980	5·18 민주화운동		1980	이란·이라크전쟁		
	1981	전두환 정부 출범					
				1986	필리핀, 민주혁명		
	1987	6월민주항쟁					
				1988	이란·이라크 종전		
	1988	노태우 정부 출범, 제24회 서울올림픽 대회					
				1989	베를린장벽 붕괴, 루마니아 공산 독재 정권 붕괴		
	1990	러시아 연방과 국교 수립		1990	독일 통일		
	1991	남북한 유엔 동시 가입		1991	걸프전쟁		
	1992	중국과 국교 수립		1992	소연방 해체, 독립국가 연합(CIS) 탄생		
	1993	김영삼 정부 출범,		1993	우루과이 라운드 타결		
	1994	북한, 김일성 사망					
	1995	지방자치제 실시		1995	세계무역기구 출범		
				1997	영국, 홍콩을 중국에 반환		
	1998	김대중 정부 출범					
				1999	포르투갈, 마카오를 중국에 반환		
2000	2000	6·15 남북 공동 선언					
	2002	한·일 월드컵 대회 개최					
	2003	노무현 정부 출범		2003	이라크전쟁		
	2005	아시아·태평양 경제협력체 (APEC) 정상 회의 개최					
	2008	이명박 정부 출범					
				2009	오바마 미국 대통령 취임		
	2010	서울 G20정상회의 개최					

KOREAN HISTORY AND CULTURE

부록 III

한국 역사와 문화 관련 웹 사이트 목록

한국 역사와 문화 관련 웹 사이트 목록

한국역사

• 국사편찬위원회 http://www.history.go.kr
한국사에 관한 자료를 수집, 정리, 편찬하는 국가 연구 기관. 소장 자료, 논문, 저서 검색, 한국사 관련 안내. 한국사 능력 검정 시험(http://www.historyexam.go.kr) 운영

• 동북아역사재단 http://www.historyfoundation.kr
동북 아시아의 역사 및 영토 · 영해 문제에 대한 장기적 · 종합적 · 체계적 연구 및 정책 개발을 위하여 설립된 기관. 동북 아시아 지역 내의 역사 및 영토 · 영해 문제에 대한 정보를 제공

• 한국고전번역원 http://www.itkc.or.kr
민족 문화의 보전, 전승, 계발, 연구를 통하여 민족 문화 진흥에 기여하기 위하여 조직된 정부 산하 단체. 고전 국역 총서 DB, 한국 문집 총간 DB, 국학 원전 검색 서비스 제공

• 서울대학교 규장각 한국학연구원 http://kyujanggak.snu.ac.kr
서울대학교 직속 독립 기구. 고도서, 고문서, 국보 및 보물 지정 자료 등 총 26만여 점의 자료 소장 및 검색 서비스. 국내외 도서관 링크, 한국학 참고 자료 등 제공

• 역사문제연구소 http://www.kistory.or.kr
순수 민간 연구 단체, 근 · 현대사 자료실, 간행물 자료, 한국사 학습 자료 등 수록

• 한국역사정보통합시스템 http://www.koreanhistory.or.kr
한국사 연표, 한국사 기초 사전 및 신문 자료, 문헌 자료, 문집 등 제공

• 네이트 한국학 http://koreandb.nate.com
역사와 인물, 문학과 예술, 종교와 사상, 생활과 민속 등 제공

한국문화

• 국가기록영상관 http://film.ktv.go.kr
대한 뉴스, 문화 기록 영화, 대통령 기록 영상 등 멀티미디어 자료 서비스 제공

• 국가기록원 http://www.archives.go.kr
대통령 기록물, 일반 기록물, 시청각 기록물, 일제 강제 연행자 명부, 정부 간행물, 국가 기록원 간행물 등 제공

• **국가문화유산종합정보서비스** http://www.heritage.go.kr
국보, 보물, 사적, 명승, 천연 기념물 지정 종목별, 시대별, 지역별, 유형별 유물 정보, 검색 서비스 제공

• **국가지식포털** https://www.knowledge.go.kr
한국의 정부기관이 제공하는 국가지식 자료 제공. 과학 기술, 정보 통신, 교육, 학술, 문화, 역사 등 학술 데이터 검색

• **국립중앙박물관** https://www.museum.go.kr
한국의 문화유산을 보존, 전시, 교육하는 곳으로 한국의 주요 유물에 관한 정보 제공

• **독립기념관** http://www.i815.or.kr
독립 운동 관련 논설 및 사론, 독립 운동가 연구, 사전지 답사, 독립 운동사 연구 자료 제공

• **문화재청** http://www.cha.go.kr
한국의 세계문화유산, 궁궐, 문화제 정보 검색, 사이버 문화재 탐방, 도난 문화재 정보, 민원 자료 제공

• **유네스코 세계유산** http://www.unesco.or.kr/whc
세계유산, 한국의 세계유산, 세계유산 목록, 세계무형유산, 세계기록유산, 한국의 기록유산 등 수록

• **e뮤지엄** http://www.emuseum.go.kr
박물관 및 국가 유물 정보 포털 사이트. 지역별 또는 주제별로 박물관 검색 가능. 사이버 박물관, 3D 유물 감상실, 유물 통합 검색 제공

• **한국학중앙연구원** http://www.aks.ac.kr
한국문화 및 한국학 여러 분야에 관한 연구와 교육을 수행하는 연구 기관. 디지털 한국학, 정보 광장, 전자 도서관, 전통 문화 등 제공

• **유교문화연구소** http://www.ygmh.skku.edu
유교 관련 학술대회 정보, 연구수행과제 자료, 국제유교문화포럼 자료, 유교 명구 해설 등 제공

• **유교문화관** http://multi.koreastudy.or.kr
향촌유교문화 정보, 유교 관련 건축물 자료, 유교적 전통 의례 절차 정보, 유교 관련 역사 인물 정보 제공

자료 제공처

- 국립중앙박물관
- 경주시청
- 남한산성 문화관광사업단
- 대한불교조계종 조계사
- 무당닷컴
- 문화재청
- 문화체육관광부
- 민병규
- 사단법인 통일맞이
- 사단법인 한경직목사 기념사업회
- 삼성미술관 Leeum
- 서울대학교 규장각 한국학연구원
- 서울시청
- 세계국선도연맹
- 안동시청
- 암사동선사주거지
- 여의도순복음교회
- 연세대학교 박물관
- 제주도청
- 천주교 서울대교구 교구청 문화홍보국
- 청주고인쇄박물관 학예연구실
- 한국구세군
- 한국 천주교 서울대교구 주교좌 명동대성당